职业院校电子商务专业精品系列课程

中职电子商务创新创业

张雪玲 主 编

中国财富出版社

图书在版编目（CIP）数据

中职电子商务创新创业／张雪玲主编．—北京：中国财富出版社，2020.7
（职业院校电子商务专业精品系列课程）
ISBN 978－7－5047－7075－2

Ⅰ.①中…　Ⅱ.①张…　Ⅲ.①电子商务—中等专业学校—教材　Ⅳ.①F713.36

中国版本图书馆 CIP 数据核字（2019）第 234964 号

策划编辑 李彩琴　**责任编辑** 戴海林　杨白雪　孟　婷
责任印制 尚立业　**责任校对** 孙丽丽　**责任发行** 杨　江

出版发行 中国财富出版社
社　　址 北京市丰台区南四环西路 188 号 5 区 20 楼　**邮政编码** 100070
电　　话 010－52227588 转 2098（发行部）　010－52227588 转 321（总编室）
010－52227588 转 100（读者服务部）　010－52227588 转 305（质检部）
网　　址 http：//www.cfpress.com.cn
经　　销 新华书店
印　　刷 天津市仁浩印刷有限公司
书　　号 ISBN 978－7－5047－7075－2/F·3094
开　　本 787mm×1092mm　1/16　**版　　次** 2020 年 7 月第 1 版
印　　张 17　**印　　次** 2020 年 7 月第 1 次印刷
字　　数 382 千字　**定　　价** 49.00 元

内容简介

《中职电子商务创新创业》是针对在校学生及电子商务从业人员开发的理论与实践相结合的实用教材。本书共分为八个学习项目，分别为创新创业精神培养、创新思维与创新方法、创业时代与创业基础、电子商务创业基础、电子商务创业准备、电子商务创业策划与实施、电子商务创业成本与风险分析、创新创业经典案例分析。书中以“项目—任务”形式设计学习情景，全面系统地介绍了电子商务创新创业的基本概念和电子商务学生创新创业的流程，旨在培养电子商务专业学生的创新思维方式、创造方法、创业精神及创业技能，使其掌握网络营销方法及推广方式，进行创业成本与风险分析，最终根据所学内容实现个人或团体的创业实践。

《中职电子商务创新创业》是电子商务专业创新创业教育的核心教材，同时也可作为创新创业精英班或创业实践班学生的入门教材。本书适合作为中等职业教育院校电子商务等相关专业在校学生的教材，也适合企事业单位相关在职人员阅读参考。

内容简介

前　言

就业，是民生之本；创业，是富民之基；创新，是创业之源。

党中央、国务院高度重视中高职学生创新创业工作，习近平总书记指出：“全社会都要重视和支持青年创新创业，提供更有利的条件，搭建更广阔的舞台，让广大青年在创新创业中焕发出更加夺目的青春光彩。”当代中职学生作为创新创业的生力军，绽放自我，展现风采，在引领、推动高等教育创新，促进“大众创业、万众创新”中发挥着重要作用。

本书在系统把握中等职业院校电子商务专业人才培养方案和课程建设目标与要求的基础上，深刻贯彻教育部关于中职学生创新创业教育的最新精神，立足中职院校学生的实际情况，以教授创新创业知识为基础、以锻炼创业能力为关键、以培养创新精神为核心，鼓励中职学生走上自主创业的实践之路。

本书结合创新创业教育现状和电子商务创业的实际要求进行编写，在注重理论知识系统性的基础上，更加突出了实践性。主要有以下特点：

内容构建科学合理。从创业之源——创新入手，带领学生进行电子商务创业准备、电子商务创业策划与实施、电子商务创业成本与风险分析，系统地呈现了电子商务创新创业的一般过程。

体例新颖，突出实用性。通过认识、领会和实践三阶段，以“项目—任务”的形式，设置了导学模块，导入真实案例，进行案例分析，针对关键知识与技能点，设置“同步实训”，对学生所学内容进行实战训练。

资料丰富，案例翔实。选用大量的案例和拓展资料，有利于学生自主学习，在理解相关理论知识的同时拓展知识面。

注重时效性和针对性。内容新颖，大量引用最新案例，不只是一本单纯介绍创新创业理论的书籍，更是一本指导广大在校学生及社会人士电子商务创业的法宝。

本书作为广东省中职院校实施创新创业教育课程的重要载体，是广东省中职院校“双创”教育的成果展示，服务于中职院校“双创”教育的改革，有效地结合了广东省的区域特色，既关注了国家创新创业的时代大势，又贴近广东省中职学生创新创业的实际。

本书在编写过程中得到了相关企业及工作人员的大力支持，参考了 些电子商务网站的资料和书籍，在此一并表示感谢。本书还有许多需要改进之处，也需要一个不断完善与提升的过程，敬请广大读者批评指正。

编　者

2020 年 5 月

目　录

项目一　创新创业精神培养

在市场经济高速发展的今天，行业竞争不断加剧，对人才综合素质培养有了越来越高的要求。学生创新创业能力的培养是衡量院校教学成果的重要指标之一，关系国家创新能力建设和社会经济的持续增长。通过本项目的学习和实践，力求学生在“认知—了解—领悟”的过程中，更加深刻地理解创新创业精神，明确创新的地位、创新的重要性，从而激发人家“人众创业、万众创新”的创新思维，培育和催生社会经济发展的新动力。

学习目标

知识目标

1. 认识创新的地位。
2. 了解企业创新的重要性。
3. 了解“大众创业、万众创新”的意义和举措。

能力目标

能够掌握培养创新精神的方法。

案例导入

如果一个企业能够十几年如一日地持续发展，其中必有一种根本性的因素在发挥作用。在华为，这种根本性的因素就是自主创新，华为的巨大成功，就是自主创新的巨大成功。管理大师彼得·德鲁克指出：“创新的成功不取决于它的新颖度、科学内涵和灵巧性，而取决于它在市场上的成功。”华为以其在市场上的巨大成功，证明了其自主创新战略的成功。

1. 技术创新

华为在欧洲等发达国家市场的成功，得益于两大架构式的颠覆性产品的创新，一个叫分布式基站，另一个叫 SingleRAN（一种倡导融合的单一无线网络）。这一颠覆性产品的设计原理，指在一个机柜内实现 2G、3G、4G 三种无线通信制式的融合功能，理论上可以为客户节约50%的建设成本，也很环保。SingleRAN采用统一平台架构和软件可定义的设计模式，提供了动态网络容量灵活调整和扩展的能力，实现了GSM（全球移动通信系统）/UMTS（通用移动通信系统）/LTE（长期演进，是由第三代合作伙伴计划组织制定的通用移动通信系统技术标准的长期演进）等不同制式网络间协同和集中调度，有效提升网络资源效率，为用户提供了无处不在的宽带业务体验。

华为的竞争对手们也试图对此进行模仿创新，但至今未有实质性突破，因为这种多制式的技术融合，背后有着复杂的数学运算，并非简单的“积木拼装”。

正是这样革命性、颠覆性的产品，过去几年给华为带来了欧洲和全球市场的重大斩获。一位国企的董事长见任正非时说了一句话：“老任，你们靠低价战术怎么在全世界获得这么大的成功?”任正非脱口而出：“你错了，我们不是靠低价，是靠高价。”在欧洲市场，价格最高的是爱立信，华为的产品平均价低于爱立信5%，但高于阿尔卡特-朗讯、诺基亚西门子5%~8%。

2. **以客户为中心的微创新**

无论在国内还是国外，运营商都在进行轰轰烈烈的宽带提速，而“光进铜退”是宽带提速的主要手段。但由于光与铜截然不同的物理特性，“光进”与“铜退”并不能简单替换。

统计数据显示，通常运营商有超过30%的光纤由于标识混乱、无法辨识导致资源沉淀无法使用，只能重新投资铺设，造成大量资源浪费。除了资源沉淀外，运营商还面临着光纤网络业务开通和管理的难题。

华为在帮助海外运营商实施FTTH（光纤到户）网络部署的过程中注意到这一问题，于是在2007年立项研发，于2009年发布了iODN（智能光分配网）解决方案样机，实现了对无源光网络的可视化管理。对于运营商来说，实施简单、价格可接受是华为iODN受青睐的重要原因。

3. **组织创新：华为“铁三角”组织创新**

“铁三角”是华为探索出的创新管理模式，是由客户经理、解决方案专家和交付专家组成的面向客户的作战单元，分别负责前期与客户沟通、中期产品设计和后期交付。“铁三角”的精髓是为了目标，打破功能壁垒，形成以项目为中心的团队运作模式，这是华为在探索管理组织创新道路上迈出的重要一步。

华为在管理上实行高度的中央集权制度，总部推动组织和运作机制向前发展，形成“推”的动力。华为在一线团队铸造了一个个的“铁三角”，并对其分配权力，逐步形成“拉”的机制，准确地说，是“推”“拉”结合、以“拉”为主的机制。当每个“铁三角”拉动的时候，看到哪一根绳子不受力，就将它与连在这根绳子上的部门及人员一并剪去，组织效率就会有很大的提高。管理模式的变革、权力的重新分配促使华为组织结构、运作机制和流程发生彻底转变，每根链条都能快速灵活地运转，重要的交互节点都能够得到控制。

案例分析

世界上唯一不变的就是变化，要在飞速变化的世界中生存，就要不断创新。创新虽然有风险，但不创新才是最大的风险。华为正是因为不断创新，才成为中国企业的成功典范。要消除创新决策阻力的影响，企业家一定要有创新意识：①从组织到流程、商业模式、产品、技术等方面的全方位创新。②以客户为中心的开放式创新。③注意适度创新，反对盲目创新。总之，只有保持强烈的创新欲望和创新决策的动力，才能保证创新战略的顺利完成。

任务分解

任务一　认识创新

创新是指以现有的思维模式提出有别于常规或常人思路的见解为导向，利用现有的知识和物质材料，在特定的环境中，本着理想化需要或为满足社会需求而改进或创造新的事物、方法、元素、路径、环境，并能获得一定有益效果的行为。创新是以新思维、新发明和新描述为特征的一种概念化过程，起源于拉丁语，有三层含义：第一，更新；第二，创造新的东西；第三，改变。创新是人类特有的认识能力和实践能力，是人类主观能动性的高级表现，是推动民族进步和社会发展的不竭动力。一个民族要想走在时代前列，就必须有创新思维，一刻也不能停止创新。创新在经济、技术、社会学以及建筑学等领域的研究中举足轻重。

创新的本质是突破，即突破旧的思维定势，旧的常规戒律。创新活动的核心是“新”，它或者是产品的结构、性能和外部特征的变革，或者是造型设计、内容的表现形式和手段的创造，或者是内容的丰富和完善。

一、创新的地位

创新是一个民族进步的灵魂，是一个国家兴旺发达的不竭动力，也是一个政党永葆生机的源泉。近代以来，人类文明进步所取得的丰硕成果，主要得益于科学发现和工程技术的不断进步，得益于科学技术应用于生产实践中形成的先进生产力，得益于近代启蒙运动所带来的人们思想观念的巨大解放。可以这样说，人类社会从低级到高级、从简单到复杂、从原始到现代的进化历程，就是个不断创新的过程。

创新涵盖众多领域，包括政治、军事、经济、社会、文化、科技等各个领域的创新。因此，创新可以分为科技创新、文化创新、艺术创新、经济创新等。其中，企业创新是现代经济创新的基本构成部分。企业往往由生产、采购、营销、服务、技术研发、财务、人力资源管理等职能部门组成，因而企业的创新涵盖这些职能部门。企业创新包括产品创新、生产工艺创新、市场营销创新、企业文化创新、企业管理创新等。

简单来说，技术创新可以提高生产效率，降低生产成本；体制创新可以使企业的日常运作更有秩序，便于管理，同时也可以摆脱一些旧体制的弊端，如科层制带来的信息传递不畅通；思想创新是相对比较重要的一个方面，领导者思想创新能够保障企业沿着正确的方向发展，员工思想创新可以增强企业的凝聚力，为企业带来更大的效益。

二、企业创新的重要性

（一）经济效益需要创新

服务争优要求创新，盈利增加仰仗创新，效益看好要求创新。

企业营销中的观念创新是企业为适应新的营销环境的客观变化而形成的正确认识和看法，它是企业开展营销活动的指导思想，支配着企业市场营销活动，通过更好地满足消费者需求获得更大的市场份额和更多的经济效益。

（二）把握机遇依靠创新

创新是事业快速、健康发展的巨大动力，创新是事业竞争取胜的最佳手段，创新是个人事业获得成功的关键因素。

对企业来说，创新既是机遇，也是挑战。企业应该在国家政策的引导下，从自身的实际出发，进行大胆创新，把握创新的主动权，把握市场机会和技术机会，做出适合自身的创新决策，不断提高创新水平，真正成为技术创新的主体，从而走上一条适合自身发展的创新之路，使企业始终保持旺盛的生机，不断发展。

三、“大众创业、万众创新”

“大众创业、万众创新”的目的是推动经济良性发展。一方面，只有通过“万众创新”，才能创造出更多的新技术、新产品和新市场，才能提高经济发展的质量和效益；另一方面，只有通过“大众创业”，才能增加更多的市场主体，才能增加市场的动力、活力和竞争力，从而成为经济发展的内在原动力。

（一）推进“大众创业、万众创新”的意义

推进“大众创业、万众创新”，是培育和催生经济社会发展新动力的必然选择；推进“大众创业、万众创新”，是扩大就业、实现富民之道的根本举措；推进“大众创业、万众创新”，是激发全社会创新潜能和创业活力的有效途径。

（二）激发“大众创业、万众创新”的举措

1. 政府自我改革为创业创新腾出空间

政府把简政放权作为改革的重点，为企业松绑减负，激发了创业活力，另外，政

府还将深化行政审批制度和商事制度改革，继续取消和下放部分行政审批事项，全部取消非行政许可审批，规范审批制度，让权力在阳光下运行。全面指定和实施负面清单、权力清单、责任清单，各级政府都要建立简政放权、转变职能的推进机制，核心是明确政府和市场的边界。政府在减少和纠正行政手段直接干预的同时，做好服务质量的加法和工作效能的乘法，把主要精力放在强监管、造环境上，走好简政放权、放管结合、依法行政“三步棋”，推进政府自身权责调整和行政流程再造，建设法治政府和服务型政府。

2. 以产权制度改革调动创业创新主体积极性

通过产权改革进一步盘活土地、资本等要素，尤其是科技和人力资本。

近年来我国科技成果丰硕，发明专利申请量连续几年居世界第一，但没有很好地转化为现实生产力。这中间有两个障碍：一个是科技成果产权制度不合理，我国中高端科技资源70%集中在科研院所和大学里，转化率却不到10%。中关村等地开展了将成果处置权、收益权赋予承接单位，股权激励等改革，并取得了明显成效，将很快推广到全国。这些制度设计体现了“谁创新、谁受益”的原则，进一步明晰了科技成果作为技术类无形资产的产权归属，目的是让创新者获得与其成果价值相应的收益，有利于成果权能的实现，有利于价值最大化。另一个是转化渠道不畅通，技术和产权市场不完善，缺乏知识和技术资本可交易、可标准化的评价体系，使成果在上游形成“堰塞湖”。破解这一难题，必须加快建立市场化转化机制，同时，还要加强知识产权立法，深入实施知识产权战略行动，形成知识产权市场化、产业化的完整机制，推进知识产权证券化，让成果转化有法可依；还要大力保护财产权等物权，人们只有在看到创业创新的财产得到有效保护后，才能更加积极地创业创新。

3. 以需求引领市场主体创业创新活动

在这一过程中，要放手让市场选择和配置创新要素，让市场主体面向需求开发新产品。我国模仿型、引进式创新已经碰到瓶颈，技术上的“天花板”越来越多，各行业、各领域迫切需要更多的原创性、基础性创新，企业应以新思维、新发现、新原理，引领新创意、新产品、新技术。我国一些传统主导产业举步维艰，如果从单纯提供产品向供应链服务、全方位解决方案转型，插上创新创意的“翅膀”，就会实现附加值的倍增。因此，必须把创新的主导权交给市场，建立企业牵头、市场导向的协同创新机制。

4. 营造公平诚信的法治和市场环境

公平的环境对创业创新至关重要。要加大公平有效地保护知识产权、商业秘密等的力度，加强社会诚信体系建设，建立失信惩戒机制，让违法者、失信者寸步难行，守信者一路畅通。要大力反对行业垄断、技术垄断、行政垄断等限制竞争、打压创新的行为，保护好创业创新的火种，形成全社会的正向激励机制。

5. 构建开放式人才培养体系

人才是创业创新的根本，要破除禁锢人才发展的藩篱，用改革红利释放人才红利，让更多的“千里马”奔腾驰骋。人才最期盼的是自由创造的空间、自主发展的权利和能实现自我价值的环境，要改革科研项目经费管理体制，在项目经费使用等方面给他们更大的自主支配权，把更多资源投到“人”身上而不是“物”上面。要实施更加积极全面的人才开放政策，降低外国人才引进门槛，简化投资兴业、出入境等手续，营造良好环境，吸引全世界人才来华。

6. 完善创业创新政策和资金支持方式

中小微企业就业人员占全社会就业人员的80%以上，创新成果占总成果的70%以上，是创业创新的主力军，并具有打破既有格局的“鲶鱼效应”，但总体上处于弱势地位，应当成为政策支持的重点。首先，要降低门槛，对中小微企业和个人创业者，在放宽市场准入、注册和经营便利化、简化创新产品审批等方面加大力度，扩大创业创新空间。其次，要继续加大面向中小微企业的税费减免力度。今后创新支持政策要向普惠式、引领式转变，完善研发费用加计扣除、职工教育经费税前扣除等政策。现在，国家已经设立400亿元的新兴产业创业投资引导基金，启动了国家科技成果转化引导基金和中小企业发展专项资金等，各级政府也可以相应设立类似基金，还可根据情况考虑设立高校毕业生创业、科研人员创业、农民工返乡创业等的相关基金。此外，还要完善社会投融资机制，大力发展风险投资、天使投资，发展科技中介服务业，为创业创新融资搭建起四通八达的通道。

7. 搭建创业创新公共平台

搭建创业创新公共平台，不仅要发展科技园区、高新技术开发区等传统孵化器，更要对创新工厂、车库咖啡、众创空间、网络空间等新型孵化器给予大力支持，发展一批创业特色小镇、社区等，鼓励发展创客实验基地、创业者加速器等多形式平台。企业也要由传统的管控型组织转变为新型创业平台，让员工成为平台上的创业者，从而形成市场主导、风投参与、企业孵化的创业生态系统。

相关链接

盒马鲜生传统商超＋外卖＋盒马 App

自2016年马云抛出新零售概念开始，阿里巴巴便在部署全新的零售模式。盒马鲜生的运营，就是其试水的一个重要手段。在如今的消费时代，只有线上线下的结合才能拯救日益衰退的零售行业。盒马鲜生，结合“传统商超＋外卖＋盒马 App”，开创了互联网驱动、线下体验的复合模式，在一定程度上成为新零售模式的标杆。

盒马鲜生从本质上来说还是一种线下的零售超市，但线上 App 的加入，让盒马鲜生实现了线上线下的深度融合。用户可以到线下门店进行消费，也可以通过盒马 App 进行下单，完成消费行为。

目前盒马鲜生已在全国开设十几家门店，盒马鲜生计划将在中国开设2000家以上门店，准备快速发展线下零售。盒马鲜生可谓是以一种强势的姿态大力铺设市场。

盒马鲜生与传统线下门店最大的区别就在于，它是大数据、互联网、智能化设备的结合，实现了人、货、场三者之间的最优化匹配，在保证用户体验的前提下完美融入智能化技术，多方面创新零售模式。

在盒马鲜生后端，每个商品都有独特的电子标签。当线上下单之后，拣货员根据订单前往仓储区拣货，用 PDA（掌上电脑）扫码之后放入专用拣货袋，并挂上输送带进行配送，智能技术的使用实现了效率的提升。全数字化的供应、销售、物流过程保证了配送速度与用户体验。

盒马鲜生全店不接受现金付款，仅支持使用支付宝结账。到店消费的用户必须下载盒马 App，注册会员后通过盒马 App 或者支付宝进行支付。强制性的支付手段能够有效保证用户消费数据的提取，同时创造良好的引流效果，保证支付宝的全渠道营销。

盒马鲜生作为一家以“吃”为主要场景的线下超市，其提供的食材，就一个字——“鲜”。每日提供新鲜的蔬菜、肉类、牛奶等，坚持不卖隔夜的生鲜。同时小包装的销售方式保证了食材的当天食用，用户不用担心因过量导致的食材浪费和储存问题。

另外，盒马鲜生也在推动“生熟联动”与“熟生联动”的体验方式。消费者在选购水产品之后如不愿自己烹饪，可选择在门店烹制海鲜。另外，如果愿意，还可以直接购买制作食物所需的调料自行加工，同时盒马 App 中也有相应的视频教学可让用户参考。

除了食材的新鲜之外，盒马鲜生也在倡导用新鲜的方式去享受生活。盒马鲜生在门店中提供了各式各样的场景，引导消费者去拍照、分享，创造新的生活观念和新鲜有趣的做饭方式，培养消费者的黏性与消费习惯。

盒马鲜生是在互联网时代下使用智能技术创新零售模式的全新尝试。就目前来看，阿里巴巴旗下盒马鲜生的运营模式值得传统零售行业借鉴。在当前的大时代，新零售模式的发展已经势不可当了。

任务二　培养创新精神

在当前信息、经济一体化时代，不管是在学校学习还是进入企业工作，都要求人们不满足已掌握的知识，不断追求新知识，敢于打破原有的框架和权威，根据事实和自己的思考，探索新的方法。所以在了解创新的地位和重要性之后，为了让学生能够适应现代社会的需要，可通过以下方式培养学生的创新精神。

一、勤于思考

创新来自反复的思考，然而大多数人在一个问题有了既定答案时，往往会放弃寻求新答案。在经济、社会、科技创新不断发展的当下，全球化网络连接平台可以不受时间、距离、地点乃至语言的限制，让各种知识和信息得到分享，我们遇到的很多问题都可以在平台上找到答案或者得到帮助，因此我们会更容易停止思考。但是在全球化网络连接平台上，发布的内容越来越重视创新，只有那些对于一个问题反复思考、提出不同方法的人，才能保持竞争力，取得更大的成功。

（一）用自己的方式思考问题

在生活中，我们常常追随别人的脚步，顺从别人的想法，花大力气去模仿别人，久而久之，就忽视了自身的潜能，失去了创意的灵感。我们要学会用自己的方式思考问题，只有学会独立思考，才能在一次次战胜困难的过程中开启智慧的大脑，激发创意的源泉。

（二）调整思维模式让创新变得简单

思维模式就是指我们如何看待这个世界，主要包括价值观、信念和态度。思维模式就好像一粒种子，一粒好种子可以生根发芽，而一粒坏种子自然无法开花结果。思维模式决定行为，而行为决定人生。

世界总是处于运动和变化中，人类的思维模式也是变幻无穷的。针对不断变化的环境、条件，需要用不同的思维模式分析相同或者类似的问题，改变思维程式化和思维方向，通过对事物的调整和控制，优化思维目标。

日常生活中，任何事物都不是单独存在的，而是关联在一起的。总是习惯于既有的生活模式，只看到自己想看到的东西，当遇到依靠以往生活经验无法解决的难题时，就会想不出解决的办法。这时，不妨调整一下自己的视角，换一个思维模式，这样往往能将棘手的问题变得简单。

（三）思维交流碰撞出创意的火花

创新需要把不同的事物联系到一起，不同的文化、不同的想法发生碰撞时，必然会擦出新的火花，点燃创意的火苗。

我们在日常的学习和生活中，总会遇到难题。在解决这些难题的时候，不妨出去走一走，找朋友聊聊天，放松一下心情，或许就能找到解决的办法。每个人的时间和精力都是有限的，不可能掌握世界上所有的知识，了解所有的文化，所以，学会交流，不放弃每一个学习交流的机会，是激发自己创意思维的好办法。

创新很多时候是社交活动的产物，需要人与人之间的沟通交流。世界级大城市会吸引不同文化背景的人，在不同文化的碰撞中，这些城市的创意思维得到显著提升，新的观念也会不断产生。

相关链接

创新思维

一位商学院高才生为了激发自己的思维，经常给自己创造与陌生人接触的机会。

他在选飞机票的时候，在不赶时间的情况下，总是选择中转站最多的航班。这样做是为了在旅途中能接触到更多的陌生人，因为乘客往往来自不同的行业，有不同的兴趣爱好和文化背景，通过与他们交谈，他可以发现新的商机和创意。

二、勤于观察

好奇心包含着强烈的求知欲和追根究底的探索精神，想在茫茫学海获取成功，就必须有强烈的好奇心。正像爱因斯坦说的那样："我没有特别的天赋，我只有强烈的好奇心。"只有善于细致入微地观察世界，不断积累，才能更好地了解这个世界，才能创新。

想要对周围保持敏感并不是件容易的事情，特别是当我们正在做一些日常事情时，如开车或步行经过熟悉的街道，我们一般会不由自主地忽视周围的环境，视野仅仅局限于眼前。

英国物理学家道尔顿患有色盲症，但是当他发现自己视觉异常时，埋头用心钻研，最终填补了医学上关于色盲症的理论空白，成为第一个发现色盲的人。安藤百福排队买拉面，从中发现了商机，于是便有了方便面。乔立不慎把煤油滴到衣服上，于是才发现煤油竟然有去渍的功效。

可见，创意源于生活，同时又能够服务和指导生活。要培养创新精神，就必须善于观察生活、思考生活、体验生活。法国著名雕塑家罗丹曾经说："世界不缺少美，而是缺少发现美的眼睛。"科学家和艺术家在熟悉的环境中也可以找到一些灵感，然后将其用于创作中。生活不缺乏机遇，只不过缺乏明亮的眼睛和勤于思考的大脑。

三、培养想象力

想象力是创新的催化剂，没有它，旧的知识像一潭死水，成不了新的事物，我们所要构建的外部环境也正是想象力的直观反映。如果将创新比喻为制作一部电影，那么想象力就是导演。想象力是可以通过后天努力学习和锻炼出来的，用自己的方式加上前人的经验，将知识、观察到的事物等整合到一起，创新就有可能实现。

缺乏想象力会让我们的生活陷入一种彼此模仿的重复之中。生活中，人们随着年龄越来越大，学识越来越多，阅历越来越丰富，就越容易形成思维定势，想象的思维被太多的理性和复杂的人际关系裹挟。我们应该做一个聪慧的人，既能够理性地做事，又可以像天真的儿童那样充满感性的想象，这样，生活才会迸发出激情，才会更加丰富多彩。

四、大胆怀疑，巧妙提问

不要认为被人验证过的都是真理。许多科学家对旧知识的批判，对谬误的否定，都是从怀疑开始的。例如，伽利略因对亚里士多德"物体因本身的轻重而下落有快有慢"结论的怀疑，发现了自由落体定律。怀疑是内在的创造潜能，它激发人们去钻研、去探索。对待所学习或研究的事物，我们应不迷信任何权威，应大胆地怀疑，这是创新的出发点。

我们可以从一个问题中学到知识，通过这个问题产生好的创意。爱因斯坦说过："提出一个问题比解决问题更重要，因为后者仅仅是方法和实验过程，而提问则要找到问题的关键要害。"

在你提问题的时候，必须先知道自己的问题到底是什么，并且能清楚地将问题表述出来，并不是每个人都用相同的方法看待同一个特定的情况。在恰当的时间提出问题，往往能产生很多信息和创意。最常见的当属丰田的创始人丰田佐吉提出的5WHY分析法，也就是对一个问题点连续问五个"为什么"，以追究其根本原因。但使用时不限定只做五次"为什么"的探讨，应到找到根本原因为止。该方法鼓励解决问题的人努力避开主观或自负的假设和逻辑陷阱，从结果着手，沿着因果关系链条，顺藤摸瓜，直至找出原有问题的根本原因。

如果我们只问一次"为什么"，那么我们就永远无法打破问题的表面，只会从一个无效的解决办法转移到另一个，因为我们只是停留在问题的症状上，而没有探究它产生的根源。一个企业在产品的设计、技术、工艺上多问几个为什么，就能减少产品出现的问题，生产出更优秀的产品。

五、大胆尝试，实践出真知

在创新的过程中，失败是不可避免的。爱迪生在发明电灯之前，曾经尝试过上千种材料。他说："我从未失败过，每次失败都只是排除了一种不合适的材料。"无论尝试的结果是否如愿，都为下一次尝试提供了宝贵经验。

我们很多人在工作和生活中畏首畏尾，哪怕有了好的创意和想法，也不敢表达，害怕失败，不敢尝试。人生本身就是不断尝试、不断失败，最后获得成功的过程。事情并没有想象中的可怕，可怕的是内心的"恐惧"。勇于尝试才能点燃创意的火苗，才能发挥无限的创造力。

六、不断学习，不断积累

要将大脑中好的创意变成创新，这需要大量的知识积累。没有知识积累的想象力是空泛的，不具备创新的可能。通过积累知识，我们才能保证创新的河流不会枯竭。学习是积累知识、丰富阅历的最好方法。人生短暂，我们无法做到事事都亲自体验，而书中的间接经验将有效地补充我们人生经历的不足，使我们从中获得宝贵的经验，增添生活的感受，激发创新的灵感。

柏拉图说："知识是一切能力中最强的力量。"学习是所有人的必修课。在通往成功的道路上，人需要不断充电，不断挖掘自己的学习能力和创造能力。在朝着自己的目标前进时，知识积累是一件最需要去做的事情，只有不断充电、不断学习，才能在前进的过程中不断地增值。

创新是对传统的叛逆，是打破常规的哲学，是思维碰撞，是智慧对接，是具有新颖性和创造性的想法。创新是艰难的，需要经历无数次的尝试和失败。创新需要坚定的信念来支撑，如果无法克服对失败的担心，不能建立起面对困难的勇气，创新就不会成功。

项目小结

通过本项目的学习，使学生对创新的地位和现代企业中创新的重要性有了充分的认识，与此同时，还可以培养学生的创新精神和思维能力，并掌握一定的基础技能，在后续的创业运营过程中，全面了解和判断创业形势，理性创业。

相关知识

培养学生创新精神的重要意义

1. 创新意识和创新能力是学生素质教育的核心

创新精神是人的综合能力的外在表现，它是以深厚的文化底蕴、高度综合化的知识、个性化的思想和崇高的精神境界为基础的。心理学领域的最新研究也表明，创新是一种认识、人格、社会层面的综合体，涉及人的心理、生理、智力、思想、人格等诸多方面，并且和这些方面相辅相成，能巩固和丰富人的综合素质。

2. 创新是学生获取知识的关键

在知识经济时代，知识的增长率加快，知识的陈旧周期不断缩短，知识转化的速度猛增。在这种情形下，知识的接受变得并不那么重要，重要的是知识的选择、整合、转换和运用。学生最需要掌握的是那些涉及面广、迁移性强、概括程度高的核心知识，而这些知识并非仅靠言语就能传授的，它只能通过学生主动地“构建”和“再创造”获得，这就需要学生的创新意识和创新能力在其中主动地发挥作用。

3. 创新是学生终身学习的保证

随着教育规模的不断扩大，教育的职能正在由精英教育向素质教育转化，学习也正由阶段教育向终身教育转化，学习将成为个人生存、竞争、发展和完善的第一需要。在知识的陈旧周期不断缩短的情况下，社会职业将更加不稳定。在创新精神的指引下，学生有能力在毕业之后利用各种有利条件，根据所从事的工作，不断完善自身的知识和能力结构，更好地达到完善自我和适应社会的目的，从而为终身教育打下坚实的基础。

同步实训

一、实训概述

本项目实训为对学生创新能力激发和创新思维形成的实训，要培养学生的创新能力，首先就是要激发和培养学生的创新意识。通过本实训活动，有助于培养学生的创新意识，同时，在创意的讨论以及讲解过程中，可以锻炼学生的组织能力、表达能力和团队协作能力。

二、实训素材

1. 连接网络的电脑、智能手机等实训设备。
2. 相关实训软件。

三、实训内容

学生分组，并选出各组组长，以小组为单位进行实训操作。在本实训中，教师指导并帮助学生完成实训内容。

四、实训任务

步骤1：设计活动场景。

有一个聋哑人患有高血压，也不认识字，他到药店去买药，但是药店的工作人员不懂手语。要求大家模拟聋哑人想一种办法能够让药店的人明白自己的意图。

步骤2：分组讨论。

各小组就主题进行讨论，想出尽可能多的办法。

步骤3：小组讲解。

小组组长将自己小组讨论的办法在班级内进行讲解。

步骤4：活动交流讨论。

1. 全班讨论，选出最具有创意的3组。
2. 对选出的3组进行分析，说出他们的优点是什么，并总结在表1－1中。

表1－1　创意方法分析

组别	办法	优点（创新点）	备注
第一组	1. 2. 3.		
第二组	1. 2. 3.		
第三组	1. 2. 3.		

五、实训总结

1. 总结本次课程实训的主要内容及掌握要求。
2. 教师指出并纠正学生普遍存在的问题。
3. 根据学生实训情况，补充遗漏内容或拓展部分相关知识。

课后习题

一、单选题

1. 创新是一个民族进步的灵魂，是（　　），也是一个政党永葆生机的源泉。

A. 一个人发展的重要支持

B. 一个国家兴旺发达的不竭动力

C. 一个团队生存的根本

D. 一个企业赢得竞争的不二法门

2. 创新是事业快速、（　　）发展的巨大动力。

A. 高效　　B. 健康　　C. 蓬勃　　D. 完美

3. “大众创业、万众创新”最早是李克强总理在（　　）提出来的。

A. 达沃斯论坛

B. 政府工作报告

C. 2015 年 2 月专家座谈

D. 新闻联播

4. 推进“大众创业、万众创新”说法不正确的是（　　）。

A. 是培育和催生经济社会发展新动力的必然选择

B. 是民族发展的强制规定

C. 是激发全社会创新潜能和创业活力的有效途径

D. 是扩大就业、实现富民之道的根本举措

二、多选题

1. 培养创新精神的方法有（　　）。

A. 勤于思考　　B. 多冒险　　C. 勤于观察　　D. 重复劳动

2. 创新的重要性体现在（　　）。

A. 服务争优需要创新

B. 盈利增加仰仗创新

C. 效益看好需要创新

D. 团队进步需要创新

三、简答题

简述培养创新精神的方法。

项目二　创新思维与创新方法

知识经济时代，创新决定着一个国家和民族的综合实力和竞争力，培养具有专业知识和高素质的创新型人才是推进“大众创业、万众创新”的重要途径。学生是宝贵的人才资源，是国家建设的中坚力量。本项目将从认识并理解创新思维入手，帮助学生养成创新思维、掌握创新方法。

学习目标

知识目标

1. 了解创新思维的概念和特点。
2. 了解创新思维的基本原理。
3. 了解创新思维的作用和意义。
4. 了解创新人才的培养。

能力目标

1. 能够掌握创新思维的训练方法。
2. 能够掌握创新的方法和应用。
3. 能够掌握从创新到创业的过程。

案例导入

无限泳池

无限泳池（Endless Pool，又称 Swimming Machine）通过特殊的水力推动装置，形成定向的水流，游泳者通过逆流在泳池中游泳，以此来达到运动的目的，因为水流的推动作用，游泳者游不到泳池的另一端。

无限泳池的工作原理是在有限的空间内让静止的池水定向层式流动，使游泳者逆向层流游动，和跑步机的原理类似。泳池的水流速度即为游泳者的游速，水流速度的可调范围为 2 ~210m/min（奥运会自由泳 1500m 纪录保持者游速为 103. 3m/min，一般人为 75 ~ 85m/min），即游泳者可在 15 ~ 20min 内完成 1.1 ~ 1.7km 不转向的游泳训练。

案例分析

无限泳池出色地解决了人造泳池空间有限的问题，使人在狭小的室内或家庭泳池中拥有在大海中自由遨游的体验。这一脑洞大开的设计背后有着严谨、简单、直接的科学原理作为支撑，是逆向思维发挥了作用。按照常规的思路来讲，要想获得同等的体验，就要到更大的游泳场地，比如湖泊或者海洋。在泳池空间不变的情况下，通过使用机械手段，推动池水向与游泳者相反的方向流动，相对实现了让人游得更远的目标。

任务分解

任务一　创新思维的养成

一、创新思维的概念

创新思维是指以新颖独特的方法解决问题的思维过程，一切能提出新颖思维成果的非习惯性思维、不存在固定规则的思维活动，都属于创新思维范畴。创新思维是一个相对性的概念，是相对于常规思维而言的一种思维方式。通过这种思维能突破常规思维的界限，即突破思维定势。创新思维就是以超常规甚至反常规的方法、视角去看待问题，提出与众不同的解决方案，从而产生新颖独特的、有社会意义的思维成果。例如：

①如何将鸡蛋立起，难道只有哥伦布那一种方法吗?

②杯子里装着空气，为何人们看不见?

③给你一盒图钉、几根火柴、一根蜡烛，你将怎样用最简单的方法将蜡烛固定在门上（用掉所有材料）?

在解决诸如以上问题时，由于我们往往处在思维定势当中，在固定的思维模式下，我们要么解不了题，要么找不到简便有效的方法。

创新思维的本质在于将创新意识的感性愿望提升到理性的探索上，实现创新活动由感性认识到理性思考的飞跃。创新思维是人类创造力的核心和思维的最高形式，是人类思维活动中最积极、最灵活和具有最丰富成果的一种思维形式。人类社会的进步与发展离不开知识的增长与发展，而知识的增长与发展又是创新思维形成的结果。例如，任意给你一组词，火、水、鱼、虾，问你它们之间的关系，其实火与水是对比联想，水与鱼是相似联想，鱼与虾是接近联想。很多东西不是靠逻辑推理出来的，而是需要我们去大胆想象，通过联想去寻找各种解决问题的途径和方法。

曾有这样一项调查：员工最缺乏的是什么？99% 领导者的答案是缺乏创新思维。21 世纪拥有知识和信息的人越来越多，这就意味着知识和信息的价值已呈下降趋势，拥有创造力和想象力的员工的价值正在上升。在企业中员工较量的不是拥有的知识和信息，因为你能拥有的知识和信息，别人也可以拥有，真正较量的是创造力和创新思维。怎样突破思维定势，跳出固有逻辑思维，想出更简便高效的办法，丰富我们的想象力，通过联想去找寻解决问题的新途径、新方法？这就需要我们自身对创新思维的探索和学习。

相关链接

丹波村致富的启示

在日本的兵库县有一个名为丹波村的地方，交通不便，贫穷不堪，没有特产。为使村子富起来，村里人向有经验的井坂先生请教。井坂先生考虑说："要想让村子富起来，就得先使村子'商品化'。"可是这里没有可以进行贩卖的东西，井坂先生绞尽脑汁，突发奇想，如果生活在喧嚣的物质世界中的现代人厌倦了城市里的浮躁，就会产生对"原始"生活的向往与渴望，所以其说服村民在树上筑屋而居。这件事情很快就传开了，许多城里人争相涌入这个小村，只为体验那种"原始"生活。随着观光人数的不断增加，丹波村村民的收入大幅提高。他们盖起了漂亮的餐厅、旅馆，公路也铺设好了，汽车可以直达村落。然而，来旅游的人日渐减少，因为曾经吸引人的是村中的"原始"生活，而现在其与城市无异，来这里还有什么意义？出售"原始"生活使丹波人改变了村子的落后面貌。创新思维就是以科学的理论为指导，面向实际，敢于提出新思路，解决新问题。创新思维的一个重要表现形式就在于打破常规、逆流而行。

二、创新思维的特点

一般认为，创新思维是指在创新过程中发挥作用的一切形式的思维活动的总称。创新思维作为一种特殊的思维活动，除了具有一般思维所具有的特点外，还具有自己的特点，创新思维的特征主要体现在以下六个方面。

（一）新颖性

创新思维是一种超常规的思维方法，求新、求异是它的两大特点。对事物的认识超出原有的认知范畴并进行重新认知，一般会产生新的见解、新的发明和新的突破，得到前所未有的成果。

（二）独特性

独特性是创新思维的基本特点，创新思维的独特性在于它敢于对人们司空见惯、觉得完美无缺的事物提出怀疑，勇于向旧的传统和固定习惯开战，也能够主动否定自己，打破自我的框框，不按部就班，解放思想，锐意改革，勇于创新。在思路的选择上，在思考的技巧上或者在思维的结论上，具有“前无古人”的特点，具有一定程度的创新性和开拓性，以独到的见解去分析问题，用新的方法去解决问题，善于提出新的假说，善于想象出新的形象。

（三）多向性

创新思维不受传统单一思想观念的限制，思路开阔，尽可能地提出较多的设想和答案。创新思维的多向性主要体现在它善于从不同角度、各个方向想问题，在一个问题面前提出多种设想、多种方案，以扩大选择，能灵活地变换影响事物质和量的因素，从而产生新的思路。思维在一个地方受到阻碍时，能转到另一个方向，寻找最优答案，产生适宜的新办法。

（四）综合性

综合性指创新思维把大量观察材料得到的事实和概念综合到一起，进行概括、整理，形成一个新的、科学的概念和体系。创新思维能对得到的材料进行深入分析，把握其中的个性特点，再从中归纳出事物的规律。

（五）联动性

创新思维具有由此及彼的联动性，是重要的思维能力。其具体表现为由浅入深，由小及大，能够触类旁通，举一反三，从而获得新的认识，取得新的发现。

（六）跨越性

创新思维的思维进程具有很大的跨越性，省略了烦琐的思维步骤，思维跨度较大，具有明显的跳跃性和直觉性。

三、创新思维的基本原理

（一）迁移原理

迁移原理分为原型启发、相似原理、移植原理三种类型。

1. 原型启发

原型启发是指从其他事物或现象的相似或类比中，产生新的思想、观念和技术。

2. 相似原理

相似原理就是根据两个相同或相近的事物，把其中一个事物的结构和原理应用到另一个事物上。

3. 移植原理

移植原理是指将某个领域的原理、方法、结构和用途等移植到另一个领域中去，从而产生新的事物和观念，即把一个研究对象的概念、原理和方法等运用于其他研究中。英国医生李斯特根据这一原理创造了手术消毒的新方法。

（二）组合原理

组合很容易产生创造发明，甚至能产生重大的操作发明。

（三）分离原理

创造技法中的“减一减”的方法，就是基于这一原理产生的。它与组合原理是完全相反的另一种创造原理。

（四）还原原理

还原原理是把创新对象的主要功能抽出来，集中研究实现该功能的手段和方法，从中选取最佳方案。

（五）相反原理

相反原理指在发明的过程中，当运用某种方法解决不了问题时，改用相反的方法。在发明创造中有时遇到解决不了的问题往往需要迂回或从与其相反的途径才能顺利解决。相反原理分为功能相反、结构相反、因果相反和状态相反四种类型。

1. 功能相反

功能相反是指从已有事物的功能的相反角度去设想和寻找解决问题的新途径，从而实现创新的思维形式。

2. 结构相反

结构相反指从已有事物的结构形式相反的角度，去设想和寻求解决问题的新途径的思维形式。

3. 因果相反

因果相反指把已有事物的因果关系颠倒过来，由果变因、变因为果，去发现新的现象和规律，寻求解决问题的新途径的思维形式。例如，在发明史上，奥斯特发现电能产生电磁；法拉第利用相反原理提出磁能生电，从而发明发电机。

4. 状态相反

状态相反是指根据事物的某一属性的反转来认识事物，从而引发创新的一种思维形式。

（六）换元原理

换元原理指存在不能直接解决的问题时，采用“替代”方法，使问题得以解决或使创新思维活动深入展开。换元分析就是要分析事物的三要素，即事物、特征和量值，把不相容的问题转化为相容的问题，在这一转化过程中要着重研究变换规律，即如何对不相容问题中的事物进行变换。

（七）利用原理

对当代大学生而言，学习和掌握他人的发明专利是掌握和了解现有技术及其转化的最佳途径，也是学习和掌握当今科技发展最新动态的途径。在“利用”的基础上，加上自己已掌握的科学知识及在这方面的训练，对现实借鉴、创新是有很大帮助的。

四、创新思维的作用和意义

（一）创新思维的作用

1. 创新思维可以不断地增加人类知识的总量

创新思维因其对象的潜在特征，不断扩大人们的认知范畴，不断把未知的东西变为已知的东西，科学上每一次的发现和创造都是在增加人类的知识总量，为人类由必然王国进入自由王国不断地创造条件。

2. 创新思维可以不断提高人类的认识能力

创新思维的特征表明，创新思维是一种高超艺术，创新思维过程中内在的东西是无法模仿的。这个内在的东西就是创新思维能力。这种能力的获得依赖于人们对历史和现状的深刻了解，依赖于敏锐的观察力和对事物的分析力，依赖于平时知识的积累和拓展。

3. 创新思维可以为实践开辟新的局面

创新思维的独创性赋予了创新思维敢于探索的精神，在这种精神的支配下，人们不满足现状，不满足现如今已有的知识和经验，力图探索客观世界中还未被认知的本质和规律，进行开拓性的实践，开辟出人类实践活动的新领域。如果没有创新思维，人们只管坐享其成，那么人类的实践活动只能停留在原有水平上。

4. 创新思维是未来人类的主要活动方式和内容

目前的新技术革命为生产带来了变革，把人从体力劳动中解放出来，转而从事信息、人工智能等方面的脑力劳动，减轻了人的体力消耗，使人们拥有充分的精力，把自己的知识和智力用于创新思维活动，把人类文明推向一个新的高度。

（二）创新思维的意义

1. 创新思维促使知识融会贯通及优化组合

知识是多种多样的，一个人只能掌握一定范围的知识，但由于创新思维的产生土壤不是贫瘠和单一的，就促使人们了解多个领域，使知识的门类涉猎更广、体系化更强，同时在不断思考和学习中，实现知识的融会贯通及优化组合。

2. 创新思维促使企业自主创新，培养国际品牌

企业的产品没有创新就没有市场，企业的发展没有创新就难以维持，企业的管理没有创新就难免死气沉沉，在当今市场上就会缺乏竞争力。因此创新思维对于企业而言尤其重要。纵观当前国际市场，中国民族品牌屈指可数，究其原因，是中国企业缺乏自主研发和创新的能力。中国的强大离不开民族企业的发展，民族品牌的树立是一个国家综合国力、经济实力的侧面体现，而民族品牌的树立、企业文化的创新、研发环节的创新、管理模式的创新等，都离不开创新思维的支持。

3. 创新思维能解放想象力，促进教育体制完善发展

随着社会的发展，创新的重要性越来越凸显。当前中国基础教育进行“新课改”，提倡素质教育，而创新思维就是素质教育中一个必不可少的环节。想象力的延伸和发展是创新思维的源泉，因此创新思维促进了教育体制的完善发展，这对于社会和民族的未来至关重要。

4. 创新思维能促进社会重视创意产业的发展，立法体制的完善

当今很多行业都需要创新思维，比如创意产业等这些行业门类几乎完全依靠想象力和创造力来获得发展，公司产品是否具有创造力，往往是评判公司是否适合此行业发展的标准。

如果社会各界重视创新，就会对原创作品更加推崇，进而树立尊重原创、反对剽窃的行业正气。个人团体以及社会加强对原创作品的保护意识，也能更加激发创意行业的蓬勃发展，也推进相关部门对此类行业在知识产权等方面的立法措施，促进我国法律法规的完善。

五、创新思维训练

现在的社会是一个不断发展的社会，每一天都在不断地创新，不断地进步。我们都知道社会需要创新来推动其发展，而要想取得成功也要有创新，要想创新就要有一定的创新思维。当下，创新思维在人们的日常生活、学习和工作中的应用越来越广，现代人如果不懂得如何开发创新思维，不懂得如何运用创造力去开辟更大的生存与发展空间，只是一味地模仿前人，那他们将无法在激烈的社会竞争中立足，只能落后于人。所以我们要在生活中培养良好的创新思维，只有这样我们才能做引领时代发展的领头羊，才能取得成功。对于个人来说，创新思维是一种习惯，要求我们改变陈旧的思维习惯并建立起新的思维习惯，这往往需要长期主动的训练。

（一）建立创新理念

我们正处在一个高速变化的新时代，必须建立新的理念才能面对许多新情况和新问题。

1. 头脑就是资源

在经济领域，市场经济正在蓬勃发展，市场竞争也日趋激烈，而人与人之间的竞争，归根结底是智力的竞争，是头脑的竞争。

2. **不断淘汰自己**

当代社会，各种信息铺天盖地涌来，我们每天都要面临一个不断变化着的崭新世界，仅仅依靠以往的老经验，已经难以跟上社会的步伐。适者生存，不适者淘汰。我们应该不断淘汰自己、改变自己、丰富自己，不断学习，大胆创新，以适应瞬息万变的世界，这样才能不被社会淘汰。

（二）跳出思维定势

在长期的思维实践中，每个人都形成了自己的思考模型，当面临外界事物或现实问题的时候，能够不假思索地把它们带入特定的思维框架，并沿着特定的思维路径对它们进行思考和处理，这就是思维定势。

1. **跳出从众定势**

从众定势的根源在于，人类是群居性的，为了维持群体生活，每个人都会按照“个人服从群体，少数服从多数”的准则生活，而此项准则会进一步成为普遍的思维原则，进而成为从众定势。从众定势使得个人有归属感和安全感，以众人之是非为是非，人云亦云随大流，即使出了错，也无须独自承担责任。人们大部分的行为选择其实都是从众的结果，很少经过自己独立的思考。在传统社会中，统治阶级不断强化人们的从众定势，排斥那些惊世骇俗的言行和特立独行的人物。

2. **跳出经验定势**

经验与创新思维的关系，是一个较为复杂的问题。经验具有不断增长、不断更新的特点，从而有可能使我们看到其相对性，发现其局限性，进而开阔眼界，增强创新能力。经验又是相对稳定的，因而又有可能导致形成固定的、以经验为主的思维模式，由此削弱想象力，造成创新能力的下降。

思维上的经验定势在以下方面构成了“思维枷锁”：第一，经验的权威性本身是一种限定或框架，因而使人难以想到框架之外的事物；第二，以往的经验可能与当今的现实需要并不完全吻合，也不一定能适用于未来，因此扼杀人的创新思维。

为弱化经验定势或从根本上阻止其形成，人们应该经常进行创新思维训练，以便灵活地运用已有的知识和经验，并在此基础上产生创新思维，让它们与自己的智慧同步增长。

（三）拓展思维视角

视角就是思考问题的角度、层面、路线或立场。应该尽量多地增加思维视角，学会从多种角度观察同一个问题。

1. **换位思维**

我们观察和思考外界的事物，总是习惯以自我为中心，以自我的目的、需要、态度、价值观念、情感偏好、审美情趣等，作为标准尺度去衡量外来的事物和观念。

换位思维要求我们在思考过程中尽力摆脱“自我”的狭小天地，走出“围城”，换作别人的角度去思考，站在“城外”对同一事物和观念进行思考，发现创意的苗头。

2. 流变思维

世界一直在改变，但是在思考问题的时候，人们往往忘记了变化，只从现在这一个时间点上思考，于是失去了许多创新的机会。如果对任何事物都能够从三个时间点即“现在”“过去”“未来”来思考，就能大大扩展我们的眼界，获得许多新东西。这正是《谁动了我的奶酪》这本书所强调的思想，也是它畅销的主要原因：及早注意奶酪的微小变化；寻找新奶酪比停留原地更安全；想象自己正在享用新奶酪。

（四）激发思维潜能

人类的大脑是世界上最复杂的，也是效率最高的信息处理系统，它的质量只有1400克左右，其中却包含着超百亿个神经元，周围还有1000多亿个胶质细胞。人脑的存储量大得惊人，我们的大脑可以每秒钟记录1000个信息单位，也就是说，大脑的容量足够我们记住从小到大周围所发生的一切事情。

1. 良性暗示

暗示可分为积极的暗示（良性暗示）和消极的暗示（负面暗示）。学者认为，暗示可以通过显意识进入潜意识，到达意识的深层部分。从这个方面讲，潜意识是暗示的积累与升华，它从根本上影响着、折射着、塑造着人的生命活动。暗示在深层潜意识中潜伏着，持久地延续着。与显意识相比，潜意识平时处于压抑状态，暗示产生的各种各样的图景都处在被压抑、被封镇、被束缚、少自由、被控制的状态。遇到偶然的机会，就会冒出来，在意识中出现，其表现形式即为灵感、直觉、想象等。

积极暗示能够开发头脑中的思维潜能，应该尽可能多地从周围环境和别人那里得到积极暗示，或者直截了当地对自己进行良性暗示，同时要抛弃那些压抑思维潜能的消极暗示。

2. 快乐幸福

“快乐”与“幸福”含义大体相同，在许多语言中，二者都是使用同一个词来表示的。快乐在我们看来是有价值的东西，是人生追求的重要的目标。中外历史上很多著名的伦理学家都把“最大多数人的最大快乐”当作全社会的追求目标，是用来衡量各类事物是否有价值及其价值大小的最终标准。快乐，说到底是主体自我感觉到的一种自在、舒服的心理状态。快乐自身与引起快乐的原因是两回事，快乐可以由物质性的东西引起，但是快乐自身却不是物质性的东西，而是精神性的东西。既然人们都认为快乐是有价值的，那么，怎样才能得到快乐呢？快乐是由许多不同的事物引起的，只要我们确认了那些能让我们快乐的事物，并且想方设法得到它们，我们不就能够在那些引起快乐的事物刺激下获得快乐了吗？所谓寻找快乐，不过是寻找那些能够引起快乐的事物罢了，而这些快乐的事物也能激发我们的思维潜能。

任务二　掌握创新方法

一、头脑风暴法

头脑风暴法意为用脑力去冲击某一问题。头脑风暴法又称脑力激荡法，是 1938 年美国 BBDO 广告公司（天联广告公司）负责人奥斯本首创的。头脑风暴法作为一种创造方法，在《韦氏大词典》中被定义为一组人员通过开会的方式对某一特定问题出谋献策、解决问题。这种方法的特点是克服心理障碍，解放固定思维，思维自由奔放，激发创造性的思维活动，获得新观念并创造性地解决问题。奥斯本创建此法最初是用在广告的创造性设计活动中，并取得了很大成功。后经奥斯本本人和泰勒、帕内斯、戈登等人逐步地完善和发展，终于成为世界范围内应用最广泛、最普及的集体创造方法，在技术革新、管理革新和社会问题的处理、预测、规划等许多领域都显示了它的重要作用。

头脑风暴法的运作方式是组织一批专家、学者、创意人员等，以会议的方式共同围绕一个明确的议题进行讨论，共同集中思考，互相启发激励，借助参会者的群体智慧，引发创造性设想的连锁反应，以产生和发展出众多的创意构想。头脑风暴法一般分四个步骤进行：第一，交代背景，介绍所讨论问题的有关资料，明确讨论目的；第二，说明规则，包括不做任何有关优缺点的评价，允许异想天开、自由奔放的想法，追求创新构想的数量，鼓励在已提出的想法上综合修正、锦上添花等；第三，营造氛围，组织者应是善于启发且自身思维敏捷的人，应能使会议始终保持热烈讨论的氛围，鼓励参会者积极参与；第四，综合评价，将各种设想整理分类编出一览表后，挑出最合适的见解，审查其可行性。

相关链接

如何除掉电线上的积雪

有一年，美国北方格外寒冷，大雪纷飞，电线上积满冰雪，大跨度的电线常被压断，严重影响通信，于是电信公司经理尝试解决这一难题。

该名经理召开了头脑风暴式的座谈会，参加会议的是不同专业的技术人员。会上有人提出设计一种专用的电线清雪机；有人想到用电热来化解冰雪；也有人建议用振荡技术来清除积雪；还有人提出能否带上几把大扫帚，乘直升机去扫电线上的积雪。有一位工程师在听到用飞机扫雪的想法后，突然想到可以出动直升机沿积雪严重的电线飞行，依靠螺旋桨即可将电线上的积雪迅速扇落。

会后，公司组织专家对设想进行分类论证。经过现场试验，发现用直升机扇雪真的能奏效，一个久悬未决的难题终于在头脑风暴会议中得到了巧妙地解决。

二、戈登分合法

戈登分合法是通过同质异化使熟悉的事物变得新奇（由合而分），或通过异质同化使新奇的事物变得熟悉（由分而合）的一种类比方法。

（一）拟人类比（模拟）

进行创造活动时，人们常常将创造的对象加以拟人化，先假设自己变成该事物，再考虑自己会有什么感觉，该如何行动，最后寻找解决问题的方案。

（二）直接类比（模拟）

从自然界或者已有的成果中找寻与创造对象相类似的东西，它是指以作为模拟的事物为范本，直接把研究对象范本联系起来进行思考，提出处理问题的方案。

（三）想象类比（模拟）

想象类比是指充分利用人类的想象能力，通过童话、小说、幻想、谚语等来寻找灵感，以获取解决问题的方案。

（四）象征类比（模拟）

象征是一种用具体事物来表示某种抽象概念或思想感情的表现手法。在创造性活动中，人们有时也可以赋予创造对象一定的象征性，使它们具有独特的风格，把问题想象成物质性的，即非人格化的，然后借此激荡脑力，开发创造潜力，以获取解决问题的方法。

三、5W1H 设问法

5W1H 设问法是根据 6 个疑问词从不同角度检测创新思路设计的新型思维方法。这些疑问词中含有 5 个英文字母 W 和 1 个 H，所以简称为 5W1H 设问法。5W1H 设问法包括以下内容。

①为什么（Why），指产品设计的目的。其作用是检讨设计目的到底是想解决原有产品的缺陷，还是想开发全新产品，是想提高效率降低成本，还是想适应潮流保护环境。

②是什么（What），指产品的功能配置。分析产品基本功能和辅助功能的相互关系，确定消费者需要的是什么。

③什么人用（Who），指购买、使用、决策、影响产品的人。其用来了解消费对象的习惯、兴趣、爱好、年龄特征、生理特征、文化背景、经济收入状况等。

④什么时间（When），指消费者使用的时间和推介产品的时机，企业根据产品消费的时间，合理安排好营销策略等。

⑤什么地方用（Where），指产品使用的条件和环境，即针对什么样的地点和场所

开发产品，有哪些受限和有利的环境条件。

⑥如何用（How），指考虑怎样设计方便消费者，如何通过语言提示进行操作等方法。

与5W1H设问法相仿的设计思维方法还有奥斯本检核表法和价值分析法等。其中，奥斯本检核表法试图通过增加、缩减、置换、颠倒、改变设计理念，进行多角度、多层次、多途径的逻辑方面的改变，从而形成丰富的创新思维。5W1H设问法可以简单、直接地提高思维的严谨性与灵活性，培养概念化技能。

相关链接

小卖部起死回生

某航空公司在机场候机室二楼设小卖部，生意相当冷淡。公司经理用部分5W1H设问法内容检查问题所在。

①谁是顾客？机场小卖部把入境的旅客当主要顾客，而这些客人不需要上二楼。在二楼逗留的大部分是送客或接客的人，他们完全可以在市内大商场里购物，不必到机场来买东西。

②小卖部设置在何处？旅客出入境时，都是经海关检查后直接从楼左侧或右侧走，根本不需要走二楼。

③何时购物？出境旅客只有通过海关检查并将行李交付航空公司后，才有时间光顾小卖部，而机场安排旅客上机前才能将行李交运，这样就从时间上限制了旅客。

针对这三点，航空公司研究改进措施，调整海关检查路线和行李交付时间等。此后，小卖部生意兴隆。

四、仿生模拟法

仿生模拟法是一种以模拟生物系统的某些原理来建造的技术系统，使人造技术系统具有类似于生物系统某些特征的方法。它的研究范围包括机械仿生、物理仿生、化学仿生、形体仿生、智能仿生及宇宙仿生等。仿生模拟法并不是狭隘的自然主义，它具备“举一反三”的素质，是创造性的初级形式。先人创造出的各种事物往往都是一系列以自然和现实为启示的设计成果。在功能方面，从雷电到发电机，从镭的发现到原子裂变的应用，创造性的意义是不言而喻的。在形式方面，从纸草到埃及神殿的雄伟柱廊，从飞禽走兽到仿生模型的设计，都是从模仿自然开始的。人类曾有过使用天然工具的时代，当无法直接依靠双手和自然工具的时候，人类创造了人造工具，即在自然中获取的灵感，使人造工具与自然物（野兽的爪、牙，蚌壳等）类似，但却更有效率、更耐久。

五、扩图转换法

运用扩散性思维将图形或实物重新界定或加以引申，转换成不同设计对象的一种设计思维方法叫扩图转换法。如用六根火柴摆出两个对应的正三角形，要求移动三根火柴使其变成四个大小相等的正三角形，一般情况下，人们不到五分钟就能准确地摆出来。然而，同样是六根火柴，要摆出三个大小相等的正三角形，必须从二维平面向三维立体飞跃才能完成。在设计思维的过程中，我们往往会遇到很多看似不可能却又实实在在有待解决的难题，因此，人们可以经常在世界著名设计大师的作品里看到运用扩图转换法的智慧杰作。

六、继承改良法

继承虽然有模仿的意味，但原型是前辈的创造物，继承蕴含着批判的成分，并加以模仿、改良的设计思想。设计史上，这种设计思想会在相对稳定发展的时期成为主导，在 20 世纪以前，一种风格或样式持续百年以上的例子为数不少，可以说，继承改良法的普遍性、持久性是必然的。人们的生活方式、欣赏习惯在历史平稳发展的时期具有相当顽固的持久性，照传统方式办事是极为正常的事情，激进派向左、保守派向右的引导在历史转折时期常常使继承型设计以折中的形式在夹缝中生存。处于中间状态的多数人更乐于接受和缓的改良，所以接纳剧烈变化需要时间，例如，改良旗袍在中国近代服装史上曾流行数十年。旗袍原为满族妇女的服装，经简化和改进，在 20 世纪 20 年代以后成为贴身的轻便女装，成为从平民阶层到上流社会都广为流行的服装。欧化时装在 20 世纪 40 年代也受到欢迎，中华人民共和国成立后崇尚朴素，欧化服装市场遭到冷落，只有旗袍仍占有一席之地，成为我国女性服装中最富有魅力和民族性的款式。中国历史从 20 世纪 20 年代到 80 年代几经大起大落，但集民族性、时代感和女性化为一身的改良旗袍，能为各种思想所接受，实不多见。复古主义不同于继承改良法设计思想，前者明显是保守、复旧的同义词，继承强调取其精华，反对照搬陈旧，主张随着历史框架转移和演进推出具有民族和时代特征的事物。

七、新旧更替法

新旧更替法总是伴随社会背景的重大变革而发生，是认识论上的突变和跳跃。如果说，继承改良法是缓慢的进化，那么，新旧更替法则是爆发式的革命。显著的反传统性存在于新旧更替法中，往往指向与传统截然相反的方向。原有的生产关系总是与传统的设计思想相适应，在新旧转换时期总是矛盾重重，因为巨大的惯性使它不可能一夜间改弦易辙。尽管少数先锋人物有远见卓识，也会受到保守思想的阻挠，于是，力图唤起社会的注意，种种口号、纲领总是以“反传统”为旗帜。例如，古典主义的“形式至上”与 20 世纪初功能主义的“形式服从功能”是针锋相对的。同时，独特的新颖性存在于新旧更替法中，一旦出现与大量传统设计截然不同的新设计，无疑是鹤立鸡群、引人注目的。

八、属性列举法

克劳福特教授提出了属性列举法，是按名词、动词、形容词等特性提出各种改进属性的思路，根据设计对象的构造及性能，从而萌发新设想的一种方法。其步骤如下：

①分别按名词、动词、形容词列出其属性，确定设计对象。名词属性指材料、部件名称、整体、局部等；动词属性指动作、技能、方式等；形容词属性指颜色、形状、款式等。

②通过提问或自问产生特性联想，对众多的属性进行分类整理。

③通过推敲各种设想来找出最佳方案。

缺点列举法和希望列举法是与属性列举法相类似的设计方法。缺点列举法是通过改良达到创新的目的，找出现有产品不足的一种方法。以传统雨伞的改良设计构思为例，支撑方式的改良构思是因为雨天风大易“翻花”的不足；更换透明材质是因为伞面遮挡视线的不足；雨伞顶尖部附上集水器的改良方案，是因为公共场合下收拢的湿伞容易渍衣的不足；开发一种方形扇面、可舒张的“风琴”是因为两人共用伞面不够宽的不足；开发层高不同的“情侣伞”是因为两人个头高矮不一易湿衣的不足；开发“帽型伞”是因为骑车使用不方便的不足等。希望列举法则是通过针对人们对未来产品的愿望寻找突破口，从而获得突破的一种创新性思维方法。仍以伞为例，能否利用伞面做“太阳灶”来接收太阳能，用于旅游野炊？能否在伞柄中装上汞电池以供雨夜照明？能否在伞面上抹上一种发光材料，反射出红、黄、蓝光线，成为既有警示功能又有观赏性的“彩虹伞”？

任务三　创新人才的培养

随着科技的迅猛发展，经济全球化日渐深化，创新创业已成为经济社会发展的重要驱动力。探索创新人才选拔和培养模式就变得尤为重要。创新人才的主要培养对象就是大学生这一群体。总体素质较高、理论知识丰富、善于接受新事物、能够抓住变化的趋势是大学生的主要优势。经验不足、创新多凭一时激情、较冲动、不够成熟和心高气傲、缺乏吃苦耐劳的精神则是劣势。如果在大学时代高校和社会能全力培养学生的创新能力，使学生尽早地明确自己的人生方向，尽可能地学习对将来有用的知识，从事相关领域的研究，这会有利于创新人才的培养。

一、高校对创新人才的培养

高校作为向社会输送人才的主要场所，对培养学生自主创新能力发挥着重要的引导作用。

（一）重建评价标准

目前许多高校在创新方面进行了有益的尝试，将学生的发明、设计、制作、论文、著作、竞赛等创新成果用学分纳入考核标准。有些高校甚至明确规定，修满创新学分方可毕业，以鼓励学生参加各种形式的创造性活动。在创新学分的激励下，学生会变被动为主动，主动研究、主动学习、主动思考，向自己感兴趣的方向发展，在培养创造意识的同时激发自身创造动机。

（二）课外创新活动

课外创新活动是创新能力培养的重要组成部分。高校应围绕如何提高大学生创新能力组织大学生活动小组。一方面充分利用现有的国内外的学术讨论大会和竞赛等；另一方面，开发具有本校特色的综合竞赛，促使各类顶尖人才脱颖而出。校方可开展案例设计竞赛、电子模拟炒股、商务模拟谈判、创业设计大赛等有益的课外活动，特别是经济、管理类专业，更要重视这些课外活动。通过竞赛类的项目有效地调动学生主动实践的积极性，促使他们去查阅资料，学习如何运用各种软件，掌握与专业相关的各种知识，以及实际商业活动中的各种规则、技巧等，甚至可以给学生们一个广阔的舞台去同外界接触，建立起广泛的人脉。

（三）提供实践平台

随着社会与高校的联系日益密切，各大高校与企业、专业研究机构等的合作不断加强，通过在广阔的社会环境里进行具体实践的方法来培养学生实践能力、创新能力也已被逐步接受。通过学校与研究机构共同发展项目研究、在院校与企业建立的实习基地实习、到企业参观学习等方式，不仅可以辅助课内教学，拓展相关学科的知识面，加深学生对课堂知识的理解，协助科学研究和技术开发，而且对大学生的道德品质、思想观念、态度作风、人际交往能力，都能起到推动作用。

（四）高校课堂教学中要始终贯穿对学生创新思维的培养，创建有利于创造性发挥的环境

大学课堂教学中要始终贯穿对学生创新思维的培养，传统的教学理念是以“教师、书本，课堂”为中心，现代的教学理念则是以“学生、经验、活动”为中心，以学生的主动学习为主体。把持有教育主动权的教师看成学习环境的创意者、策划者和学生学习的促进者及“学习者共同体”的“高级伙伴”，教师和学生是引导和被引导关系，教师应该摆正自己在教学中的地位。教师在教学中要了解学生的需要，建立宽松的课堂环境，引导学生去发现问题，筛选有用的知识，构建知识的框架，分析知识的正确性，学习并运用知识。正所谓“授人以鱼不如授人以渔”，这是一项“穿针引线”的工作，教师所要传授的是一种获取知识的方法，培养学生敢于质疑的品质，使学生乐于独立思考，发现自己内心的想法。我们一直强调的启发性教学、讨论式教学、案例教学等教学方式与创新思维的培养要求是一致的。为了培养学生的创造性，教师应为学生创造一个能支持或高度容忍标新立异者和偏离常规者的环境，让学生感受到“心理安全”和“心理自由”。教师在教学工作中，应善于提出问题，启发学生独立思考，寻求正确答案；要鼓励学生去自由讨论，加强质疑争辩；要指导学生掌握发现问题、

分析问题和解决问题的科学思维方法。教师应当遵守并用以鼓励学生创造性思维的五条原则如下：

①尊重与众不同的疑问；

②尊重与众不同的观念；

③向学生证明他们的观念是有价值的；

④提供尽可能多的学习机会；

⑤使评价与前因后果联系起来。

只有这样，才能够真正激发学生学习的积极性和主动性，使学生的认知功能和情感功能都得到充分发挥，从而提高学生的创新思维能力。

二、社会对创新人才的培养

国家经济发展形势、产业结构、政策导向、对教育的支持程度都会影响到大学生，政府在培养大学生创新素质中的作用尤其重要，甚至关系到整个社会成员的创新素质水平。

（一）创新型教育的投入

教育改革需要一定的投入。无论是先进教学实验设备、项目课题的研究经费，还是各类竞赛、创新活动开支都需要政府提供一定的资金作为保障，否则高校就会“巧妇难为无米之炊”。政府还应在全国范围内开展各类创新竞赛，奖励新发明、新创造。建立良好的科研、发明的创新氛围和用各种激励方式掀起全民创新的风气。

（二）引导高校进行创新

研究盲目、产学研脱钩的现象是许多高校存在的问题，我国科研成果不少，但科研成果转化率低，产学研结合不紧密是最主要的原因。高校间研究缺乏交流，导致科研成果重复，浪费了许多资源。高校研究与企业也缺乏沟通，不了解社会到底需要什么，研究出的科研成果企业不需要，自然就吸引不到资金的投入，最终导致研究更难。要促进产学研紧密结合，除要求高校与企业建立捆绑结盟制度之外，政府还应当建立战略上的引导，使高校多从事对国家经济社会发展有贡献的项目的研究。

（三）加强对高校的监督管理

国内已经为建设创新型社会做了不少工作，并取得了很大的进步。但不少高校还是安于现状，不肯做出改革，甚至挪用国家的科研经费大建校园，进行没有实质意义的攀比。这种现象的产生，有部分原因是国家的监管力度不足。政府应严格监督高校科研经费的使用情况，并定期从学校科研成果、比赛获奖情况、硬件软件的设施、课程的设置、学生的评价等各个方面来考察学校的创新推进工作。

（四）鼓励大学生创业

首先，降低创业门槛。刚毕业或毕业不久的大学生最缺少的就是资金，政府应该在这方面提供一定的政策支持。其次，简化大学生创业的手续，提供一定帮助。许多大学生由于创业程序的复杂而止步，政府应该简化手续，缩短办理必要证明的周期，提高部门工作效率，并为其在办理执照等复杂流程中提供帮助，为大学生创业开通一条绿色通道。最后，可以建立创业园，将有共同理想的大学生集合在一起，引导他们利用自身的、外部的优势条件去发展，甚至形成产业集群。

任务四　组建创新团队

一、创新团队

互助互利，团结一致，为统一目标和标准而顽强奋斗的一群人就是团队。团队是一个不可分割的整体，它坚固的基石是成员彼此的信任。这就要求每个成员都需要具有强烈的责任心、通览全局的大局观、宽广的胸怀和无私的奉献精神。一个优秀团队要想成功，及时地完成既定目标，就离不开各成员的全力配合和通力协作。只有充分挖掘各成员的潜能，激发成员强烈的责任心，做到人尽其职、物尽其用，再加上合理运用所有的人力、物力、信息、公共关系等诸多方面的资源优势，形成一支有强大凝聚力、顽强战斗力的卓越团队，才能在激烈的市场竞争中立于不败之地。

现代社会，伴随着知识爆炸和信息革命的到来，一项创新，一项发明，很多时候已经不是一个人或者几个人可以完成的，而是需要一个团队协作完成。过去，创新者可能是闭门造车的独行侠，但是现在随着人类知识更新速度的加快，团队集思广益的重要性就显现出来了。团队创新作为21世纪创新发展的一种大趋势和新潮流，更加受到世界各国，特别是各大企业和科研单位的关注。国际化的潮流和趋势就是推进创新团队建设，为此，发达国家纷纷制定一些创新优惠政策，打造优势创新团队，凝聚优秀人才。

二、组建创新团队的要素

（一）拥有共同的目标

组建一个团队的首要条件就是形成共同的目标，这也是让这个团队每一个成员忠诚于团队，积极为团队做出努力的先决条件。团队成功的基石就是拥有一个有想象力的目标，而这个目标也使得团队具有存在的价值。因此要有导向明确、科学合理的目标，如进入什么研究领域，达到什么样的研究水平等，使全体成员在目标的认同上凝聚在一起，团结协作，全力以赴完成目标。

（二）积极的团队精神

团队精神是一个成功团队建设的血脉。团队精神有凝聚团队成员的作用，团队成员把团队的目标和理念联结在一起。团队精神在激发个人能力的同时，还能激励团队中的其他人，鼓励团队中的所有成员探索和创新，发挥潜力。对于创建学习型团队来说，团队精神的影响力是深远的。

（三）良好的沟通能力

沟通主要是通过信息和思想上的交流达到认识上的一致，是形成团队的必要条件。良好沟通与团队精神之间存在着因果关系，因此要多了解和理解沟通对象，要积极向别人表达自己的主张，认真倾听别人所提出的与自己不同的意见和主张，用“双赢”的沟通方式去求同存异，达到良好的沟通目的。

（四）坚持不懈地学习

一个创新型的团队就需要制订明确、清晰的培训计划，通过不断学习帮助成员树立终身学习的观念。要适应社会发展的新思路，就必须不断学习。工作上的不断突破和创新需要这种坚持不懈的精神。

（五）长久保持团队士气的关键是有效的激励

有效激励要求正确判断团队成员的利益需求，给予团队成员合理的利益补偿，如明确的晋升或者加薪的标准，这就要求团队采取的奖酬系统不但要公平、合理，能有效激励团队成员，而且要以提高团队凝聚力为目的。总而言之，要建立一支高效的团队，不仅仅是团队领导的事，而且是团队里每一个成员的事，只要团队成员真诚，有共同的目标和积极向上的团队精神，敢于创新，乐于奋斗，就可以建设出一支和谐、高效、创新的团队。

项目小结

通过本项目的学习，使学生认识并理解创新思维，了解创新思维的基本原理，助其养成创新思维、掌握创新方法。与此同时，通过本项目的学习，学生还可以了解创新团队的组建过程，清楚从创新到创业的转化过程，为后续对创业的学习打下基础。

相关知识

创新创业是人类社会的永恒话题，也是社会经济发展的重要支撑。党中央国务院高度重视创新创业工作。习近平总书记指出，创新是社会进步的灵魂，创业是推进经济社会发展、改善民生的重要途径，创新和创业相连一体、共生共存。

（一）创新促进创业

创新是创业的基础和核心，主要强调其与经济增长之间的关系。创业是指个人发现和捕捉机会并由此创造出新产品或服务的过程，主要标志和特征是创建新企业或新组织。创业本质上是一种创新活动，主要研究范畴包括其与经济增长、就业、社会发展及公平正义的关系等。

从关系上来说，创新与创业是一对名副其实的“孪生兄弟”。创新活动能够为创业者拓展更宽的创业领域，创造更多的创业机会；而创业活动又能够为创新提供实践和经验。创新是中国实现经济可持续发展的第一动力，创业是创新发展的途径和必然选择。以目前我国大力提倡的“互联网+”为例，就是要将互联网的创新成果深度融合于经济社会各领域，全面提升全社会的创新水平；与此同时，推动网络创业和网上就业，并逐渐发展成为“大众创业、万众创新”的重要领域。国内最大的网络交易平台阿里巴巴，仅其零售电子商务带动的直接就业和间接就业人数就高达1200万人。阿里巴巴、腾讯、百度等互联网公司及其创业者已经成为当代中国年轻人创业的时代楷模，这些青年才俊成长于互联网时代，其巨大的社会及财富效应是创新创业文化孕育起来的。

（二）创新引领创业

随着创新能力的不断提升，创新对国民经济发展的贡献率也有了大幅度的提高。全国科技工作会议指出，2017年我国科技进步的贡献率已经提高到57.5%，这表明我国的经济增长中有一半的贡献率来自科学技术的进步。由于创新能力的提高以及各项优惠和扶持政策的出台，创新拉动就业的趋势已经形成。

第一，从新增企业来看，企业数量持续快速增长，发展势头活跃，对扩大就业的支撑作用越发显著。国家市场监督管理总局（原国家工商总局）的数据显示，2016年新登记市场主体1651.3万户，全年新登记企业552.8万户，2017年上半年全国新登记市场主体887万户，平均每天新设4.9万户，已成为职业创新的风向标。

第二，从创业主体来看，越来越多的中高职学生、大学生、海归人员和科技人员投身到创业浪潮之中，创业群体的素质有了明显的提高。

第三，从新产业角度来看，根据国家统计局发布的数据，2016年我国高技术产业增加值比2015年增长10.8%，在经济增长率下行的情况下，高技术产业增长率比2015年的10.2%超出0.6个百分点。我国高技术产业已经迈入快速发展的新的“黄金时代”。

中国科学技术部披露，截至2017年年底，全国共有各类众创空间5500余家，全国科技企业化器数量超过4000家，创业化平台孵化团队和企业超过50万个，它们为促进大众创业和经济转型发展提供了有力支撑。

第四，从新业态的角度来看，2018年1月25日，商务部在发布会上表示，2017年我国网络零售由高速增长向高质量发展转变，零售额达到7.18万亿元人民币。第十三届全国人大一次会议《政府工作报告》显示，载人航天、深海探测、量子通信、大飞机等重大创新成果不断涌现。高铁网络、电子商务、移动支付、共享经济等引领世界潮流。“互联网+”广泛融入各行各业。“大众创业、万众创新”蓬勃发展，日均新设企业由5000多户增加到16000多户。快速崛起的新动能，正在重塑经济增长格局，深刻改变生产生活方式，成为中国创新发展的新标志。

同步实训

一、实训概述

本项目实训为锻炼创新能力的实训。学生运用属性列举法，对普通自行车进行属性、缺点及希望点列举，并对普通自行车提出相应的改进设想。通过实训，帮助学生掌握创新方法，提高创新能力。

二、实训素材

1. 连接网络的电脑、智能手机等实训设备。
2. 相关实训软件。

三、实训内容

学生以小组为单位，针对实训背景进行实训操作。在本实训中，教师指导并帮助学生完成实训内容。

四、实训任务

步骤1：属性列举。

从名词、形容词、动词三方面对普通自行车进行属性分解，并将结果填入表2－1中。

表2－1　　普通自行车属性分解表

自行车特征	名词属性	整体名词	
		结构部分	
		材料类型	
		制作方法	
	形容词属性	颜色	
		重量	
		形状	
		性能	
		速度	

续 表

自行车特征	动词属性	主要功能	
		动作分解	

步骤2：缺点列举。

找出普通自行车存在的缺点或不足，分析形成原因，找出解决方法，完成表2－2的填写。

表2－2　　普通自行车的缺点分析

缺点	形成原因	解决方法

步骤3：希望点列举。

对普通自行车提出尽可能多的希望点，并进行归纳整理，形成3～5个希望点，对其中可能实现的希望点提出对应的解决方案。

表2－3　　普通自行车希望点列举

序号	希望点	解决方案

五、实训总结

1. 总结本次课实训的主要内容及掌握要求。
2. 教师指出并纠正学生普遍存在的问题。
3. 根据学生实训情况，补充遗漏或拓展部分的相关知识。

课后习题

一、单选题

1. 创新思维是一个相对性的概念，是相对于（　　）思维而言的一种思维方式。

A. 突破　　B. 常规　　C. 特殊　　D. 非创新

2. 一组人员通过开会的方式对某一特定问题出谋献策，以解决问题的方法是指（　　）。

A. 属性列举法　B. 仿生模拟法　C. 戈登分合法　D. 头脑风暴法

3. 眼科专家把眼镜的镜架和镜片分离开来，发明了一种新型产品——隐形眼镜，这主要是运用了创新思维的（　　）原理。

A. 迁移原理　　B. 组合原理　　C. 分离原理　　D. 还原原理

4. 以下创新属于继承改良法的是（　　）。

A. 近些年流行的“汉服热”

B. 开发一种方形扇面、可舒张的“风琴”

C. 开发层高不同的“情侣伞”

D. 开发“帽型伞”

5. 以下不属于迁移原理的是（　　）。

A. 原型启发　　B. 相似原理　　C. 移植原理　　D. 分离原理

二、多选题

1. 思维习惯的改变和养成，往往需要长期、主动、自觉的训练过程，包括（　　）。

A. 建立创新理念

B. 跳出思维定势

C. 拓展思维视角

D. 激发思维潜能

2. 学校可以通过（　　）加强对创新人才的培养。

A. 课堂上鼓励学生自主讨论，最终达到观念一致

B. 将创新成果用学分纳入考核标准，修满创新学分方可毕业

C. 组织开展各类竞技类课外活动

D. 降低创业门槛，简化创业手续，鼓励学生创业

3. 组建创新团队的要素有（　　）。

A. 拥有共同的目标和良好的沟通能力

B. 积极的团队精神

C. 坚持不懈地学习

D. 长久保持团队士气的关键是有效的激励

三、简答题

1. 简述创新思维的特点。

2. 简述创新思维的作用和意义。

项目三　创业时代与创业基础

在“大众创业、万众创新”的时代背景下，创业创新正成为一种价值导向、一种生活方式、一种时代气息。创业是实现创新价值的根本途径，创业能够推动并深化创新。正确认识创业，掌握创业的过程与步骤，培养创业者的素质与能力，是时代对创业人才的要求。

学习目标

知识目标

1. 理解创业的含义。
2. 了解创业的政策环境。
3. 了解创业的要素与类型。
4. 了解创业的过程。
5. 了解创业者的基本素质。
6. 了解创业者的必备能力。

能力目标

1. 能够正确识别创业的不同类型。
2. 能够掌握创业过程中各阶段的工作内容。
3. 能够掌握创业者必备的基本素质及能力。

案例导入

美图秀秀蔡文胜的创业励志故事

蔡文胜摆过地摊，在东南亚卖过衣服、水泥，之后因为投资域名生意，抢注十多万个互联网域名获得丰厚收益，之后进入投资领域，相继投资美图秀秀、58 同城、暴风集团等重量级公司。在 2016 胡润 IT 富豪榜中，蔡文胜家族以 105 亿元排名第 35 位。

2013 年，蔡文胜出任美图秀秀董事长。2016 年 12 月 15 日，美图公司正式登陆港交所，整体市值近 46 亿美元，成为继 2004 年腾讯上市后十年来香港股市最大规模的科技 IPO（首次公开募股）。当时，蔡文胜持有美图公司 38. 32% 的股份，价值约 120 亿元人民币。此外，蔡文胜还投资了 58 同城、暴风集团等上百家企业。

1. 让磁带多转两圈

蔡文胜 1970 年出生于泉州。1985 年，15 岁的蔡文胜弃学，在素有商业历史气息的泉州和几个同学摆起了地摊，若不算八九岁时卖冰棒的经历，这是他人生第一次正式“下海”。蔡文胜的地摊生意从兜售一些小物件开始，如计算器，以 8 元钱进货，10 元钱卖出。

除了摆地摊，蔡文胜还翻制录音带。相比今天，20 世纪 80 年代中国的流行文化少得可怜，这也导致了一代人很容易产生许多共同记忆，比如关于邓丽君的歌。蔡文胜说：“当时中国没有几个歌星，大家听的就是苏小明、邓丽君，而且几乎是买不到邓丽君正版磁带的。”所以更多时候，是国外的客人把录音带带到我国，但是一盘价格就要十几块钱。所以蔡文胜做了另一个生意：翻制磁带。

一盘全长 50 分钟的母带，用一台双卡录音机翻制到另一盘，一般要 25 分钟。蔡文胜把录音机拆了，发现之所以会快进，是因为里面一个大齿轮转动一圈时，会带动两个小齿轮转动两圈。他觉得这么个转法太慢，索性把大齿轮换成了一个更大的，这样转一圈的过程里，可以带动小齿轮转动更频繁。这样别人一小时翻制三盘录音带，蔡文胜可以翻制六盘。“24 小时开干，一天就能录制一百多盘。”

每盘磁带两块钱，除去一块钱的成本，可以净赚一块钱。一天下来，蔡文胜仅靠卖磁带就可以赚一百多块。在 20 世纪 80 年代的中国这样的收入相当可观。

“我总是会看到跟别人不一样的东西，我个人觉得，自己老是跳跃性的——总会看到更新的机会。”传统生意让蔡文胜知道两件事：一是有用户就有价值；二是一定要有商业的敏感度和决策速度。做生意的道理总是相通的：先从某个点切入，然后逐步往上切入更宽广的角度。他始终相信，有了用户就早晚会有商业模式，而绝不是先有了商业模式再找用户。

2. 从导航网到美图

2004 年，一个叫 hao123 的网站进入了蔡文胜的视线。他发现很多人都知道网易、新浪、搜狐这些门户网站，但很少有人知道怎么进入，而 hao123 正好提供了这样一个入口。于是 265. com 就这样被蔡文胜建了起来。2008 年，265. com 以 2000 万美元的价格卖给了 Google（谷歌）。

2008 年，蔡文胜和吴欣鸿讨论互联网还存在着哪些没被开发出来的商机。

Windows 里面还有什么是最常用的？当时有两个几乎所有人装机都必备的软件，一个是图片工具 PS，另一个是压缩软件 Winzip。吴欣鸿认为 PS 对于普通人来说，处理图片的技术难度比较高，加上自己对图片非常感兴趣，于是将目标锁定在做一款“傻瓜型 PS”工具上。

于是，蔡文胜让吴欣鸿从38个人的团队里找出自己认为最合适的、最谈得来的18个员工，成立了美图公司。之后，一款名为“美图大师”的修图软件开始在年轻人中流行起来，后来它换了一个今天更为人熟知的名字——美图秀秀。

“这让我后来总结为两个启发：一是一个人在某个阶段必须要回归专注，只干那么一两件事情；二是做事情你要离钱近，离钱近的，它才有可能赚钱，就像美图，现在都是最好看、最有钱的女孩子在用，一样的道理。”

2008年到2013年是蔡文胜人生中的又一阶段，美图公司成立后，他将公司交给了吴欣鸿。这时期，他做天使投资，由“客串”向“专业”转变，直到2013年出任美图公司董事长。

2016年12月，美图公司在港交所成功上市，美图的近46美元市值达成，蔡文胜离他的愿望似乎又近了一步。

（案例来源：http：//emba. eduego. com/shijiao-37s2783. html，有适当修改。）

案例分析

创业的价值在于实现自己。有想法而且能把想法变成现实，是一件奇妙而伟大的事情。乔布斯重新定义了手机（iphone），马斯克重新定义了汽车（特斯拉），MOOC（慕课）重新定义了教育（MOOC学院），扎克伯格重新定义了社交（Face Book，脸书），马云重新定义了商业模式（淘宝）。当前，大数据、云计算、物联网、移动化等前沿技术正深刻改变着企业，改变着人们的生产、工作和生活方式，并给当今中国经济社会的发展带来无限的机遇。

任务分解

本任务将对创业时代及创业基础进行全方位的学习，其中包括创业的含义、创业的政策环境、创业的要素和类型、创业的过程以及创业者的素质和能力要求等内容。

任务一　认识创业

一、创业的含义

创业是创字当头，业为基础。这就意味着任何一项事业都是一个由无到有、由小到大、由简到繁、由旧到新的创造过程。

创业是一种创新性活动，它的本质是独立地开创并经营一种事业，使该事业得以稳健发展、快速成长的思维和行为的活动。走上创业之路，是人生的一个大转折，它是成就事业的过程，是自我价值和能力的体现。创业，要直接面向社会，直接对顾客负责，个人的收入直接与经营利润连在一起。其实，创业的过程就是解决一个又一个矛盾的过程。正如一位作者所说："创业最大的好处，就是可以当自己的主人。"

创业被学者们从不同的方面进行了定义：

①创业是新颖的、创新的、灵活的、有活力的、有创造性的，以及能承担风险的过程，许多学者说，发现并把握机遇是创业的一个重要部分。

②创业是包括创造价值、创建并经营一家新的营利型企业的过程，通过个人或一个群体投资组建公司，提供新产品或服务，以及有意识地创造价值的过程。

③创业是创造不同的价值的过程，这种价值的创造需要投入必要的时间和付出一定的努力、承担相应的金融、心理和社会风险，并能在金钱和个人成就感方面得到回报。

综上所述，创业是这样的一种过程：在这个过程中，某一个人或一个团队，使用组织力量去寻求机遇，去创造价值和谋求发展，并通过创新和特立独行来满足愿望和需求，而不管企业家们手中此时有什么样的资源。

该定义包括以下重要主题。

1. 企业家

毫无疑问，必须要有一位愿意做企业家该做事情的人，才会有创业。因为企业家是创业行动中的关键要素，没有企业家就不会有创业。

2. 创新

创新包括变化、改革、改造以及新方法的引进。

3. 组织创建

为了寻求已感知到的创新机遇，为了去创造价值，就必须具备有组织的努力和行动。必须有人领头来做一些事情，采取行动让创业型企业建立并运行起来。

4. 成长

创业型企业区别于其他小型企业的主要一点，就是创业型企业侧重于企业的成长。创业是创建一家企业，并在其成长过程中把握住发展机会。它不是静止不前，也不是满足于某一个市场或某一种产品，因此创业包含着成长。

5. 过程

创业是一系列进行中的决策和行动。创业不是昙花一现，而是一个需要时间的过程。它包括从创业伊始到企业的经营管理，甚至到某一时间的退出所涉及的所有知识、各类决策和行动。

二、创业的政策环境

（一）"一带一路"

2013 年 9 月和 10 月，习近平主席分别提出建设"新丝绸之路经济带"和"21 世纪海上丝绸之路"的重大倡议，简称"一带一路"。加快"一带一路"建设，有利于促进沿线各国经济繁荣与区域经济合作，加强不同文明交流互鉴，促进世界和平发展，这是一项造福世界各国人民的伟大事业。

（二）《中国制造 2025》

2015 年 3 月 25 日，国务院常务会议部署加快推进实施“中国制造 2025”，明确十大重点领域，并于同年 5 月印发《中国制造 2025》。《中国制造 2025》是我国制造强国建设三个十年的“三步走”战略，是第一个十年的行动纲领，其应对新一轮科技革命和产业变革，立足我国转变经济发展方式实际需要，围绕创新驱动、智能转型、强化基础、绿色发展、人才为本等关键环节，以及先进制造、高端装备等重点领域，提出了加快制造业转型升级、提升增效的重大战略任务和重大政策举措，力争到 2025 年从制造大国迈入制造强国行列。

（三）“互联网 +”

2015 年 3 月，李克强总理在第十二届全国人大三次会议上首次提出制定“互联网 +”行动计划。

2015 年 5 月，李克强总理视察中关村创业大街。而在此前，他曾指出，“大众创业、万众创新”，青年愿创业，社会才生机盎然。

2015 年 7 月，李克强总理出席国家科技战略座谈会并作重要讲话，强调要依托“互联网 +”等新技术新模式构建最广泛的创新平台。

2015 年 10 月，李克强总理在首届中国“互联网 +”大学生创新创业大赛上做出重要批示，大学生既要认真扎实学习，掌握更多知识，也要投身创新创业，提高实践能力。

“互联网 +”是创新 2.0 下的互联网发展的新形态、新业态，是知识社会创新 2.0 推动下的互联网形态演进。“互联网 +”代表一种新的经济形态，即充分发挥互联网在生产要素配置中的优化和集成作用，将互联网的创新成果深度融合于经济社会各领域之中，提升实体经济的创新力和生产力，形成更广泛的以互联网为基础设施和实现工具的经济发展新形态。“互联网 +”行动计划将重点以云计算、物联网、大数据为代表的新一代信息技术与现代制造业、生产服务业等融合创新，发展壮大新型业态，打造新的产业增长点，为“大众创业、万众创新”提供新环境，为产业智能化提供支撑，增强新的经济发展动力，促进国民经济提质增效升级。

（四）《国务院关于进一步做好新形势下就业创业工作的意见》

1. 基金补贴大力支持

①失业保险基金支持企业稳岗政策实施范围扩大到所有符合条件的企业。

②加快设立国家中小企业发展基金。

③加快设立国家新兴产业创业投资引导基金。

④对于小微企业新招用毕业年度高校毕业生，签订一年以上劳动合同并缴纳社会

保险费的，给予一年社会保险补贴。

⑤将求职补贴调整为求职创业补贴，对象范围扩展到已获得国家助学贷款的毕业年度高校毕业生。

2. 以提高成功率为目标

①让市场选择合适的场所、形式、规模建设众创空间。

②创新与创业、线上与线下、孵化与投资相结合，为创业者提供低成本、便利化、全要素、开放式的综合服务平台和发展空间。

③推进国家小型微型企业创业示范基地建设工作，加强省级创业示范基地建设和认定管理。

3. 让企业享资本甘霖

①采取措施，积极发挥多层次资本市场的直接融资作用。

②加大市场化改革创新力度，将全国中小企业股份转让系统试点扩大到全国，推进规范发展服务小微企业的区域性股权市场。

③积极推动多层次资本市场建设，提高市场的包容性。

4. 支持农民网上创业

①支持农民工返乡创业，发展家庭农场、农民合作社等新型农业经营主体，落实定向减税和普遍性降费政策。

②依托现有各类园区等存量资源，整合创建一批农民工返乡创业园，强化财政扶持和金融服务。

③将农民创业与发展县域经济结合起来。

④支持农民网上创业，大力发展“互联网+”和电子商务。

⑤继续实施新型职业农民培育工程，围绕主导产业开展农业技能和经营能力培训。

三、创业的要素和类型

（一）创业的要素

1. 创业的关键要素

创业的关键要素包括创业机会、创业团队和创业资源。

①创业机会是指创业者可以利用的商业机会。

②创业团队是指在创业初期，包括企业成立前期和成立早期，由一群才能互补、责任共担、愿为共同的创业目标而奋斗的人所组成的特殊群体。

③创业资源是指新创企业在创造价值的过程中需要的特定资产，包括有形与无形的资产。没有机会，创业活动就成了盲目的行动，很难实际创造价值。机会虽然普遍存在，但如果没有创业团队去识别和开发机会，创业活动也不可能发生，创业团队不仅要会把握合适的机会，还需要资源，否则机会将无法被开发和利用。

相关链接

建立人脉资源，试试这句神奇的格言

人脉资源，是创业成功的重要资源之一。享誉美国的寿险推销大师甘道夫是美国历史上第一位一年内销售额超过10亿美元的寿险大师，当被问及成功的秘诀时，甘道夫回答："因为我知道一句神奇的格言——我需要您的帮助！每当遇到我的客户时，我都向他们说：'我需要您的帮助，请您给我三个您朋友的名字，好吗?'很多人答应帮忙，因为这对他们来说只是举手之劳。"熟人介绍加快了与人建立信任的速度，提高了合作成功的概率，确实是一种人脉资源积累的捷径。所以，在商务活动中，我们要养成一些习惯性的话语，例如，"如果有合适的客户或对象麻烦您介绍给我，谢谢""如果有需要这方面产品或服务的人，麻烦您告诉我""我们今晚有活动，你可以带一些朋友一起过来"等，这样的话多说几次之后，对方也会形成一种习惯性的思维，如果真有合适的客户或对象，他们就会想起你说过的话。如此反复，客户就会以三的倍数累计增加，坚持下去就会建立丰富的人脉资源。

2. 创业要素间的相互关系

①商业机会是创业过程的重要驱动力，创业团队是创业过程的主导者，资源是创业成功的必要保证。

②创业过程是创业机会、创业团队和创业资源三个要素匹配和平衡的结果。

③创业是一个连续不断地寻求平衡的行为组合。

（二）创业的类型

1. 按创业目的划分

按照创业目的划分，创业的类型包含机会型创业和生存型创业

（1）机会型创业

机会型创业是指创业的出发点并非为了谋生，而是为了抓住、利用市场机遇，它以新市场、大市场为目标，因此能创造出新的需要，或满足潜在的需求。机会型创业会带动新的产业发展，不会加剧市场竞争。从事机会型创业的人通常不会选择自我雇用的形式，而是具有明确的创业梦想，进行了创业机会的识别和把握，有备而来。

相关链接

"智慧农业"圆"80后"小伙子创业梦

"互联网＋"农业成为对传统农业进行改造重塑的途径之一，为越来越多的创业者

提供了创业机会。2010 年，怀揣创业梦想的青年张扬与吴迪达成默契，两人认真考察市场后，选择到伊川县江左镇承包土地种植袖珍西瓜，并创立了洛阳新大农业科技有限公司。吴迪在创业过程中逐渐发现，成本高是农民种植各类作物的“痛点”。于是，他聘请专家，招收技术人员，潜心研发“智慧农业”系统。

2012 年至 2014 年，吴迪带领团队开发的“智慧农业”系统版本从 1.0 升级至 3.0。这套系统结合物联网技术，可实时监控并采集西瓜、草莓等作物生长过程中的相关数据，根据空气温湿度、土壤温湿度、光照强度、二氧化碳浓度等实时数据，制定标准化种植流程。借助植物根茎探测技术，实现对西瓜、草莓等的生长数据采集、病虫害预警及智能方案制订。截至 2015 年，新大农业“智慧农业”系统辐射的种植面积已有近千亩，创造经济效益 1000 多万元。

（2）生存型创业

生存型创业是指为了谋生而自觉或被迫地走上创业之路。创业者所处的环境及其具备的能力对于创业动机类型的选择具有决定性作用。因此，应创造良好的创业环境，通过教育和培训来提高人的创业能力，增加创业机会及数量，不断增加新的市场，促进经济发展和生活改善，减少企业之间的低水平竞争。

生存型创业者的几种类型：①部分城镇下岗职工；②部分进入城市的农民；③部分刚刚毕业的大学生；④其他人员（如刑满释放人员）。

生存型创业大多属于复制型和模仿型创业，创业项目多集中在餐饮、美容美发、商业零售、房地产经纪等比较容易进入的生活服务业，一般规模较小，竞争比较激烈。

对生存型创业者来说，要想做大做强，必须克服小富即安的惰性思想，善抓机遇，走机会型创业的道路。

2. 按企业建立的渠道划分

按照企业建立的渠道划分，创业类型可分为自主型创业和企业内创业。

（1）自主型创业

自主型创业是指创业者个人或团队白手起家进行创业。自主型创业充满挑战和刺激，个人的想象力、创造力可得到最大限度的发挥，可以摆脱单位和人际关系的制约；可多方面接触社会、各种类型的人和事，摆脱日复一日单调乏味的重复性劳动；可以在短时期内积累财富，奠定人生的物质基础，为攀登新的人生巅峰做准备。然而，自主型创业的风险和难度也很大，创业者往往缺乏足够的资源、经验和支持。

自主型创业的形式有创新型创业、从属型创业及模仿型创业三种。

①创新型创业。创业者通过提供有创造性的产品或服务，填补市场空白。例如，“农夫果园”在产品属性的设计上独辟蹊径地创造了“橙 + 胡萝卜 + 苹果”以及“菠萝 + 杧果 + 番石榴”的“混合口味”概念作为突破口，从而在强手如林的果汁市场中建立起了产品独特的优势。再如，海尔针对四川等地农民的习惯推出既可以洗衣服又可以洗红薯的“红薯洗衣机”。

②从属型创业。从属型创业大致有两种情况：一是创办小型企业，与大型企业协作，在企业价值链中做其中一个环节或者承揽大企业的外包业务。这种方式能降低交易成本，减少单打独斗的风险，提升市场竞争力，且有助于形成产业的整体竞争优势。例如，保洁公司把在天津的物流业务（仓储、配送）外包给中外运久凌储运有限公司。二是加盟连锁、特许经营。利用品牌优势和成熟的经营管理模式，减少经营风险，如麦当劳、肯德基等。

③模仿型创业。创业者根据自身条件，采取模仿和学习的方法而进行的创业活动。这类企业投资少，并无创新，在市场上拾遗补阙，但逐步积累也有机会跻身于强者行列，创立自己的品牌。

（2）企业内创业

企业内创业是进入成熟期的企业为了获得持续的增长和长久的竞争优势，为了倡导创新并使其研发成果商品化，通过授权和资源保障等方法以保障员工创业的创业活动。每一种产品都有生命周期，一个企业在不断变化的环境中，只有不断创新，不断将创新的成果和服务推向市场，才能不断延长企业的生命周期。成熟企业的进一步发展同样需要创业的理念、文化，需要企业内部创业者利用和整合企业内部资源创业。企业内创业是动态的，正是通过二次创业、三次创业甚至更多次的创业，企业的生命周期才能不断地在循环中延伸。

3. 按照不同的创业阶段划分

按照不同的创业阶段，创业类型可分为初始创业和二次创业。

（1）初始创业

初始创业是一个从无到有的过程。创业者经过市场调查，分析自己和外部环境的风险与机遇，确定自己的创业类型，招聘员工、建立组织、投入资本、营销产品、开拓市场、实现盈利的过程就是初始创业。初始创业是一个学习过程，创业者边干边学。在初始创业阶段，企业的失败率较高。所以，初始创业要减少失误，坚持到底。

（2）二次创业

二次创业是企业在经过一次创业并取得高速发展之后，为了谋求进一步发展而进行的内部变革过程。创业是一个动态的过程，伴随着企业整个生命周期。企业的生命周期分为起步期、成长期、成熟期和衰退期四个阶段。创业者表现最明显的是在起步期和成熟期。没有起步期，就没有创业；而成熟期不再次创业，企业就可能消亡。

四、创业的过程

创业是创建一个新企业的过程，作为一个创业者，要创建一个新的企业或者发展一个新的经营方向，通常要经历四个阶段：发现和评估市场机会、准备和撰写创业计划书、确定并获取创业所需要的各种资源、管理新创事业。这四个阶段有着明确的次序，但各个阶段之间并不是完全隔绝的，并不是一定要在前一阶段全部完成之后才能进入下一个阶段。

（一）发现和评估市场机会

发现和评估市场机会是创业过程的起点，也是创业过程中具有关键意义的一个阶段。

许多很好的商业机会并不是突然出现的，它们往往是对“一个有准备的头脑”的一种回报，或者在一个识别市场机会的机制建立起来之后才会出现。例如，一个创业者可以在每一个公众活动场合询问与会者，正在使用的某种产品是否有需要改进的地方；另一个创业者则可能时时关注孩子们正在玩什么玩具，他们是否对玩具感到满意。

虽然在大多情况下并不存在正式的识别市场机会的机制，但通过某些来源往往可以有意外的收获，这些来源包括消费者、营销人员、专业协会成员或技术人员等。无论市场机会的设想来源于何处，都需要经过认真细致地评估，对于市场机会的评估或许是整个创业过程的关键步骤。

创业者初创企业的动力往往是发现了一个新的市场需求或者发现市场需求大于市场的供给能力，或者认为新产品能够开启新的市场需求。但是，这样的市场机会并非只有创业者认识到了，其他的竞争者也许同样准备加入这个行列。因此，并不是每个市场机会都需要付出行动去满足它，而是要评估这个机会所能带来的回报和风险，评估这个市场机会所能创造的服务周期或产品生命周期，它能否支持企业长期获利，或者使企业能够在适当的时候及时退出。

对于一位目光敏锐的创业者来说，市场机会每时每刻都在出现。但是，并不是所有的市场机会都是通向成功与财富的康庄大道。相反，一个看似前景远大的市场机会背后，往往隐藏着危险的陷阱。毫无经验的创业者，如果仅凭激情行事，匆忙做出决定，就很容易误入歧途，掉进失败的泥沼中。因此，在发现市场机会后，对市场机会进行客观的评估，以理性的方式来决定下一步的行动，是一名优秀的创业者所必须具备的能力。

（二）准备和撰写创业计划书

写创业计划书，要看计划书的对象，是要写给投资者看，还是要拿去银行贷款，目的不同，计划书的重点也会有所不同。就像盖房子之前要画一个蓝图，计划好第一步要做什么，第二步要做什么，或是同步要做些什么，这样别人才能知道你想要做什么。因为大环境和创业的条件都可能会变动，事业经营不止两三年，当环境条件变动时，就可以逐项修改、不断地更新计划书。

创业计划是说服自己，更是说服投资者的重要文件。不仅如此，创业计划书也将使创业者深入分析目标市场的各种影响因素，并能够得到基本客观的认识和评价，使创业者在创业之前，能够对整个创业过程进行有效的把握，对市场机会的变化有所预警，从而降低进入新领域所面临的各种风险，提高创业成功的可能性。

（三）确定并获取创业所需的各种资源

创业企业需要对创业资源区别对待，对于创业十分关键的资源要严格控制使用，使其发挥最大价值。而且对于企业来说，掌握尽可能多的资源有益无害。当然还有一个问题，那就是如何在适当的时机获得所需资源。创业者应有效地组织交易，以最低的成本和最有效的控制来获取所需的资源。

（四）管理新创事业

从企业发展的生命周期来说，在不同的阶段，企业的工作重心有所不同。因此创业者需要根据企业成长时期的不同来采取不同的管理方式和方法，以有效地控制企业成长，保持企业的健康发展。

例如，在起步期，创业者直接影响着创业企业的命运，在这一时期，集权的管理方式灵活而富有效率，而到成熟期，分权的管理方式更有可能使企业获得稳步的发展。

任务二　培养创业者的素质与能力

一、创业者的基本素质

创业素质是创业行动和创业者所需要的主体要素，包括良好的身体素质、心理素质及丰富的知识素质。

（一）良好的身体素质

所谓良好的身体素质是指身体健康、体力充沛、精力旺盛、思维敏捷。创业者工作繁忙、工作时间长、压力大，如果身体不好，必然力不从心，难以承受创业重任。据新闻报道，2016 年 10 月 5 日晚，北京春雨天下软件有限公司（春雨医生）创始人兼 CEO（首席执行官）张锐因为突发心机梗死，不幸在北京去世，年仅 44 岁。创业者的离去对于创业企业是一个重创，因此，拥有强健的体魄和良好的身体素质才能拥有创业的基础。

（二）良好的心理素质

1. 独立思考、判断、选择、行动的心理素质

①自主抉择，即在选择人生道路、创业目标时，有自己的见解和主张。

②自主行为，即在行动上很少受他人影响和支配，能按自己主张将决策贯彻到底。

③行为独创，即能够开拓创新，不因循守旧。

2. 敢于行动、敢于拼搏、敢冒风险、勇于承担行为后果的心理素质

①创业，机会与风险共存，且事业的范围和规模越大，取得的成就越大，伴随的

风险也越大，需要承受风险的心理负担也就越大。

②创业，必须敢闯敢干。只要瞄准目标、判断有据、方法得当，就应敢于实践、敢冒风险。

③创业，还要具备评估风险程度的能力，具有驾驭风险的有效方法和策略。

3. 敢于克服盲目冲动和私利欲望的心理素质

①创业者要善于克制，防止冲动，使自己的活动始终在正确的轨道上进行，不能因一时的冲动而做出缺乏理智行为。

②创业者要自觉接受法律、社会公德和职业道德的约束。当个人利益与法律和社会公德相冲突时，能克制个人欲望，约束自己的行为。

4. 坚持不懈、不屈不挠、顽强努力的心理素质

①创业者需要百折不挠、坚持不懈的毅力和意志，能够根据市场的需要和变化，确定正确而且令人奋进的目标，并带领员工战胜逆境，实现目标。

②创业者必须有一颗持之以恒的进取心，三心二意、知难而退或虎头蛇尾、见异思迁，终将一事无成。

5. 善于进行自我调节、适应性强的心理素质

①灵活地适应变化，是创业成功的关键所在。

②善于进行自我调节，妥善处理各种压力。

③具有较强的适应性，能够做到“胜不骄，败不馁”。

相关链接

经历1009次失败的肯德基创始人

有一个人，一生中经历了1009次失败，但他却说：“一次成功就够了。”

5岁时，他的父亲突然病逝，没有留下任何财产。母亲外出做工，年幼的他在家照顾弟弟妹妹，并学会自己做饭。

12岁时，母亲改嫁，继父对他十分严厉，常在母亲外出时痛打他。

14岁时，他辍学离校，开始了流浪生活。

16岁时，他谎报年龄参加了远征军。因航行途中晕船厉害，被提前遣送回乡。

18岁时，他娶了个媳妇。但只过了几个月，媳妇就变卖了他所有的财产逃回娘家。

20岁时，他当电工、开轮渡，后来又当铁路工人，没有一样工作顺利。

30岁时，他在保险公司从事推销工作，后因奖金问题与老板闹翻而辞职。

31岁时，他自学法律，并在朋友的鼓励下干起了律师行当。一次审案时，竟在法庭上与当事人大打出手。

32岁时，他失业了，生活非常艰难。

35岁时，不幸又一次降临到他的头上。当他开车路过一座大桥时，大桥钢绳断裂。

他连人带车跌到河中，身受重伤，无法再做轮胎推销员的工作。

40 岁时，他在一个镇上开了一家加油站，因挂广告牌把竞争对手打伤，引来一场纠纷。

47 岁时，他与第二任妻子离婚，三个孩子深受打击。

61 岁时，他竞选参议员，但最后落败。

65 岁时，政府修路拆了他刚刚红火的快餐馆，他不得不低价出售了所有设备。

66 岁时，为了维持生活，他到各地的小餐馆推销自己掌握的炸鸡技术。

75 岁时，他感到力不从心。因此转让了自己创立的品牌和专利。新的负责人提议给他 1 万股，作为购买价的一部分，他拒绝了。后来公司股票大涨，他因此失去了成为亿万富翁的机会。

83 岁时，他又开了一家快餐店，却因商标专利与人打起了官司。

88 岁时，他终于大获成功，全世界都知道了他的名字。

他就是肯德基的创始人——哈伦德·山德士。

（资料来源：http：//www. ruiwen. com/zuowen/mingrengushi/458489. html，部分文字有修改）

（三）丰富的知识素质

①做到用足、用活政策，依法行事，用法律维护自己的合法权益。

②了解科学的经营管理知识和方法，提高管理水平。

③掌握与本行业、本企业相关的科学技术知识，依靠科技进步增强竞争能力。

④具备市场经济方面的知识，如财务会计、市场营销、国际贸易、国际金融等。

⑤具备一些有关世界历史、世界地理、社会生活、文学、艺术等方面的知识。

二、创业者的必备能力

（一）创新能力

创新能力是创业者的生命源泉。创业实际就是一个充满创新的事业，所以创业者必须具备创新能力，有创新思维，无思维定势，不墨守成规，能根据客观情况的变化，及时提出新目标、新方案，不断开拓新局面，创出新路子。可以说，不断创新是创业者不断前进的关键环节。

惠普创始人比尔和戴维鼓励员工勇于冒险，放开眼界，大胆探索，他们建立了一套鼓励创新、采纳创新和奖励创新的体制，公司的每个部门都有为数众多的员工在从事创新工作。“惠普之道”的精髓在于最高管理层设定总体目标后便退居幕后，放手让员工去实现这个目标。

（二）学习能力

创业者只有不断学习才能应对时代潮流的冲击与要求。学习能力主要是指制定学习目标和计划的能力、阅读能力、分析归纳能力、信息检索能力等自学能力。

（三）决策能力

决策能力是创业者根据主客观条件，因地制宜，正确地确定创业的发展方向、目标以及实施方案的能力。只有在进行深刻的科学分析的基础上，才能做出正确的创业决定。

决策是一个人综合能力的表现，一个创业者首先要成为一个决策者。创业者的决策能力通常包括分析能力和判断能力

（四）预见能力

富有远见，乐在其中。如果创业者能很好地预见自己公司所在领域在很多年后的样子，就能保证创业者在该领域取得长久的发展。预见能力是一个成功的创业者必备的能力。它会为人的前进指明方向。可以说，预见能力是成功的指南针。

（五）组织协调能力

组织协调能力指的是创业者把各项生产要素有机组合起来，形成系统整体合力的能力。创业者就是研究、开发、生产、销售等各个环节的协调者、组织者和领导者。

（六）经营管理能力

经营管理能力在较高层次上决定了创业实践活动的效率和成败。

（七）应变能力

应变能力，是一种根据不断发展变化的主客观条件、随时调整领导行为的、难能可贵的能力。具有应变能力的创业者，不例行公事，不因循守旧，不墨守成规，能够从表面平静中及时发现新情况、新问题，从中探索新路子，总结新经验；对改革中遇到的新事物、新工作，能够倾听各方面的意见，认真分析，勇于开拓，大胆提出新设想、新方案；对已取得的成绩，不满足、不陶醉，能够在取得成绩的时候，不得意忘形，能透过成绩找差距、挖隐患，百尺竿头，更进一步。

（八）社交能力

交往、沟通可以排除障碍，化解矛盾，降低工作难度，增加信任度，有助于创业的发展。社交能力是创业者发展和稳固其人脉资源的重要保障。每个人的能力都有限度，善于与他人合作的人，才能够弥补自己能力的不足，达到原本达不到的目的。

（九）激励能力

创业者对员工进行激励，是指通过影响员工个人需求的实现来提高他们的工作积

极性，引导他们在企业经营中的行为。创业者对员工的激励，有以下两种形式。

1. 工作激励

分配恰当的工作来激发员工的工作热情。

2. 成果激励

正确评价员工的工作成果，以此为标准给员工合理的报酬，并给予物质或精神上的激励。

丰厚的物质奖励是创业者鼓励员工的重要手段，同时，满足员工的需求也是激励人才的重要策略。

（十）用人能力

市场经济的竞争是人才的竞争，谁拥有人才，谁就拥有市场、拥有顾客。一个企业如果没有优秀的管理人才、技术人才，这个企业就不会有好的经济效益和社会效益；一个创业者如果不吸纳德才兼备、志同道合的人共创事业，创业就难以成功。因此，必须学会用人，要善于吸纳比自己强或有某种专长的人共同创业。

项目小结

通过本项目的学习，使学生对创业的含义、时代、要素和类型有了基础的认识，与此同时，让学生了解创业者应该具备的基本素质和能力，培养学生的创新思维，并掌握一定的基础技能，使学生在后续的创业运营过程中，全面了解和判断创业形势，理性创业。

相关知识

创业能力与职业生涯发展

广义的创业可理解为创业者挖掘自身潜力，运用自身的创造性能力，识别、评估各种机会，整合周围资源，创造新事业的过程。人人都有可能成为创业者，每个人都能拥有创业能力。

创业教育已经成为教育行业的第三驾马车，地位与学术教育、职业教育同等重要。很多人认为创业教育的目的是教导大学生如何创办一家企业，其实，创业教育是为了培养学生创业精神和创业能力。高等教育必须适应知识经济时代的快速发展与急剧变化，以创新性和创造性为基本内涵，更加注重培养学生积极应对环境变化的职业迁移能力和自主创业能力，使其成为职业岗位的主动创造者。创业能力具有普遍性与时代适应性，对职业生涯发展具有积极作用。

第一，引导学生主动进行职业生涯探索。通过创业教育，学生创业能力得到提升，自我认知也就更加敏锐，固有思维得到改变。当今社会就业压力较大，拥有创业能力的人不会被动等待就业，而会主动探索职业生涯。创业的开放性和创造性，让学生懂得如何为自己创造展示舞台，提升自己的职业迁移能力，在职业生涯中不断改变自己，完善自己。

第二，使学生理性做出职业生涯的选择。提升创业能力，可以帮助学生了解和认识创业，把创业作为职业生涯的一种选择，而且在选择创业时，也会更加谨慎。

第三，增强学生职业生涯规划的科学性和可行性。在培养创业能力的过程中，学生会接触商业模式，了解市场运作，学会初步分析商业环境和市场规律，从而更好、更全面地判断就业环境，在进行职业生涯规划时就有了指引和方向，能够避免做出不切实际的选择。

第四，提高学生职业生涯发展的高度和广度。创业能力的培养能够带来各项素质的全面提升，包括创新能力、团队协作能力、管理能力、沟通能力等，其开放思维也会促使学生进行自省，这大大有利于未来的职业发展，有助于学生在竞争中脱颖而出，从而获得更大的职业发展空间。

同步实训

一、实训概述

本项目实训为调查创业状况的实训，通过对“全国大学生近两年的创业状况”“本地区大学生近两年的创业状况”“本校学生近两年创业状况”“所在院系或专业近两年创业状况”的调查分析，让每个学生清晰地认识当下的创业现状，对各项目创业状况特点进行分析，结合拥有的资源来评估自身的创业潜质，思考如何在本校、本地区开展创业实践。

二、实训素材

1. 连接网络的电脑、智能手机等实训设备。
2. 相关实训软件。

三、实训内容

学生以小组为单位，对全国、本地区、本校及所在院系或专业的创业状况展开调查，教师指导并帮助学生完成实训内容。

四、实训任务

步骤 1：设计调研问卷与表格。

通过三个维度对全国、本地区和本校的创业状况进行调查，根据调查项目设计调研问卷与表格。

步骤2：走访教师与师兄、师姐。

学生可通过网络搜索、走访调查、电话或亲自访谈等多种形式，开展调查。

步骤3：统计调研数据并填入表3－1。

整理调研问卷，对收集的数据进行统计并分析，将调研分析结果填入表3－1中。

表3－1　创业状况调查分析

调查维度	调查项目	创业人数、创业状况及主要特点
宏观	本国大学生近两年创业状况	
中观	本地区大学生近两年创业状况	
微观	本校学生近两年创业状况	
	所在院系或专业近两年创业状况	

步骤4：活动交流与讨论。

学生结合表3－1的调研结果进行交流与讨论，讨论主题为“作为学生，你将如何在本校、本地区开展创业实践?”

五、实训总结

1. 总结本次课实训的主要内容及掌握要求。
2. 教师指出并纠正学生普遍存在的问题。
3. 根据学生实训情况，补充遗漏或拓展部分的相关知识。

课后习题

一、单选题

1. 创业的关键要素有（　　）个。

A. 2　　B. 5　　C. 3　　D. 4

2. 创业的关键要素包括（　　）。

①创业机会 ②创业团队 ③创业资源

A. ①②③　　B. ①　　C. ③②　　D. ①②

3. 创业的类型按目的划分有（　　）。

A. 机会型创业　　B. 投机型创业

C. 机会型创业和生存型创业　　D. 生存型创业

4. 以下不属于创业者的基本素质是（　　）。

A. 良好的身体素质　　B. 良好的心理素质

C. 资金的积累　　D. 丰富的知识素质

5. 生存型创业者的几种类型包括（　　）。

①部分城镇下岗职工②部分流入城市的农民③部分刚刚毕业的大学生④其他人员（如刑满释放人员）

A. ①③④　　B. ①②④　　C. ①②③　　D. ①②③④

二、多选题

1. 创业的类型按企业建立的渠道划分包括（　　）。

A. 自主型创业　　B. 企业内创业　　C. 企业外创业　　D. 生存型创业

2. 创业通常要经历几个阶段，分别是（　　）。

A. 发现和评估市场机会

B. 准备和撰写创业计划书

C. 确定并获取创业所需要的各种资源

D. 管理新创事业

3. 创业的类型按照不同的创业阶段，可以分为（　　）。

A. 初始创业　　B. 再次创业　　C. 二次创业　　D. 三次创业

三、简答题

1. 简述创业的四个过程？

2. 创业者需要必备的能力？

项目四　电子商务创业基础

电子商务在我国蓬勃发展，电子商务人才不断吃紧，一方面是企业需要大量的电子商务人才，另一方面是大量电子商务专业毕业生因缺乏职业能力与素养难以就业。同时，电子商务创业者也因不了解电子商务创业的相关知识，而在电子商务创业过程中举步维艰。基于以上问题，本项目通过对电子商务背景下的就业创业形势的分析，让学生了解我国电子商务发展面临的机遇和挑战，充分认识电子商务人才、电子商务创业者在电子商务行业中所需具备的职业能力和素质要求。

学习目标

知识目标

1. 了解就业的含义和形势。
2. 了解创业的含义和形势。
3. 了解我国电子商务发展面临的机遇。
4. 了解我国电子商务发展面临的挑战。

能力目标

1. 掌握如何把握创业中机遇的方法。
2. 熟知如何去面对电子商务创业中常见的挑战。
3. 熟知创业者应当具备的素质和意识要求，并能用于实际的工作中。

案例导入

淘宝网是中国电子商务网站发展的奇迹。近年来，随着阿里巴巴集团大淘宝战略的进一步实施，淘宝网真正意义上将商流、信息流、物流的线上线下有机地结合在一起。大淘宝战略旨在构建淘宝网的生态圈，为淘宝商圈的网店提供IT、营销、支付、物流、资金、咨询、人才等全套的运营支持。随着淘宝合作伙伴计划推出，通过与第三方伙伴合作，淘宝网为买家提供了全方位、个性化服务。

任务分解

任务一　电子商务背景下的就业创业形势

21 世纪，人们迎来了以网络通信为核心的信息时代，随着经济全球化、贸易自由化和信息网络化进程的推进，与信息时代相伴而生的电子商务，作为实现金融电子化、管理自动化、商业信息网络化的一种综合活动，正在使企业的经营方式、个人的消费方式以及政府的运作方式发生有史以来最深刻的变革。

一、就业的含义

就业是指在法定年龄内的有劳动能力和劳动愿望的人们所从事的为获取报酬或经营收入进行的活动。

就业要从三个方面进行界定。

①就业条件：法定劳动年龄内，有劳动能力和劳动愿望。

②收入条件：获得一定的报酬或经营收入。

③工作条件：每周工作时间的长度。

二、就业的形势

在全球信息化的影响下，信息服务业已成为 21 世纪的主导产业，它引领我国的电子商务不断地完善和发展，我国的电子商务市场将成为各个国家和各大公司争夺的焦点。

随着全球电子商务业务量高速增长，我国电子商务也急剧发展。据统计，我国登记在册的电子商务企业已达到 1000 多万家，其中大中型企业就有 10 多万家，初步估计，未来我国对电子商务人才的需求每年约 20 万人，而我国目前高校和各类培训机构每年输出的人才数量不到 10 万人。人才总量不足已成为制约我国电子商务发展的瓶颈。

近年来电子商务专业应届毕业生就业率仅为 20%，而全国普通高校毕业生就业签约率是 47%，可见，电子商务专业应届毕业生就业率远远低于全国大学生应届就业平均水平，这种状况不容乐观。造成这种局面的根本原因在于高校在电子商务人才的教育和培养方面还存在欠缺，在这种情形下培养出的学生难以符合社会对高层次电子商务人才的需求标准。电子商务教育主要面临的问题有三个。

①课程开设不合理，现阶段我国电子商务专业教师大多是由经济与计算机专业方向的人才组成的。专业课程设置方面是经济与计算机专业知识的一个简单堆积。该怎样有机地把电子商务课程组织好？学校该如何做好与社会的对接？是当前电子商务教育应该反思的问题。

②学生的实习大都在虚拟的环境中操作，较难切实感受现实中电子商务的应用，除了校方外，学生也要负有一定的责任，学生在这一方面应该自己主动做好与社会的对接。

③岗位群不明确，学生不知道自己今后的就业方向，更不知道毕业以后应该具备什么能力和证书，才能让自己更有具有竞争力。

三、创业的含义

创业就是创业者对自己拥有的资源或通过努力对能够拥有的资源进行优化整合，从而创造出更大的经济或社会价值的过程。创业是一个寻找机会、开发产品、利用资源、制订和实施计划的循环往复的过程。在这个过程中，创业机会、创业资源和创业团队不可或缺。成功的创业活动必须对创业机会、创业资源和创业团队三者进行最适当的匹配，并且还要随着企业的发展以及环境的变化不断进行动态平衡。在英文中，多用“Entrepreneurship”定义创业，也就是除了强调创业行动之外，更强调在创业行为中所体现的创新创业精神的重要性，强调如何通过创办新事业孕育人类的创新精神和改善人类的生活，因此，未来的创业者一定要做到知行合一，除了参与创业实践外，更要注重创业基本理论和创业精神的学习和提升。

四、创业的形势

（一）电子商务创业不仅可以实现自身价值，同时也为更多人带来机会，为社会创造更多的价值

阿里巴巴是全球最大的零售交易平台，它用独有的生态理念把大多数人的价值串联和凝聚起来，渗透到社会生活的各个角落。线上依靠其成本低、门槛低、效率高和成功率高的特点，使得多数年轻人以此作为就业或创业的首选，以阿里巴巴为代表的电商生态成了一个庞大的就业或创业孵化基地，其部分主要平台有淘宝网、天猫、支付宝、阿里云等。

（二）电子商务创业使创业者对网络有了新认识

电子商务创业的过程将虚拟和现实结合在一起。一方面，网络并不是虚幻、杂乱、不可信赖的世界，而是有规则、受约束、诚信可靠的现实中的一部分；另一方面，网络不仅是很好的交流沟通平台，更是一个创造价值、实现自我的资源平台，这个平台比人们想象中的要更加广阔和富有意义。

（三）电子商务创业有利于培养创业者积极健康的网络行为

互联网鱼龙混杂，如果不加以正确引导，很容易误入歧途。利用虚拟网络进行电子商务创业实践，充分利用了网络资源，使创业者真真切切感受到网络资源为我所用，这是一个摒弃糟粕、汲取精华的过程，培养了创业者积极健康的网络行为。

（四）电子商务让创业者积极主动地利用网络资源

网络资源给创业者提供了丰富的学习资源，使借助网络来开展工作和学习成为习以为常的事。

任务二　电子商务背景下创业面临的机遇和挑战

一、目前我国电子商务发展面临的机遇

（一）政策：《中华人民共和国电子商务法》出台

2018 年 8 月 31 日第十三届全国人民代表大会常务委员会第五次会议通过了《中华人民共和国电子商务法》（以下简称《电子商务法》），并且于 2019 年 1 月 1 日施行。该法的出台，为我国电子商务的发展提供了制度性的保障，未来无论是在电子商务运营上，还是在电子商务平台纠纷上都有法可依、有理可寻。

《电子商务法》作为我国电子商务领域首部综合性法律，是电子商务法律法规领域的“宪章”，对我国乃至世界的电子商务发展都有着重要意义，主要体现在以下几个方面：

1. 从行业层面来看

《电子商务法》对电子商务经营者、电子商务合同的订立与履行、电子商务争议解决、电子商务促进和法律责任这五个方面做了规定，让电子商务行业有法可依，是电子商务领域的一部基础性法律。

2. 从电子商务行业与实体经济的关系来看

在“互联网 +”政策的推动下，电子商务的发展加快了工业化和信息化的深度融合，加快了经济发展方式的转变，进一步融洽了电子商务行业与实体经济的关系，促进了经济结构转型升级。

3. 从国家层面来看

《电子商务法》的出台，是国家深化体制改革的重要体现，是国家对于电子商务持续健康发展的重要举措。《电子商务法》对当前社会关注的一些问题，包括销售假冒伪劣商品、保护消费者权益，以及线上线下公平竞争等问题，在法律层面都给出了明确的规定。

4. 从国际层面来看

“一带一路”将中国推向了世界，也让中国与世界的经济联系更加紧密。《电子商务法》在解决电子商务发展中的深层次矛盾和重大问题的同时，也促进了开放、规范、诚信、安全的全球电子商务发展环境的建立，为实现降本增效、转型升级保驾护航。

（二）商业环境：电子商务已经被广泛接受

在整个国家信息化基础不断完善、国民对信息化不断接受的整体环境当中，在支

付、物流等相关产业的影响下，电子商务目前已经被广泛接受。

目前对于普通消费者而言，在互联网上进行购物已经是相当平常的举动；对于企业而言，电子商务逐渐成为其生存和发展的重要依赖。这为电子商务未来深入发展奠定了用户基础。

（三）竞争：电子商务核心企业的形成

经过电子商务 21 世纪以来的飞速发展，国内电子商务各个领域的核心企业已经逐步形成，例如，C2C（个人与个人间的电子商务）的淘宝、拍拍，B2B（企业与企业间开展交易活动的商业模式）的阿里巴巴国际站，B2C（商家对个人之间的交易）的凡客、京东、方案提供商金蝶等。核心企业普遍是最具备资金实力、创新实力的企业，他们能够保证电子商务产业的深入发展。

（四）电子商务替代传统商务

随着土地、房租、油价等的上升，传统商务成本日益增加，在最终商品价格当中占据了越来越大的份额。但是在电子商务中，人们不受时间、空间及传统购物的诸多限制，可以随时随地在网上交易。通过跨越时间、空间接触到更多的客户，为人们提供更广阔的发展环境。

（五）产业链：电子商务配套产业形成

电子商务发展，需要支付（资金流）与物流的保证，目前这两个行业已经得到了极大的发展，银联、银行、第三方支付公司的业务发展，使得十年前电子商务发展初期需要通过邮局、银行柜台转账实现资金流动的桎梏不复存在；一系列快递公司、物流公司、自建物流的发展使得过去小商品需要去邮局、大商品靠铁路货代的障碍得以消失。这些配套产业成为电子商务发展的两翼，为其保驾护航。

（六）技术：电子商务创新发展的基础形成

技术的发展能够带来应用的根本性变革。电子商务技术是利用计算机技术、网络技术和远程通信技术，实现整个商务过程中的电子化、数字化和网络化。

一般来说，电子商务涉及的技术主要有以下几种。

1. 网络技术

电子商务的发展是建立在网络发展的基础上的，电子商务的实现更是离不开网络，网络技术是电子商务的关键技术之一。

2. Web 技术

利用 Web 浏览器交易双方可以实现交互。目前 Web 浏览技术主要支持 HTML 格式。但随着进一步的发展，XML 格式浏览器也会逐步普及并被人们使用。

3. 安全技术

有关调查表明，很多客户不愿意在网上进行交易活动，主要是担心网上交易的安全性问题。电子商务的网上交易需要一个商务活动所涉及的各方均信任的第三方机构，来完成商务活动各方的身份认证以及其他一些网上数据的有效性认证。目前证书认证是普遍使用的一种身份认证的方式。证书认证具体的操作过程是先建立相关的认证体系，再对交易双方进行身份确认。证书认证的结果是使产生的每一个证书都与一个密钥相对应。电子商务的安全性必须要有一些安全技术作为保障，没有可靠的安全技术，就无法确定电子商务的安全性。

4. 数据库技术

在电子商务的业务活动中会用到很多信息，如商家为用户提供的商品信息、认证中心储存的交易角色的信息、配送中心需要使用的配送信息、商家管理用户的一些购买信息以及用户的购买历史信息等。这些信息需要合理地储存起来，并能够在需要的时候抽取出来，这就要利用到数据库技术。数据库技术是企业管理信息系统的核心技术。该技术包括数据模型、数据库系统（Oracle、Sybase、SQL Server 等）、数据库系统建设和数据仓库、联机分析处理和数据挖掘技术等。应用于电子商务中的数据库技术的主要功能包括数据的收集、存储和组织、决策支持、Web 数据库。

5. 折叠电子支付技术

应用电子商务，自然希望一切活动都可以在网上进行，包括资金的支付。网上支付也称为电子支付。从严格意义上讲，电子支付是一个过程而不是一种技术，但在该过程中涉及很多技术问题。这些技术主要包括电子货币（电子支票、银行卡、电子现金）的表现形式，发放和管理技术，电子支付模式。电子货币的表现形式主要由金融机构来制定，标准比较繁杂，主要是制定电子支票和电子现金的形式等。电子支付模式现在一般使用两种：SSL（安全套接层）/TLS（安全传输层）和 SET（安全电子交易协议）技术。从技术角度讲 SSL/TLS 不是一种支付协议而是一种会话层安全协议。

二、我国电子商务发展面临的挑战

1. 普遍缺乏信用意识和信用道德规范

我国从 2019 年开始实施《中华人民共和国电子商务法》，但是该法律法规还不够完善，很多国内企业没有面对面交易，网上信用意识较差，对信用的重要性缺乏应有的认知，这种情况制约了电子商务的发展。

2. 企业内部电子商务信用管理制度不健全

我国企业的电子信息技术设备配置较落后，信息化水平比较低，企业内部电子商务信用管理制度还不健全，很多企业没有设置信用管理部门，交易之前缺少对客户的调查，对客户的信用状况缺乏应有的了解，在电子商务中错误选择交易对象，最终导致发生违约现象。

3. 信用中介服务落后

目前，我国缺乏完善的国家信用管理体系，而且社会信用中介服务行业发展滞后，信用管理行业的市场化程度较低，很多信用中介机构没有自己的信用资料数据库，即使有规模也普遍偏小，信用信息不完整。

4. 国家缺乏有效的法律保障和奖惩机制

我国现有的法律法规不足以对社会的各种失信行为形成强有力的规范和约束。同时有法不依和执法不严的问题仍然存在，在一些失信和电子商务诈骗案件的审理中，还存在地方保护主义倾向。社会上更是缺乏严格的失信惩罚机制，这都为电子商务信用问题的解决增加了难度。

5. 网络上存在发布虚假、不健康甚至违法商业信息的现象

由于互联网形式的多样性、应用的广泛性和信息发布者的隐蔽性，导致网络消费者很难判断信息的真实性，这就导致了部分营销者在发布消息时会撰写一些虚假信息。

6. 网上购物整体满意度有待提高

由于是网络购物，没有进行面对面的交易，会出现消费者在收到货物之后，发现货物与实际尺寸或者是质量不符的情况。目前很多网店都有增加运费险、帮助消费者进行退换货处理的服务，但其整体的满意度仍然有待提高。

任务三　电子商务对创业者的素质和意识要求

一、电子商务创业者应当具备的素质

相关链接

“橙王”褚时健

褚时健，1928 年出生于云南省玉溪市华宁县，曾被评为全国“十大改革风云人物”，是中国最具争议的企业人物之一。1979 年，刚刚摘掉“右派”帽子的他，受命执掌濒临倒闭的玉溪卷烟厂（红塔集团的前身），以 18 年的努力使红塔山成为中国名牌，使玉溪卷烟厂成为亚洲第一、世界前列的现代化大型烟草企业。1999 年，在即将退休之际，褚时健因贪污受贿锒铛入狱，创造了中国官场“五九现象”。2002 年，狱中的褚时健罹患严重糖尿病，办理保外就医。这时的褚时健已经一无所有，他前前后后向朋友借了 1000 多万元，承包了 2400 亩荒地，70 多岁的他开始第二次创业。因他种出中国味的“褚橙”，“触底反弹”逆袭为“橙王”，褚时健再次成为大家关注的焦点人物，被称为“影响中国企业家的企业家”。

创业素质是个体在创业活动中表现出来的内部特征，它是影响创业实践活动最终达

到创业目标的不可或缺的主体因素。不管世人怎样评价，我们在褚时健身上看到了作为一个创业者必备的创业素质：强烈的创业成就动机，坚定的信念，执着、敢于冒险的精神，终身学习的能力，创新能力以及顽强的生命力。褚时健虽然已经90多岁，但仍未丢弃自己的性格标签。褚时健曾说："要说我一生的追求，我想很简单，不管是给国家干还是为自己干，我都有一个不变的追求，沾着手的事情就要干好，大事小事都一样。"

创业既会成功也会失败，一个成功的创业者不仅仅要审时度势，善于抓住机会和资源，创造各种获得成功的可能性路径，更要能够直面创业失败，正视残酷事实，能够在遇到失败后"触底反弹"，强劲逆袭。对我国电子商务的创业者来说，也需要有必备的创业素质。

1. 创业决心

如果创业者下定决心将电子商务作为创业的方向，那么不论在经营中是一帆风顺还是屡遭挫折，都会坚持做下去。

2. 忍耐力

一个电子商务企业的成长路上会有无数风雨，从各个角度挑战创业者的忍耐力，尤其是忍耐挫折的能力，已经成为电子商务企业CEO们必备的技能。尤其是在舆论监督如此严苛的今天，忍耐并不是什么都不做，而是在不与对手正面竞争的同时，不断蓄积力量，完善经营模式，等待机会实现逆转。

3. 勤奋学习

电子商务创业者与其他行业创业者相比面临的最特殊挑战，是生存环境的不断更新和升级。可能昨天的技术、理念、平台、生活方式、盈利手段，到了今天就变得失去活力，如果创业者不勤奋学习就很难坚持到最后。电子商务创业者需要足够勤快，甚至节假日也要正常工作，只有"勤"字当头，才能成功迈上新台阶。

4. 刚柔并济

电子商务并不传统，运作方式也十分灵活，传统行业是一种固有的思维模式，新的电子商务创业者应懂得一张一弛、文武之道。电子商务创业者切忌两种极端性格：一种是太过强势，不管员工还是客户，都得听他的；另一种是太过弱势，员工或者客户他都掌控不了。

5. 包容心

要有一颗包容心，只要员工的某项能力能够胜任工作，其他的缺点都可以慢慢改善。包容还体现在对待客户和员工的态度上，能够耐心与不同类型的客户良好沟通，接受团队内有不同的意见，包容可以使企业在试错中成长。

6. 创新能力

守旧不用面临风险，但也会错失快速发展的良机，尤其在电子商务快速发展的时期，小创新就可能为网店带来大量用户。前五项能力都是为了创新服务，即使一个创业者没有创新能力，也必须有创新意识，才可以带领团队一起创新。

二、电子商务创业者的意识要求

（一）创业意识定义

创业意识是指人们从事创业活动的强大内驱动力，是创业活动中起动力作用的个性因素，是创业活动的主要驱动因素。

（二）电子商务创业者的意识要求

1. 创业主体意识

电子商务创业是艰难的事业。创业的主体意识、主体地位、主体观念，都会成为创业者在风险浪尖上拼搏的巨大力量。这种力量会鼓舞人们抓住机遇，迎战风险，拼命地去实现自身的价值。

2. 迎战风险意识

风险意识是中国企业在国际接轨中应着重增强的一种现代经营意识，也是创业企业和创业者急需培养和增强的一种重要的创业意识，不管是在国内电子商务交易中，还是国际的跨境贸易中，都需要提前形成风险意识。创业者必须有足够的市场敏锐度，可以宏观地审视经济环境，洞察未来的市场形势走向。创业者要认真分析自己在创业过程中可能遇到哪些风险，一旦这些风险出现，要知道化解。

创业是充满风险的。创业者对可能出现和遇到的风险准备和认识不足，是我国当前群体创业活动中的一个普遍现象。这种创业风险意识的欠缺，突出表现在以下四个方面。

①在心理准备上，表现为对创业可能出现和可能遇到的困难准备不足。

②在决策上，表现为不敢决策、盲目决策、随意决策。

③在管理上，表现为不抓管理、无序管理、不敢管理。

④在经营上，表现为盲目进入市场、随意接触客户、轻率签订商务合同。

这种没有风险意识的做法，恰恰是创业者无正确风险意识的典型表现。正确的做法是要从害怕风险、不敢迈步之中解放出来，敢于去市场经济的大潮中劈风斩浪，敢于经受商海的历练和锻打，善于规避风险、化解风险，使自己在迎战风险的过程中站立起来、成熟起来，成为商海的精英和栋梁。

3. 知识更新意识

创业者在创业后直接和普遍面对的问题就是产生知识恐慌。原有的知识和劳动技能，已经不足以支持他们应对创业中大量的新情况和新问题。尤其是在瞬息万变的电子商务行业，这就需要创业者承担起知识更新的繁重任务。因此，创业者应该随时注意进行知识的更新，才能适应和满足不断变化的创业需求。

4. 资源整合意识

资源整合理念是现代营销学中的崭新理念，是在全球经济一体化的新形势下，跨国集团寻求企业最大利润空间的一种战略能力，一种进击能力。任何一个创业者都不可能把创业中涉及的问题都解决好，也不可能把一切创业资源都备足，关键的一点在于要学会进行资源整合。因此资源整合的原则不仅是创业设计中的一个重要原则，也是在创业中借势发展、巧用资源、优势互补、实现双赢的重要方法。

创业者在创业初期，资金不足，资源缺乏，没有经验，不会经营，尤其是电子商务领域，开办银行账户、产品物流、交易数据分析等，都必须不断地进行资源整合。这就需要创业者看到现代企业的发展趋势，把握崭新的创业理念，并以此为武器，进行各种最佳创业要素的整合。这种现代创业意识，必将成为创业者快速崛起的一种特效武器。

5. 创业策划意识

市场的竞争在某种意义上说，就是经营策划的竞争。策划是一种智力引进，它是用辩证的、动态的、发散的思维来整合行为主体的各种资源和行动，使其达到效益或效果最佳化的一个智力集聚的过程。大到企业发展战略，小到一句广告语，都要经过策划。因此，从本质上讲，策划就是进行战略设计的过程，也是对每一个具体事件和行动进行战略思索的过程。

6. 开发信息资源意识

信息是资源，是财富。但是，很多创业者不懂得信息的价值和信息资源的重要性，不会寻找和利用信息资源，更不懂得开发信息资源中的价值。作为电商创业者，在创业过程中，要不断学习，听专家讲解相关电子商务知识技能和技巧，学会利用网络技术去搜索信息、捕捉商机。

7. 寻找和抓住创收点的意识

很多创业者不知道怎样盈利，这一点突出表现为在经营中抓不住创收点。创收点是企业的获利点。现代商业中知识的含量、科技的含量越来越高，已经成为重要的获利点。创业者一定要认识到商机是商业模式设计的着眼点，创收是经营运作的落脚点。好的创业模式必须能够最大限度地创造商业价值。

因此，每一个创业者在创业模式设计中不仅要找准创收点，而且要紧紧围绕创收点进行商业运作。

8 挑选优化环境意识

创业环境是重要的创业要素，也是创业企业快速崛起的重要支撑要素。一个十分优越的创业环境，对于创业企业的快速发展和崛起具有十分重要的意义和作用。

创业环境包括的内容很多。我们这里讲的对环境的挑选，主要是要挑选优化了的微观环境。主要包括三大环境因素：办公环境、经营环境、服务环境。创业者需要的是一种以培育创业文化为中心内容的新型的、向上的、激励的、可沟通的、创新的、多维的优化环境。

项目小结

通过本项目的学习，使学生充分认识电子商务背景下就业、创业的形式，了解目前我国电子商务发展面临的机遇和挑战，深刻理解创新创业是我国社会大环境的趋势，尤其是在电商领域，需要不断提升自己的职业素养和创新意识。

相关知识

电子商务企业的发展离不开优秀的销售策略。不过销售并不能解决一切问题。现在的电子商务企业正在从简单的“买—卖”模式转变为“用户—参与”模式。

1. 移动化

智能手机和平板电脑在互联网市场中将发挥更大的作用，移动化已经不是什么新鲜事物了，响应式网页设计对于电商企业来说已经不可或缺。

2. 提供无缝的用户体验

根据 PWC（普华永道）的调查，现在的用户对于完美购物体验的需求甚至高于对优秀产品的需求。如何提供无缝的用户体验？除了流畅的页面加载速度以及良好的导航功能外，还可以从两方面入手。

①研究用户心理，广告对于用户的吸引力渐弱，现在他们对产品评论更感兴趣，更偏向于从产品评论中获取更多的产品信息。

②大数据的应用，运用大数据事先知道哪些行为会影响用户的购买决策。

3. 社交媒体越来越重要

鉴于社交媒体已经成为一种强大的网络营销工具，电子商务企业也需要开通账号并提供相关服务。

4. 从线上到线下

在一些线上线下同步经营的店铺，部分用户会在网上购买之前去实体店考察相关产品，另有部分用户会在实体店购买之前在网上查看相关产品。为了留住用户，很多实体店零售商采用了新的技术提升用户购物体验，比如虚拟现实（AR）、互动展示与移动导航相结合，如图 4－1 所示。

图 4－1　零售店引入 AR 技术

同步实训

一、实训概述

本项目实训为对创业者创业素质进行分析的实训，通过“我是谁”“我知道什么”“我认识谁”，让每个学生清晰地认识自我，评估自身的创业潜质，结合拥有的资源分析自身未来在创业的过程中，是否能够充满激情，是否有足够的信心去面对未知的挑战。

二、实训素材

1. 连接网络的电脑、智能手机等实训设备。
2. 相关实训软件。

三、实训内容

学生可以进行分组，以小组为单位进行实训操作，也可以由学生自行完成，在本实训中，教师指导并帮助学生完成实训内容。

四、实训任务

步骤1：自我能力评估。

一个人是否适合创业，需要个体结合自身的兴趣爱好、能力态度以及掌握的经验和资源进行综合测度。认识自我，可以从“我是谁”“我知道什么”“我认识谁”三方面入手，“我是谁”包括个体自身拥有的特质、能力等，“我知道什么”陈述了个人掌握的知识和经验，“我认识谁”则是一个人的人脉资源，这是创业过程中非常重要的资源。根据表4－1中所示内容，完成自我认识评估。通过自我认识评估，了解自身优势和劣势、拥有的资源和面临的困难，以此创造多种实现目标的可能性路径。

表4－1　自我认识评估

一级指标	二级指标	内容
我是谁	我的性格特点	
	我的兴趣爱好	
	我的能力	
	我对创业的看法与态度	
我知道什么	我的专业领域	
	除了专业外，还具备哪些知识技能	
	从事过什么工作	
	具备哪些工作经验	

续　表

一级指标	二级指标	内容
我认识谁	家人及其工作领域	
	朋友、同学及其工作领域	
	领导、同事	
	用户、合作伙伴	
	其他人	

步骤2：自我能力评估矩阵图。

通过以上评估表，以创新能力和管理能力、业务能力、人际资源为判断条件，定位自己的角色，绘制一个自我能力评估矩阵图，如图4－2所示。一般而言，个人性格特征中创造力和创新能力较强的、拥有的业务能力和人脉资源比较丰富的人，是比较适合创业的。

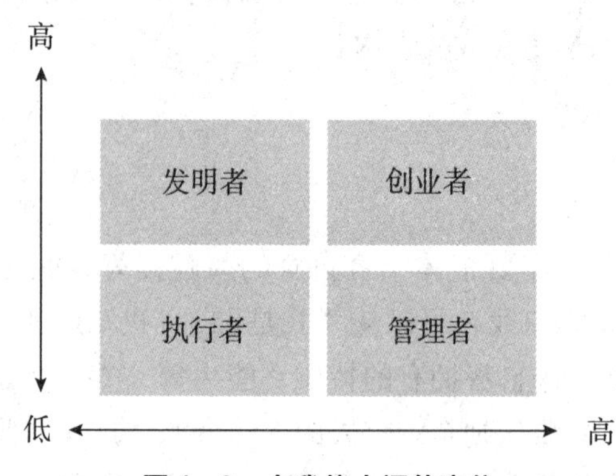

图4－2　自我能力评估定位

五、实训总结

1. 总结本次实训的主要内容及掌握要求。
2. 教师指出并纠正学生普遍存在的问题。
3. 根据学生实训情况，补充遗漏或拓展部分的相关知识。

课后习题

一、单选题

1. 就业是指在（　　）内的有劳动能力和劳动愿望的人们所从事的为获取报酬或经营收入进行的活动。

A. 18～24周岁　　B. 应届毕业生　　C. 法定年龄　　D. 16～20周岁

2. 全国高校毕业生在2016年大约有（　　）。

A. 699万人　　B. 727万人　　C. 770万人　　D. 800万人

3. 以下哪一项不是就业的内容（　　）。

A. 法定劳动年龄内，有劳动能力和劳动愿望

B. 获得一定的报酬或经营收入

C. 每周工作时间的长度

D. 有固定的工作团队

4. 创业精神是指在创业者的主管世界中，具有开创性的（　　）和品质等。

A. 思想、观念、个性、意志、作风

B. 思想、观念、创意、能力、金钱

C. 思想、创意、经验、知识、能力

D. 思想、个性、意志、作风、能力

5. 2018年8月31日第十三届全国人民代表大会常务委员会第五次会议通过了《中华人民共和国电子商务法》，并且该法于（　　）施行。

A. 2018.09.01　　B. 2018.10.01　　C. 2018.12.31　　D. 2019.01.01

二、多选题

1. 创业的意义包括（　　）。

A. 环节社会就业压力　　B. 提高自身综合素质

C. 和同学对比起来有面子　　D. 推动国家持续发展

2. 创业意识包括（　　）。

A. 创业需要　　B. 创业能力　　C. 创业兴趣　　D. 创业资金

3. 近些年来我国电子商务专业学校存在的问题有（　　）。

A. 课程开设不合理　　B. 缺乏真实实操

C. 岗位群不明确　　D. 教师专业课能力不足

三、简答题

1. 简述创业意识包含的内容有哪些？

2. 我国电子商务发展面临的挑战有哪些？

项目五　电子商务创业准备

电子商务改变了我们的生活，越来越多的人意识到电子商务市场的巨大潜力，投身到了电子商务的创业大军中来。但无论是传统创业还是电子商务创业，创业之初的准备工作都必不可少。通过本项目的学习，学生能够在电商创业之初，了解创业前期的准备工作内容、科学合理地进行项目规划、与团队成员共同完成创业策划以及计划书的编写。

学习目标

知识目标

1. 了解创业机会的内涵、特征及来源。
2. 了解创业机会的识别过程。
3. 认识优质创业机会的特征。
4. 熟悉创业机会的评价标准。
5. 熟悉电子商务的类型及特点。
6. 了解学生筹集创业资金的现状。
7. 熟悉创业团队的概念、构成要素及类型。
8. 明确创业团队的组建原则。
9. 熟悉创业计划书的含义、作用以及内容和格式。

能力目标

1. 掌握识别网上创业机会的方法。
2. 掌握评估创业机会的方法。
3. 能正确选择电子商务创业的类型。
4. 掌握筹集创业资金的途径和策略。
5. 掌握创业团队的管理技巧和策略。
6. 掌握撰写创业计划书的过程。

案例导入

机会总是青睐有准备的人——李嘉诚的创业故事

逆境是改变命运的机会。1940 年，11 岁的李嘉诚为了逃避日军侵略而不得不随家人辗转迁徙至香港。17 岁时，李嘉诚去一家五金厂负责推销镀锌铁桶，此时，他看好塑胶行业的发展前景，毅然决定加盟塑胶公司。李嘉诚凭借自己的勤勉和机灵，取得了优秀的销售业绩。但是，李嘉诚选择了离开，因为他心中已有了自己的计划：创办自己的塑胶厂。

把握机会，就得敢于挑战，果断迈出第一步。1950 年，22 岁的李嘉诚用做推销员积蓄的 5 万港元，创立了长江塑胶厂。在他的努力经营下，塑胶厂得到稳健的发展。

机会总是属于有准备的人。坚持学习的李嘉诚，居安思危，思考着塑胶厂的未来。他将目光放到全球，一次，他从《塑胶》英语杂志上看到欧美市场已经出现塑胶原料制成塑胶花的消息，商业嗅觉敏锐的他立刻认识到机会的到来。李嘉诚对机会做出了正确的判断——塑胶花的面市，必将引发塑胶市场的一场革命。

机不可失，失不再来，善于捕捉机会的李嘉诚迅速出动。1957 年，李嘉诚前往意大利学习制造塑胶花的技术。塑胶花市场的旺势一直持续到 1964 年，在这 7 年时间里，李嘉诚获得了数千万港元的利润，长江公司成为世界上最大的塑胶花生产基地，李嘉诚也以“塑胶花大王”的美誉而声名大噪。

机会又是具有时效的，并非永久存在。一两年后，当所有塑胶花厂商为产品严重滞销而苦不堪言的时候，曾经是世界最大塑胶花生产基地的长江公司，却正在国际玩具市场中大显身手，每年出口额高达 1000 万美元，李嘉诚又成为香港“塑胶玩具大王”。

时势造英雄，机会来源于对宏观环境的把握。李嘉诚较早就意识到香港房地产市场正开始繁荣。1958 年，李嘉诚在香港北部购买了一块土地，正式向房地产进军，1978 年他又收购了历史悠久的英资水泥公司青洲水泥，紧接着长江实业于 1979 年收购了拥有贸易、商业、房地产等诸多子公司的“和记黄埔”，在 1981 年就成为香港最大的企业集团。此时距李嘉诚创业仅 30 年的时间。在这之后，已经是华人首富的李嘉诚还涉足能源、海外投资、电信传媒等行业，建立了一个商业帝国。

（资料来源：本文改编自案例作业——李嘉诚对创业机会的把握，http：//fanwen. jianlimoban. net/3280331）

案例分析

创业者要肯吃苦，不怕累。量变最终会带来质变，如果能做到不计辛苦地进行锻炼与工作，就算自己的业务水平不及对手，也不会与对手相差太远，如此便为自己日后的超越创造了机会。

创业者要有创新精神和创业精神，要学会抓住机会，同时要做好心理准备。李嘉诚说："我凡事必有充分的准备然后才去做。一向以来，做生意处理事情都是如此。"

创业者要懂得把握机会。每个人都被机会包围着，但是机会只有在它们被看见时才存在，只有在被寻找时才会被发现，关键在于你如何去认识机会、抓住机会、利用机会。机会可遇而不可求，把握机会的意识与能力是成功与否的关键。

任务分解

任务一　识别创业机会

如果说好的创业机会是创业成功的一半，那么识别创业机会就是创业成功最重要的第一步。众所周知，所有的创业行为都来自绝佳的创业机会，而对机会的识别和把握才是创业成功的关键。因此，创业者需要进行筛选，在众多机会中筛选出真正适合自己的创业机会。

一、创业机会

（一）创业机会的内涵

创业机会，又称商业机会或市场机会，是指具有吸引力的、较为持久的、有利于创业的商业机会，并最终表现在能够为客户创造价值或增加价值的产品或服务中，并同时使创业者自身获益。创业机会主要包括技术机会、市场机会和政策机会。技术机会是指技术变化带来的创业机会，主要源自新的突破和社会的科技进步；市场机会是市场变化产生的创业机会；政策机会是政府政策变化带来的商业机会。

但是创业者不能简单认为所有商业机会都是创业机会。如果这种商业机会是不可持续的，只是昙花一现，创业者还没有起步行动，机会就可能已经消失了。针对特定的商业机会，创业者如果不能开发出与之匹配的创意，这样的商业机会就不能视为创业机会，因为没有创意，创业也就无从谈起。

（二）创业机会的特征

有的创业者认为自己有很好的创业想法和点子，对创业充满信心。有想法和点子固然重要，但并不是每个大胆的想法和新异的点子都能转化为创业机会。许多创业者就因为仅仅凭想法去创业而失败了。因此了解创业机会的特征有助于创业者正确识别创业机会。创业机会具有以下特征。

1. 隐蔽性

生活充满机会，机会每天都在撞击着我们的大门。可惜大多数人都意识不到它的存在，这就是机会的隐蔽性。创业机会更是如此，创业机会的隐蔽性使它在人们心目中变得更加神秘和可贵。

2. 偶然性

创业机会在大多数情况下是偶然形成的，尽管它普遍存在于人们身边的事物中，但人们并不容易捕捉到它。人们越是刻意地寻找创业机会，就越难见其踪影。创业机会虽是偶然现象，却是客观事物内在的必然性表现。如果人们没有平时知识的积累，辛勤持久的探索，那么即使创业机会来了，也会被认为不过是偶然现象而已。

3. 易逝性

创业机会最显著的特征是易逝性，“机不可失，失不再来”就是对创业机会易逝性的最好诠释。机会是一个非常态的、不确定的时间表现形式。虽然每天都可能会有创业机会出现，但同样的创业机会是不可能再来的。此外，由于创业机会往往是社会所共有的，人们都在寻找，所以在激烈的竞争中，只要稍一迟疑，创业机会就会被别人抢走。

4. 时代性

创业机会的时代性是指一定时代对各种创业机会打上的烙印和赋予的社会色彩。社会色彩是指不同制度的社会对创业机会产生的影响。如政治制度比较宽松，就能在更为广阔的领域里为个人奋斗提供各种创业机会；政治制度比较严密，有许多领域人们是不能涉足的，当然那些领域中的创业机会也几乎为零。

相关链接

一美分垒起的大富翁

1989 年，默巴克是美国斯坦福大学的一名普通学生，为减轻父母的压力他利用空闲时间承包打扫学生公寓的工作。第一次打扫学生公寓时，默巴克在墙角、沙发缝、学生床铺下扫出了许多沾满灰尘的硬币，这些硬币有 1 美分、2 美分和 5 美分的。默巴克将这些硬币还给同学们时，谁都没有表现出丝毫的热情。

此后，默巴克给财政部和央行写信，反映小额硬币被人白白扔掉的事情。财政部很快给默巴克回信说：“每年有 310 亿美元的硬币在全国市场上流通，但其中的 105 亿美元正如你所反映的那样，被人随手扔在墙角和沙发缝中睡大觉。”

看到这样的回信，默巴克震惊了。如果换成一般人也许只会发出一声感叹，之后就不了了之。但是，默巴克的脑子里偏偏冒出这样一个想法：如果能使这些硬币流通起来，利润将多么可观啊！

1991 年，刚毕业的默巴克成立了自己的“硬币之星”公司，推出了自动换币机。顾客只要将手中的硬币倒进机器，机器会自动点数，然后打出收条，显示出硬币的面值总计。顾客凭收条到超市服务台领取现金，自动换币机收取约 9% 的手续费，这笔费用由默巴克与超市按比例分成。

短短五年时间，默巴克的“硬币之星”公司在美国 8900 家主要超市连锁店设立了

10800台自动换币机，并成为纳斯达克的上市公司。默巴克也从一个一文不名的穷小子，成了令人瞩目的亿万富翁。

（资料来源：摘自《现代家庭报》，部分有修改）

【评析】创业无大小，在成功者面前，财富无处不在，就要看你有没有一双发现财富的慧眼。默巴克从沾满灰尘的硬币上发现了一般人没有看到的机会，也做了一般人不屑去做的事情，最终实现了致富梦想。

（三）创业机会的来源

创业机会受环境的变动、市场的不协调或混乱、信息的滞后等因素的影响，其根源在于事物（包括产品、服务、市场等方面）的变化，创业者可以通过本身特有的素质发现创业机会。具体而言，创业机会有如下五种来源。

1. 来自问题

创业的根本目的是满足顾客需求，而顾客需求在没有满足前就是问题。寻找创业机会的一个重要途径是善于发现和体会众人在需求方面的问题或生活中的难处。比如，上海有一位大学毕业生发现远在郊区的本校师生往返市区交通十分不便，于是创办了一家客运公司，这就是把问题转化为创业机会的成功案例。

2. 来自变化

创业机会大都产生于不断变化的市场环境，环境变了，市场需求与结构也必然发生变化。变化是创业机会的重要来源，人们通过这些变化发现新的创业机会。变化主要包括技术变革、政治和制度变革、社会和人口变革、产业结构变革。比如居民收入水平提高，私人轿车的拥有量将不断增加，这就会派生出汽车销售、修理、配件、清洁、二手车交易、陪驾等诸多创业机会。

3. 来自创造发明

创造发明提供了新产品、新服务，更好地满足了顾客需求，同时也带来创业机会。在人类发展史上，每次重大的发明创造都引起了产业结构的重大变革，产生了无数的创业机会。比如随着电脑的诞生，电脑维修、软件开发、电脑操作的培训、图文制作、信息服务、网上开店等创业机会随之而来，即使创业者不发明新东西，也能成为销售和推广新产品的人，从而给其带来商机。

4. 来自竞争

竞争对手的缺陷和不足也将成为创业机会。假如你是创业者，你能比周围的公司更快、更可靠、更便宜地提供产品或服务吗？你能比他们做得更好吗？如果能，你也许就找到了机会。

5. 来自新知识、新技术

新知识可以改变人们的消费观念，新技术可以进一步满足人们的需求，甚至使人们产生新的需求进而引导消费。例如，当生产微型电子计算机的技术形成后，中国的企业也获得了生产计算机的创业机会，联想等企业就抓住了这个机会。

二、识别创业机会

（一）创业机会的识别过程

创业者从繁杂和梦幻般的创意中选择了他心目中的创业机会，随之而来的是组织资源着力开发这一机会，使之成为真正的企业，直至最终收获成功。这一过程中，机会的潜在预期价值以及创业者的自身能力得到反复权衡，创业者对创业机会的战略定位也越来越明确，这一过程称为机会的识别过程。机会识别的过程是机会的感知、发现、评价和开发的过程，是一个不断调整、适应的过程。它可分为三个阶段：机会搜寻阶段、机会识别阶段、机会评价阶段，如图 5－1 所示。

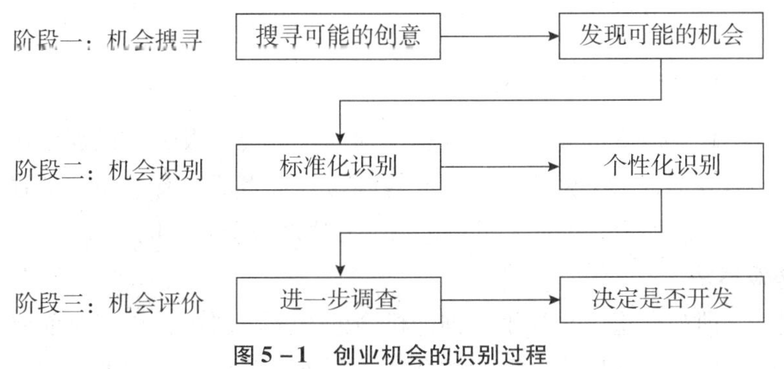

图 5－1　创业机会的识别过程

1. 机会搜寻阶段

这一阶段创业者对整个经济系统中可能存在的创意展开搜索，如果创业者意识到某一创意可能是潜在的商业机会，具有潜在的发展价值，就将进入下一阶段的机会识别。创业者在这一阶段需要从各种途径搜寻尽可能多的创业点子与想法，先不急于评价点子的优劣，只需把所有的点子都写在纸上。

2. 机会识别阶段

这里的机会识别是指从创意中筛选合适的机会。这一过程包括两个步骤：第一步是通过对整体的市场环境的分析以及一般的行业分析来判断该机会是否在广泛意义上属于有利的商业机会，即机会的标准化识别阶段；第二步是考察对于特定的创业者和投资者来说，这一机会是否与创业者的资源和能力相吻合，是否与投资者的兴趣点和价值期望相一致，也就是机会的个性化识别阶段。

3. 机会评价阶段

机会评价阶段相对比较正式，考察的内容主要是各项财务指标的预测分析、创业团队和资源的酝酿等，通过机会的评价，创业者决定是否正式组建企业和吸引投资。通常机会识别和机会评价是共同存在的，创业者在对创业机会识别时也在有意无意地进行评价活动。在机会识别的初始阶段，创业者可以非正式地调查市场的需求、所需的资源，直到断定这个机会值得考虑或进一步深入开发；在机会识别的后期，这种评价变得较为规范，并且主要集中于考察这些资源的特定组合是否能够创造出足够的商业价值。

相关链接

创业机会的类型

1. 问题型机会：由现实中存在的未被解决的问题所产生的一类机会。

2. 趋势型机会：在变化中看到未来的发展方向，预测到将来的潜力和机会。

3. 组台型机会：将现有的两项以上的技术、产品服务等元素组合起来，以实现新的用途和价值而获得的创业机会。

（二）创业机会识别的方法

创业者并不缺少创业机会，缺少的是识别创业机会的眼睛。识别创业机会不是件容易的事情，但也不是无法做到的。创业者应在日常生活中有意识地加强实践，提高自身识别创业机会的能力。创业者可通过以下方法来识别创业机会。

1. 趋势观察法

趋势观察法即观察趋势并利用它创造机会的方法。创业者在创业前要寻找出各种最能反映趋势的要素，观察这些要素的变化，分析这些变化存在的规律，及时发现变化中出现的各种机会。一般情况下，创业者大多容易从以下几个方面来分析创业机会。

（1）分析产业与市场结构变迁的趋势

例如，在国有企业民营化及公共部门产业开放市场自由竞争的趋势中，创业者可以在交通、电信、能源产业中发掘较多的创业机会；在政府推出的知识经济方案中，创业者也可以寻找到许多新的创业机会等。

（2）分析人口统计资料的变化趋势

例如，单亲家庭快速增加、妇女就业的风潮、老龄化社会的现象、教育程度的变化、青少年国际观的扩展等，必然提供许多新的市场机会。

（3）分析价值与认知的变化趋势

例如，人们对于饮食需求认知的改变，造就了健康食品等行业的兴起。

2. 问题发现法

识别创业机会的另一种方法是寻找问题，从问题中找到解决问题的方法。问题发现法即着眼于问题以发现机会的方法。每个问题都是一个被精巧掩饰的机会。寻找机会首先要善于发现问题、解决问题，许多成功的企业都是从解决问题起步的。顾客的需求在没有被满足之前都是问题，而设法满足这一需求就可以抓住市场机会。创业时应着眼于那些令人们苦恼和困扰的事。因为是苦恼、困扰，所以人们总是迫切地希望解决它。对于这些问题，创业者如果能提供解决的办法，实际上就是找到了创业机会。

3. 市场研究法

市场研究是经营决策的前提。只有充分认识市场、了解市场需求、对市场做出科学的分析判断，决策才具有针对性。市场研究是指为实现收集、分析信息的目的而进行研究的过程，包括将相应问题所需的信息具体化、设计信息收集的方法、管理并实施数据收集过程、分析研究结果、得出结论并确定其含义等。市场研究可以由创业者进行，也可以由外部供应商或顾问进行。中国市场受政策影响很大，新政策出台往往引发新商机，如果创业者善于研究市场和利用政策，就能抓住商机、站在潮头。

4. 技术创新跟踪法

创造发明产生了新的知识、新的技术，如网络电话、电子邮件等产业的变更和产品的替代，既满足了顾客需求，同时也带来了前所未有的创业机会。任何产品都有其生命周期，产品会不断趋于成熟直至走向衰退，最终被新产品所代替。创业者如果能够跟踪产业发展和产品替代的步伐，就能够通过技术创新不断寻求到新的发展机会。

三、评估创业机会

（一）优质创业机会的特征

一般而言，有价值的创业机会有以下特征。

①在前景市场中，前五年中的市场需求会稳步快速增长。

②创业者能够获得利用该机会所需的关键资源。

③创业者不会锁定在“刚性的发展路径”上，而是可以中途调整创业的“技术路径”。

④创业者可能创造新的市场需求。

⑤特定机会的商业风险是明朗的，且至少有部分创业者能承受相应风险。

相关链接

对创业者而言，有价值的创业机会必须是既能吸引顾客，又有人、财、物、技术、信息和时间资源作为支撑，在现行商业环境中行得通，并能在机会窗口存在的期间得以实施，若竞争者有了同样的思路，并把产品已推向市场，那么机会窗口就关闭了。因此，对创业机会开发的每一步，都需要进行评价。

（二）创业机会的评价标准

创业机会评价是仔细审查并分析创业的可行性。只有符合一定标准且符合创业者能力和目标的创业机会，才有价值。创业者要以客观公正的心态，按一定标准对创业的可行性进行客观评价。

1. 盈利时间

有价值的创业机会要求项目在两年内盈亏平衡或者取得正现金流。因为大多数创业者资源有限，支撑的时间不能太长，其他的投资者和团队成员也没有这么长时间的耐心。因此，创业机会获得盈利的时间越短越好。

2. 市场规模

只有足够大的市场规模，才可以支撑企业长期生存与发展。创业者若进入一个市场规模较大且处于不断发展中的市场，即使只占有很小的市场份额，也能够生存下来渡过发展期，并且不必担心竞争对手的存在，因为市场足够大，构不成威胁。一般来说，市场规模越大，创业机会越有价值。

3. 资金需要量

富有较大潜力的创业机会往往需要相当大数量的资金支撑。资金需求较大的创业机会，对学生创业者而言是缺乏吸引力的；资金需求较小或处于中等程度的创业机会才是比较有价值的。创业者要根据自己的资金实力和可以动用的资源来评价创业机会，超出能力范围的不应考虑。

4. 投资收益

创业的营利性目标要求创业机会能有较为合理的盈利能力，包括较高的毛利率和市场增长率。毛利率高说明创业项目的获利能力强，市场增长率高表明市场的发展潜力大，投资报酬率高。年投资收益率在25%以上的创业机会是较有价值的；而年投资收益率低于15%的创业机会，难以对创业者和投资者产生吸引力。

5. 成本结构

较低的成本才能带来较大的竞争优势，使创业机会具备较高的价值。低成本优势或者来自技术和工艺的改进以及管理的优化，或者来自规模化，创业机会如果有这方面的特质，对于创业者来说是非常有利的。

6. 进入障碍

资源、政策、市场准入等限制，都可能成为市场进入的障碍。若创业机会面临较大的市场进入障碍，那就不是好的创业机会。同时，虽然进入障碍小，但难以阻止其他竞争对手进入的创业机会，也不是好的创业机会。

7. 退出机制

具备比较理想的获利和退出机制，才便于创业者和投资者获取资金及实现收益。没有退出机制的创业机会是缺乏吸引力的。

8. 控制程度

能够实现对渠道、成本或者价格的较强控制的创业机会，才富有价值。如果市场上不存在强有力的竞争对手，控制程度就较大。如果竞争对手已有较强的控制能力，特别是已经掌握了原材料来源、独占了分销渠道、取得了较大的市场份额、对于价格有较大的决定权，那么新创企业的发展空间就很小。除非这个市场容量足够大，且主要竞争者在创新方面行动迟缓，时常损害客户利益，否则进入机会较小。

9. **致命缺陷**

创业机会不应该有致命的缺陷，存在一个或者多个致命缺陷的创业机会是没价值的。

10. **商业模式**

现代管理学之父彼得·德鲁克说过，当今企业间的竞争不是产品的竞争、不是公司的竞争，更不是人才之间的竞争，而是商品模式的竞争。商业模式作为产品、服务和信息流的一个体系架构，包括各种参与者与他们的角色及其潜在利益，还有企业收入的来源。尽管创业者在机会识别阶段难以设计出完整的商业模式，但是商业模式设计必须事先加以论证。

（三）评估创业机会的方法

1. **定性评价方法**

斯蒂文森等人（1994）认为对创业机会的充分评价，需要考虑以下几个重要问题。

①机会的大小、存在的时间跨度和随时间成长的速度等问题。

②潜在的利润是否足够弥补资本、时间和机会成本的投资，带来令人满意的收益。

③机会是否开辟了额外的扩张、多样化或综合的商业机会选择。

④在可能的障碍面前，收益是否会持久。

⑤产品或服务是否真正满足了目标市场真实的需求。

隆杰内克等人（1998）提出了评价创业机会的 5 项基本标准。

①对产品有明确界定的市场需求，推出的时机也是恰当的。

②投资的项目必须拥有持久的竞争优势。

③投资必须具有一定程度的高回报，从而允许一些投资中的失误。

④创业者和机会之间必须相互适合。

⑤机会中不存在致命的缺陷。

2. **定量评价方法**

（1）标准打分矩阵法

标准打分矩阵法是通过选择对创业机会成功有重要影响的因素，并由专家小组对每一个因素进行最好（3 分）、好（2 分）、一般（1 分）三个等级的打分，最后求出每个因素在各个创业机会下的加权平均分，从而可以对不同的创业机会进行比较。表 5 - 1 中列出了其中 10 项主要的评价因素，在实际使用时可以根据具体情况选择其中的全部或部分因素来进行评估。

表 5 - 1　　标准打分矩阵

标准	专家打分			
	最好（3 分）	好（2 分）	一般（1 分）	加权平均分
易操作性				

续 表

标准	专家打分			
	最好（3分）	好（2分）	一般（1分）	加权平均分
质量和易维护性				
市场接受性				
增加资本能力				
投资回报				
专利权状况				
市场大小				
制造的简单性				
口碑传播力				
成长潜力				

（2）温斯丁豪斯法

温斯丁豪斯法（Westinghouse）实际上是计算和比较各个机会的优先级，可利用下面的公式进行计算。

$$\frac{\text{技术成功率} \times \text{商业成功率} \times (\text{价格} - \text{成本}) \times \text{投资生命周期收入}}{\text{总成本}} = \text{机会优先级}$$

在该公式中，技术和商业成功的概率是以百分比（0～100%）表示的，成本以单位产品成本计算，投资生命周期收入是指可以预期的所有收入，总成本包括研究、设计、制造和营销费用各个环节的成本之和。对于不同的创业机会，将具体数值带入计算，特定机会的优先级越高，该机会就越有可能成功。

（3）珀泰申米特法

珀泰申米特法是计算创业机会的成功潜力指标。对于每个评价因素来说，不同选项的得分可以从 -2 分到 +2 分，通过对所有因素得分的相加得到最后的总分，总分越高说明特定创业机会成功的潜力越高。只有那些最后得分高于 15 分的创业机会才值得创业者进行下一步的策划，低于 15 分的都应被淘汰。

表 5-2　　珀泰申米特法评价

评价因素	得分
对于税前投资回报率的贡献	
预期的年销售额	
生命周期中预期的成长阶段	
从创业到消费额高速增长的预期时间	
投资回收期	

续 表

评价因素	得分
获得领先地位的潜力	
商业周期的影响	
为产品制定高价的潜力	
进入市场的容易程度	
市场试验的时间范围	
销售人员的要求	
总分	

（4）贝蒂的选择因素法

在贝蒂（Baty）的选择因素法中，通过对 11 个选择因素的设定来对创业机会进行判断，如表 5－3 所示。如果某个创业机会只符合其中的 6 个或更少，这个创业机会的成功机会较小；相反，如果这个创业机会符合其中的 7 个或者更多，那么这个创业机会将大有希望。

表 5－3　　贝蒂的选择因素法判断

选择因素	是/否
这个创业机会现阶段是否只有你一个人发现了	
初始的产品生产成本是否可以承受	
初始的市场开发成本是否可以承受	
产品是否具有高利润回报的潜力	
是否可以预期产品投放市场和达到盈亏平衡点时间	
潜在的市场是否巨大	
你的产品是否是高速成长的产品家族中的第一个成员	
你是否拥有一些现成的初始用户	
是否可以预期产品的开发成本和开发周期	
是否处于一个成长中的行业	
金融界是否能够理解你的产品和顾客对它的需求	
总分	

（5）蒂蒙斯创业机会评价模型

创业机会的有效识别依赖于客观和主观两个方面：客观上良好的评价系统和评价指标及主观上创业者能够正确获得信息和感知机会的能力。一些研究中提到了部分创业者与创业机会识别的个人特性，包括警觉性、风险感知、自信、已有的知识、社会网络等。

蒂蒙斯（Timmons，1999）总结出一个包含八类分项指标的创业机会评价模型，如表5－4所示。蒂蒙斯认为，现实中有成千上万适合创业者的特定机会，未必能与这个评价模型相契合，但该模型是目前包含评价指标比较完整的一个体系。该评价体系提供了一些量化方式，使创业者可以对行业和市场、竞争优势、经济结构和收获条件、管理团队、致命缺陷问题做出判断，并评估这些要素加起来是否可以组成一个有足够吸引力的商机。一些风险投资商、政府基金和创业大赛就是借用了该模型对创业项目进行评价。

表5－4　蒂蒙斯创业机会评价模型

评价因素	评价内容
行业与市场	市场容易识别，可以带来持续收入
	顾客可以接受产品或服务，愿意为此付费
	产品的附加价值高
	产品对市场的影响力高
	将要开发的产品生命长久
	项目所在的行业是新兴行业，竞争不激烈
	市场规模大，销售潜力达到1000万～10亿美元
	市场成长率在30%～50%，甚至更高
	现有厂商的生产能力几乎完全饱和
	在五年内能占据市场的领导地位，达到20%以上
	拥有低成本的供货商，具有成本优势
经济因素	达到盈亏平衡点所需要的时间在1.5～2年以下
	盈亏平衡点不会逐年提高
	投资回报率在25%以上
	项目对资金的要求不是很大，能够获得融资
	销售额的年增长率高于15%
	有良好的现金流量，能占到销售额的20%，甚至30%以上
	能获得持久的毛利，毛利率达到40%以上
	能获得持久的税后利润，税后利润率要超过10%
	资产集中程度低
	运营资金不多，需求量是逐渐增加的
	研究开发工作对资金的要求不高

续　表

评价因素	评价内容
收货条件	项目带来附加价值的具有较高的战略意义
	存在现有的或可预料的退出方式
	资本市场环境有利，可以实现资本的流动
竞争优势	固定成本和可变成本低
	对成本、价格和销售的控制较高
	已经获得或可以获得对专利所有权的保护
	竞争对手尚未觉醒，竞争较弱
	拥有专利或具有某种独占性
	拥有发展良好的网络关系，容易获得合同
管理团队	拥有杰出的关键人员和管理团队 创业团队是一个优秀管理者的组合
	行业和技术经验达到了本行业内的最高水平
	管理团队的正直廉洁程度能达到最高水平
	管理团队知道自己缺乏哪方面的知识
创业家的个人标准	个人目标与创业活动相符合
	创业家可以做到在有限的风险下实现成功
	创业家能接受薪水减少等损失
	创业家渴望进行创业这种生活方式，而不只是为了赚大钱
	创业家可以承受适当的风险
	创业家在压力下状态依然良好
理想与现实的战略性差异	理想与现实情况相吻合
	管理团队已经是最好的
	在客户服务管理方面有良好的服务理念
	所创办的事业顺应时代潮流
	所采取的技术具有突破性，不存在许多替代品或竞争对手
	具备灵活的适应能力，能快速地进行取舍
	始终在寻找新的机会
	定价与市场领先者几乎持平
	能够获得销售渠道，或已经拥有现成的网络
	能够允许失败
致命缺陷	不存在任何致命缺陷

在实际中，可以将以上评价方法适当综合起来运用，也可以延伸，更加广泛地应用于对创业企业的分析和研究当中。

任务二　选择电子商务创业类型

随着电子商务的发展越来越成熟，选择电子商务创业的人也越来越多。创业之初，电子商务创业类型的选择有着指引企业发展方向的战略性意义。成功的道路千万条，选择比努力更重要。因此，了解电子商务的类型，合理、科学地选择适合自己创业的类型是十分有必要的。

一、电子商务的分类

（一）电子商务 B2B 模式

B2B 是 Business-to-Business 的缩写，是指企业与企业之间通过互联网进行数据信息的交换、传递，开展交易活动的商业模式。

在这种模式下，B2B 网站可以分为两类，即综合 B2B 网站和垂直 B2B 网站。综合 B2B 网站面向所有行业内的企业提供服务，如阿里巴巴、中国制造网等，在这类网站上，可以查询到各行各业的企业产品信息。垂直 B2B 网站面向某一类行业的企业提供服务，如中国化工网，在上面只能查询到和化工相关的产品。

（二）电子商务 B2C 模式

B2C 是 Business-to-Customer 的缩写，即企业通过互联网为消费者提供一个新型的购物环境——网上商店，消费者通过网络进行网上购物、网上支付等消费行为。

在这种模式下，B2C 网站可以分为两类，一类是综合 B2C 网站，该类网站向消费者提供各个类型的商品，如天猫、京东，在这类网站上，消费者可以购买到各行各业的产品；另一类是垂直 B2C 网站，该类网站向消费者提供同一类型的商品，如钻石小鸟，消费者在该网站上只能购买到和钻石相关的产品。

（三）电子商务 C2C 模式

C2C 是 Customer-to-Customer 的缩写，它是消费者个人之间的电子商务行为，即一个消费者通过网络与另一个消费者进行交易。

我国 C2C 模式开始于 1999 年的易趣网，而 2003 年淘宝网的成立，意味着我国 C2C 模式新一篇的开端。2006 年，腾讯推出了拍拍网，2008 年，百度也推出了百度“有啊”。在经历了群雄激战后，易趣网、拍拍网、百度“有啊”这些 C2C 网站均已消失，目前只剩下淘宝网这一巨头。

（四）电子商务 O2O 模式

O2O 即 Online-to-Offline（在线离线/线上到线下），这个概念最早来源于美国，是指将线下的商务机会与互联网结合，让互联网成为线下交易的前台。O2O 的概念非常广泛，只要产业链中既涉及线上，又涉及线下，就可通称为 O2O。

O2O 模式的关键点是在网上寻找消费者，然后将他们带到现实的商店中，它是支付模式和为店主创造客流量的一种结合。O2O 模式更偏向于线下，更利于消费者，让消费者消费得比较踏实。O2O 模式里面做得比较好的企业有美团、绫致、佐卡伊、上品折扣、居然之家等。

二、选择电子商务创业类型

电子商务创业的类型主要有网店创业、自建商务平台的创业、提供技术服务的创业和基于校园网的电子商务创业。

（一）网店

电子商务创业的第三方平台主要包括淘宝、天猫、京东等，如图 5－2 所示为第三方移动平台首页。网店主要利用网络进行商品销售，客户可以在相应官网上搜索到商品，根据商品介绍及价格进行购买，过程中有客服服务。购买下单通过网络银行进行付款，卖家按照客户所填写的收货地址进行快递发送。

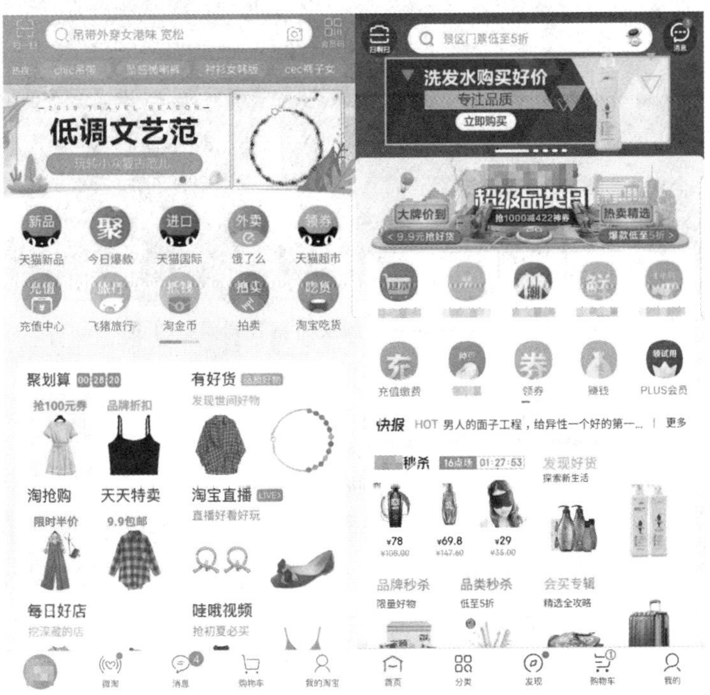

图 5－2　第三方移动平台首页

（二）自建商务平台

这种类型主要指创业者自主建立网站，通过网站来营销产品或者提供服务。这种模式对创业者的技术要求高，而且会花费很多资金，给创业带来较多困难。但对于有实力的企业来说仍不失为一种好的营销手段，如苏宁易购 B2C 电子商务平台。

（三）提供技术服务

该类型对专业知识要求比较高，专业性较强。提供技术服务主要要求创业者了解网站建设、网络营销推广、搜索引擎优化等相关专业知识与技能，用所学知识给相应企业提供他们所需要的网站服务。

舒义（国内最早的 Web 2.0 创业者之一）成立的北京力美科技有限公司，在两年内发展为国内领先的移动营销解决方案公司，为广告主、开发者、广告公司提供精准、高效、便捷的移动互联网广告服务。

图 5－3　某移动营销解决方案公司网站首页

（四）基于校园网的电子商务创业

在校园网的基础上，建立能够为师生提供服务的电子商务创业模式，包括学习、工作和生活各个方面。大多数学生习惯利用网络做校园订餐网站，采用送外卖的形式进行创业，当然还有二手物品交易网站，可以交换或者买卖自己需要或不需要的物品，包括手机、书本、自行车、电脑等。

相关链接

电子商务创业商业模式

从价值创造的视角对电子商务创业商业模式进行分析，具体而言主要包括以下几个方面：价值发现、价值主张，价值创造、价值传递，价值实现和价值分配，具体的逻辑关系如图5-4所示。

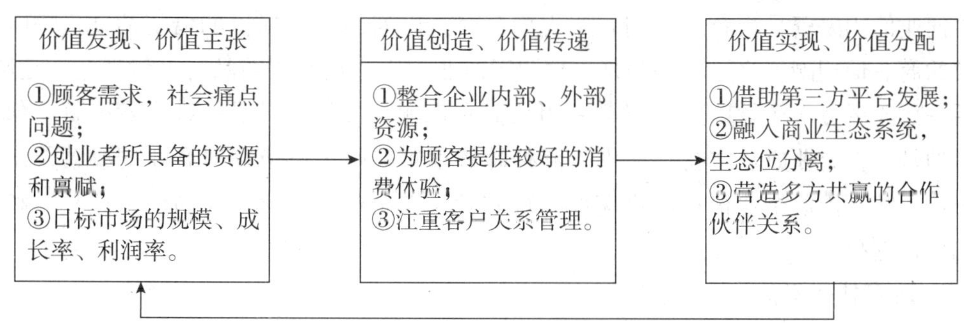

图5-4　电子商务创业商业模式的逻辑关系

任务三　筹集创业资金

“巧妇难为无米之炊”，如果没有资金，一切就无从谈起。拥有的资金越多，可选择的余地就越大，成功的机会就越多。对于广大的创业者来说，创业初期最大的困难就是如何筹集资金。

一、筹集创业资金的途径

目前我国创业筹集资金呈现难度大、渠道少、成本高以及阶段性特点鲜明的特征，因此，创业企业可采用的筹集资金方式可以细分为以下十二种。

1. 自我融资

企业在创立初期和经营过程中很重要的一个资金来源和筹资方式就是依靠家人和自己多年的积蓄融资。这种融资方式的优点是有利于创业者控制企业，占有绝大部分的股份，可以长期使用，并且不需要还本；缺点是筹资数额往往有限，筹资风险较大，一旦创业或经营失败，个人及家人多年的积蓄将付之东流。

2. 亲情融资

新创企业筹资的另外一个渠道就是从亲朋好友处借钱，然后实现融资。这也是在寻找初创资金和扩大经营规模时，创业企业比较容易采用的筹资方式。这种筹资方式的优点是筹措资金速度快、风险小、成本低、方便快捷灵活；缺点是会给亲朋好友带来资金风险，甚至资金损失，如果创业或经营失败，可能会影响双方的感情。因此，诚信在创业过程以及经营过程中都很重要。

3. 合伙人融资

合伙人融资是祸福同享的共同投资。它的优点是既可以有效筹集到资金，还可以充分发挥人才的作用，有利于整合和利用各种资源，尽快形成生产能力，降低创业风险；缺点是合伙人多了，就容易产生意见分歧，降低办事效率，还可能因为权利与义务的不对等而产生合伙人之间的矛盾，不利于合伙企业的稳定。

4. 商业信用融资

商业信用融资是指企业之间在买卖商品时，以商品形式提供的借贷活动。赊购是主要的商业信用融资之一。赊购是一种利用商业信用，在购买商品时不付现金先记账，以后一次或者分次还款以减少资金占用从而实现融资的形式，是一种自然融资。值得注意的是，在企业成立之初，从供应商处赊货很难，因为供应商对企业的经营及未来状况不了解，因此企业很难从供应商处赊到货。在企业已经步入正轨时，这是一种不错的融资选择。

5. 政府扶持资金

企业创立初期，特别是学生创办企业，国家会有相应的政策扶持。政策扶持资金是创业者的“免费皇粮”，它的优点是扶持资金一般都是免费的，降低或免除了筹资成本，而且不用担心投资方的信用问题；缺点是申请扶持资金有严格的申报要求，而且政府每年的投入有限，筹资者必须面对与其他筹资者的竞争。

6. 金融机构贷款

金融机构贷款是银行、信托公司、金融公司等金融机构根据国家政策，以一定的利率将资金贷放给资金需要者并约定归还期限的一种经济行为。金融机构贷款在创业者中很有群众基础，主要是因为金融机构贷款形式灵活多样，有抵押贷款、信用贷款、担保贷款、贴现贷款等。金融机构贷款融资的优点是方便灵活，期限和类型较多，风险较小，不涉及企业资产所有权的转移；缺点是申请手续比较麻烦，筹集资金的数量有限，利率较高，一旦金融机构因企业无力偿还而停止贷款，就可能使企业陷入困境，甚至导致企业破产。

7. 典当融资

典当融资是借款人将有较高价值的物品质押在典当行、以物换钱的融资方式。民间有“急事告贷，典当最快”的说法，因此典当融资主要解决救急资金。典当行目前已成为公民、中小企业获取小额融资、周转资金的最佳选择。典当融资的基本类型大致包括应急型典当、投资型典当和消费型典当。其中，投资型典当是指以生产经营融资为目的的典当形式，企业一般利用手中闲置物资或设备等从典当行获取一定量的资金，然后投到生产或经营中，将死物变成活钱，利用投融资的时间差获取收益。典当融资的典当费率虽然高于银行同期贷款利率，但对于急需资金的创业者来说，也是一个比较方便的融资渠道。

8. **融资租赁**

融资租赁是指出租人根据承租人对租赁物件的特定要求和对供货人的选择，出资向供货人购买租赁物件并租给承租人使用，承租人则分期向出租人支付租金的经济行为。在租赁期内，租赁物的所有权属于出租人，使用权属于承租人。它的优点是在交付部分资金的情况下就能够拥有该固定资产的使用权，实现融资和融物的结合。在实际的筹资过程中，有时也可以将融资租赁和向商业银行贷款联合运用。此外，当承租人出现问题时，租赁公司因为可以回收处理租赁物，所以在办理融资时，对企业资信和担保的要求不高，是创业者比较容易采用的一种融资方式。它的缺点是融资成本比较高，潜在的风险较大，一旦企业亏损则无法归还到期的融资费用，并产生一系列的消极影响。

9. **天使投资**

天使投资是企业初创期可以采用的一种筹资方式，它对具有巨大发展潜力的初创企业进行早期投资，是一种自发而又分散的民间投资方式，也是风险投资的一种。需要注意的是，天使投资与风险投资是有区别的，天使投资一般是在申请投资的人具有明确市场计划时就已经开始投资，而风险投资公司是暂不接受这些市场计划或想法的，也不会投资。

这种筹资方式的优点是作为风险投资的一种，相比其他风险投资，其门槛较低，有时即便是一个创业构思，只要有发展潜力就能获得资金，而风险投资一般对这些尚未诞生的想法兴趣不大；缺点是申请成功的概率不是很高。分析原因，一方面是我国的天使投资还不够成熟、发达，另一方面是投资人对企业的创业项目要求较高。

目前，我国天使投资人可以分为富有的个体投资者、家族型投资者、天使投资联合体以及合伙人投资者等几种类型。国内成功的企业家、有远见的资产阶层都在积极转型为天使投资人，成为我国储蓄型财富持有者转型为权益型投资人的先驱。

10. **风险投资**

根据美国风险投资协会的定义，风险投资是由职业金融家投入到新兴的、迅速发展的、具有巨大竞争潜力企业中的一种权益资本。从投资行为的角度讲，风险投资是把资本投向蕴藏着失败风险的高新技术及其产品的研究开发领域，旨在促使高新技术成果尽快商品化、产业化，以取得高资本收益的一种投资过程。从运作方式来看，是指由专业化人才管理下的投资中介向特别具有潜能的高新技术企业投入风险资本的过程，也是协调风险投资家、技术专家、投资者关系，利益共享，风险共担的一种投资方式。

风险投资的方式主要有三种：一是直接投资，二是提供贷款或贷款担保，三是提供一部分贷款或担保资金，同时投入一部分风险资本购买被投资企业的股权。风险投资人分为风险资本家、风险投资公司、产业附属投资公司和天使投资人，一般对高科技、高成长潜力的企业投资，以获得潜在的高收益。

这种融资方式的优点是投资期限一般较长，资金流动性不高，资金流供给稳定。

投向处于早期发展阶段的小微企业，可以满足其技术创新、产品研发、组织营销等各环节以及不同发展阶段对资金的需求。此外，投资者与企业是风险利益共同体，因而会积极参与企业经营管理。风险投资严格规范的运行机制可对企业进行财务监督以保证其遵守各种法律法规政策的规定，可规范企业行为，保护知识产权，提高其自主研发能力。

11. 众筹融资

众筹融资是创业者把自己的产品原型和创意提交到众筹平台发起募集资金，由感兴趣的人来捐献指定数目资金的融资方式。有了这一平台的帮助，任何有想法的人都可以启动一个新产品的设计生产并进行创业。一般来说，创业众筹有三种模式，分别为凭证式、会员制和股权式。创业股权式的众筹，在中国已经有了不少案例，也获得了社会的极大关注。越来越多的国外创业者开始在众筹网站募集资金，国内也出现了很多出色的众筹平台，如天使汇、大家投、点名时间、追梦网等。

12. 私募融资

私募融资是指不采用公开方式，而通过私下与特定的投资人或债务人商谈，以招标等方式募集资金。私募融资的形式多样，主要取决于与当事人之间的约定，如向银行贷款，获得风险投资等。

私募融资分为私募股权融资和私募债务融资。私募股权融资是指融资人通过协商、招标等非社会公开方式，向特定投资人出售股权的融资，包括股票发行以外的各种组建企业时的股权筹资和随后的增资扩股。私募债务融资是指融资人通过协商、招标等非社会公开方式，向特定投资人出售债权进行的融资，包括债券发行以外的各种借款。

私募债券发行的优点有发行成本低，对发行机构资格认定标准较低，不需要提供担保和信用评级，信息披露程度要求低，有利于建立与业内机构的战略合作等。私募债券发行的缺点是只能向合格投资者发行。在我国，合格投资者是指注册资本金达到一千万元以上，或者经审计的净资产在两千万元以上的法人或投资组织。此外，定向发行债券的流动性较低，只能以协议转让的方式流通，只能在合格投资者之间进行，限制较多。

二、学生筹集创业资金的现状

学生创业是指学生改变旧的就业观念，充分利用自己的知识、才能和技术，以自筹资金、技术入股、寻求合作等方式创立新的就业岗位，即不做现有就业岗位的竞争者，而是为自己、为社会更多的人创造就业机会。学生创业，最大的问题就是资金支持。对于任何创业者而言，资金问题都是最大的“拦路虎”，对学生而言，资金问题更加凸显。尽管各级政府将引导和鼓励学生创业作为缓解学生就业矛盾的重要途径之一，但受政策不完善、资金投入不足和青年创业经验欠缺等问题影响，目前学生创业仍未显现良性发展趋势，而资金不足是制约学生创业的主要瓶颈。

1. **相关政策和舆论支持不够**

首先，在政府支持层面，对于学生自主创业的扶持，主要在于简化审批手续，免费提供政策、法规和信息咨询服务和减免征税等方面的优惠政策，但是其中有些政策很难操作，尤其是在融资渠道和税收优惠等关系到学生创业的关键问题上，创业的学生们并没有享受到真正的扶持。其次，在社会舆论层面，关注的焦点集中在学生的就业方面，很多学校为提高就业率的数据，统一口径把学生创业纳入就业率的统计中，而对学生创业则采取“不闻不问”的态度。而且在很多学生和家长的观念中，毕业后直接进行创业是没有单位接收、学生未被学校和社会认可的表现，因此学生毕业的首选多是到单位就业。

2. **融资渠道不畅**

其一，有创业意愿的学生多数存在自有资金积累不足的情况，而目前多数学校迫于自身办学经费的限制，很难拿出充足的专项资金保障学生创业活动的顺利实施；其二，在常见的商业融资手段中，由于创业学生的信用等级难于评定，银行对其授信贷款持高度谨慎态度，不易获得；其三，学生选定的创业项目受经历、眼界所限，多数难以获得风险投资者的青睐；其四，其余诸如典当融资、融资租赁等方式则因为学生创业者自身所拥有的现实资产的规模有限，很难获得较大额度的资金支持。

三、创业资金筹集的策略

在筹集创业资金的过程中，不同的创业项目会对应不同的筹集渠道和手段，这些渠道和手段都不是唯一的，需要创业者去分析和把握，正确、合理地选择。创业资金的筹集不单单是能力和技术的问题，更要有策略地进行。通常，筹资之初，需要从以下几个方面进行。

1. **建立个人信用**

个人信用是整个社会信用的基础。创业者需要有建立良好信用的意识，要养成使用信用卡的习惯，坚持做到按时足额还款，让信用报告记载下自己的守信行为，若今后有借贷需求，可以让贷款机构对自己的个人信用感到全然放心，打消资金有去无回的顾虑。

2. **积累人脉资源**

每个人的人脉资源都是有限的，人脉资源也是一种投资。创业者平时要注意积累人脉资源，不要事到临头才去找人帮忙，人脉的形成需要很多时间和精力，人脉资源可以通过合作交流、关心、帮助、友情、亲情等进行维护，并不断巩固。

3. **估算创业资金**

企业的创业资金是指创办企业并使其正常经营所需要筹集的资金。企业的创业资金可以根据具体用途分为投资资金和流动资金两大类。投资资金是创办企业购置的固定资产和无形资产、筹建时支付的开办费以及其他投入所需资金的总和。不论创办什么性质的企业，都要把必要的投资降到最低限度，以减少企业的经营风险。流动资金是企业日常经营所需要支出的资金，一般金额较小，资金回收的速度比较快。正确地估算创业资金，首先要找到真实可靠的信息，其次要选择科学的计算方法精确测算所需要的资金，包括启动资金、营业收入、营业成本和利润的估算，编制预计财务报表，结合企业发展规划预测融资需求量。

4. 融资方式的选择

筹资渠道解决的是资金来源问题，筹资方式则解决通过何种方式取得资金的问题，它们之间存在一定的对应关系。一定的筹资方式可能只适用于某一特定的筹资渠道，但是，同一渠道的资金往往可采用不同的方式取得，同一筹资方式又往往适用于不同的筹资渠道。因此，企业在筹资时，应实现两者的合理配合。新创企业一般经历种子期、创业期、成长期和成熟期四个阶段。不同的阶段，融资数量、融资渠道以及融资方式有着不同的特点，创业者要做到融资方式选择与融资阶段、融资需求以及融资渠道相匹配。

5. 融资推介及谈判

创业计划是新创企业进行融资谈判的必备工具，投资者尤其是风险投资者，只有看到创业计划，才会跟创业者谈判。因此，创业者需要针对风险投资者制订专门的创业计划书，向风险投资者推销项目，说服风险投资者，让其充分了解企业各个方面的情况和市场前景。创业者应注意把风险投资者最感兴趣的内容明了地写出，清晰地将创业构思以书面形式表现出来，以坚定其投资信心。可以说，创业计划的好坏决定着融资的成败。

在提交创业计划书并和风险投资者正式讨论计划之前，创业者需做好四个方面的心理准备：一是准备应对各种问题以考察创业项目潜在的收益和风险；二是准备应对风险投资者对企业的查验；三是准备放弃部分业务；四是准备做出妥协。

创业者必须要明白的问题是自己的创业目标与风险投资者的目标不可能完全相同。因此，在正式谈判前，创业者要考虑的第一个也是最重要的问题就是为了满足风险投资者的要求，自己能有多大的妥协空间。另外，创业者还应该掌握必要的应对技巧。引资谈判通常需要通过若干轮次才有可能完成。创业者需要特别注意的是，在谈判中要尽量让风险投资者认识到企业的价值。

任务四　创建电子商务创业团队

团队是一个特殊的群体，现代创业活动更多采取团队合作的形式。团队成员对创业者来说或是合伙人，或是核心员工，都发挥着重要的作用。许多闻名世界的企业之所以成功，经验之一就是拥有一支优秀的团队。团队管理已经成为新世纪管理领域的重要组成部分。

一、创业团队的组建

（一）创业团队的构成要素

团队由一群互补互助的人组成，为了共同的目标，采用相互认同的做事方法和规则，并在完成目标的过程中建立起感情，这就意味着团队是人、事、法、情四方面的联结。当今社会是一个竞争与合作的社会，仅靠一个人单打独斗是很难成功的，因此，创业需要组建团队。

创业团队也被称作初始合伙人团队，是指在创业初期（包括企业成立前和成立早期），由一群有一定利益关系、才能互补、责任共担、愿为共同的创业目标而奋斗，并处在新创企业高层管理位置的人所组成的特殊群体。一旦一群人团结起来形成合力，就会形成商业利益的来源，使得团队整体绩效大于个人绩效之和。一般而言，创业团队的构成主要包含五大要素。

1. 目标

目标是将人们的努力凝聚起来的重要因素，从本质上来说创业团队的根本目标都在于创造新价值。一个成功的创业团队，必须要有共同目标，只有具有共同目标的团队才有凝聚力和战斗力。

2. 成员

成员是创业团队的核心力量。人作为知识的载体，所拥有的知识对创业团队的贡献程度将决定企业在市场中的命运。团队成员之间的优势互补是创业成功的关键，创业者应充分考虑团队成员的能力、性格等方面的因素，以此来达到团队的平衡，充分发挥团队的优势。

3. 定位

定位是指建立团队的组织结构，明确创业团队内部组成及相互职权关系。团队的组织结构可以通过组织结构图来反映。组织结构图是指通过规范化结构图的方式展示公司的内部组成及职权、功能关系，它能够简洁明了地展示组织内的等级与权力、角色与职责、功能与关系。组织结构图还有助于帮助新员工了解和认识公司。图5－5是一张直线制组织结构图，这种组织结构权责清晰、职责明确，很好地诠释了部门之间的职权关系。

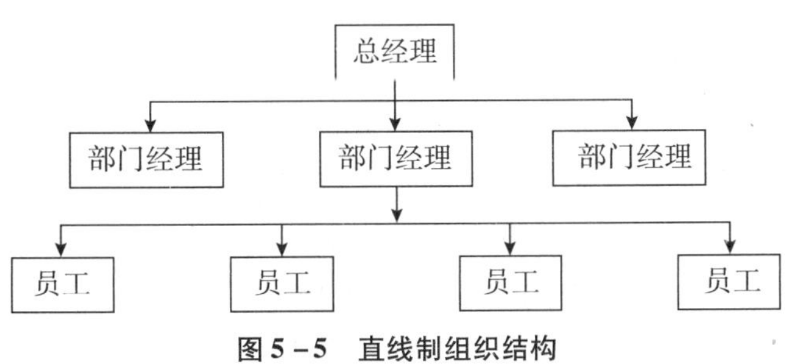

图5－5　直线制组织结构

4. **职权**

职权是指创业团队担负的职责和享有的权限，是创业团队目标和定位的延伸。一般来说，在创业初期，领导权相对集中，团队越成熟，领导者拥有的权力越小。在确定团队权限时，要考虑组织规模、业务类型等因素，以确定授予何种权限及权限大小等。

5. **计划**

计划是指创业团队未来的发展规划，即制订成员在不同阶段分别要做哪些工作以及怎样做的指导计划。计划是团队目标和定位的具体体现，可行的计划便于创业目标的有效实施，以及实施过程的控制和调整。

（二）创业团队的类型

1. **星状创业团队**

这种类型的创业团队中一般有一个核心主导人物充当领军角色。这种团队在形成之前，一般是核心主导人物有了创业的想法，然后根据自己的设想进行创业团队的组织。因此，在团队形成之前，核心主导人物已经就团队组成进行过仔细思考，根据自己的想法选择相应人物加入团队。这些加入创业团队的成员也许是熟悉的人，也有可能是不熟悉的人，在企业中更多时候是支持者角色。例如，美国太阳微系统公司是开放式网络计算的领导者，该公司创业之初，由维诺德·科斯拉确立了多用途开放工作站的概念，接着他找了两位分别在软件和硬件方面的专家和一位具有实际制造经验和人脉资源的管理者，最终组成了太阳微系统公司的创业团队。这种创业团队就是典型的星状结构。

2. **网状创业团队**

这种创业团队的成员一般在创业之前都有密切的关系，比如同学、亲友、同事、朋友等。一般都是在交往过程中，共同认可某一创业想法，并在达成创业共识后，开始共同创业。在创业团队组成时，没有明确的核心人物，大家根据各自的特点自发地组织角色定位。因此，在企业初创时期，各成员基本上扮演的是协作者或者伙伴角色。比如微软的比尔·盖茨和童年玩伴保罗·艾伦，惠普的戴维·帕卡德和他在斯坦福大学的同学比尔·休利特等，这些知名企业的创建多是创业者先结识，然后互动激发出创业点子而合伙创立的。

3. **虚拟星状创业团队**

这种创业团队基本上是以上两种团队类型的中间形态。在团队中，有一个核心成员，但是核心成员地位的确立是团队成员协商的结果。因此核心成员从某种意义上说是整个团队的代言人，而不是主导型人物，其在团队中的行为必须充分考虑其他团队成员的意见，不像星状创业团队中的核心主导人物那样有权威。

以上三种创业团队优缺点的比较，如表 5 – 5 所示。

表5－5　　三种创业团队优缺点的比较

类型	优点	缺点
星状创业团队	决策程序简单、效率较高；组织结构紧密，稳定性较好	权力容易过分集中；当成员和主导人物冲突无法调和时，成员往往选择离开
网状创业团队	成员地位较平等，利于沟通；成员关系密切，易达成共识；成员不会轻易离开	结构较松散，易形成多头领导；决策效率相对较低，易导致团队的涣散
虚拟星状创业团队	核心成员具有一定威信；既不过度集权，又不过于分散	核心人物行为必须充分考虑其他成员意见，不如星状创业团队的核心主导人物有权威

（三）创业团队的组建原则

组建创业团队一般要遵循“树立正确的团队理念，确立明确的团队发展目标，建立责、权、利相统一的团队管理机制”的原则，应做到如下几点。

1. 目标明确合理原则

明确合理的目标使团队的任务方向明晰，避免迷失方向或者团队成员目标不一致。

2. 计划实际可行原则

计划实际可行，要求责任落实到个人，落实到具体细节，存在明确的时间期限、控制指标及改进措施。

3. 分工职责明确原则

分工职责明确的最佳状态是所有工作都有人做，成员之间的工作不重复、不交叉，所有工作都由最佳人选做。这样有利于降低交易成本，提高组织效率。

4. 团队动态调整原则

没有一个企业的团队在创建之后固守已有的规模及人员组成。创业过程中往往存在某些团队成员不适合团队文化的情况，达不到标准的成员可能导致整个团队人心涣散。

5. 人员互补原则

从人力资源管理的角度来看，建立优势互补的创业团队是保持创业团队稳定的关键。在筹建一个团队的时候，不仅要考虑成员之间的人际关系、亲情关系，更重要的是考虑成员在能力上和技术上的互补性。

二、创业团队的管理技巧与策略

有效的管理是保持新企业生命力、保持团队士气的关键。由于创业团队本身的动态特征，团队管理就成为贯穿创业团队整个生命周期的工作。创业团队管理的重点就是在维持团队稳定的前提下，发挥团队的多样性优势。

（一）创业文化的引领

所谓创业文化并不是单纯的文化，而是具有可认知性的，知、情、意相统一的文化精神。一般来说，积极的创业文化内涵包括创新、开拓和冒险，即鼓励技术创新、管理创新和文化创新；具有开拓进取、积极向上的激情；具有容许失败和勇敢面对失败的勇气；拥有并弘扬团队精神；注重学习培训，把知识经济时代的科学精神与创业精神相融合等。可见创业文化是在创业及成长过程中逐渐形成的，具有指导、激励、凝聚、规范、导向、约束等作用。

首先，创业领导人开展“整心运动”，形成核心价值观。通过沟通掌握创业团队的共同意识决心，归纳整理成企业的核心价值观，采用立体化手段反复宣扬和传播，让创业团队成员虚心接受、真心付出、用心工作。

其次，创业领导人身体力行，带头实施执行企业文化。作为企业文化的创立者、推动者和践行者，企业创业领导者在确定了价值观体系之后，必须通过象征性的行为、语言、故事等方式表达自己对价值观的关注，从而促使全体创业者共同关注价值观的实现，做到行胜于言。

最后，确保创业文化只能被吸收，不能被稀释。创业型企业势必面临规模的扩大和人员的变动，保存企业文化的精髓是重中之重，可以通过仪式化的宣传、不间断的培训、老员工的示范、选择新人的原则和标准的确立等途径，保持创业文化的认可和发扬。

（二）创业团队的激励

激励是团队管理中极为重要的内容，直接关系到创业企业的生死存亡。有效的激励就是给予创业团队成员以合理的利益补偿，利益补偿可以包括两种形式：物质补偿和精神补偿。

物质补偿包括报酬、期权、工作环境等，其中薪酬是实现有效激励最主要的手段，毕竟收益是创业成功的重要体现。期权激励是一种长期激励，使受奖励人和企业紧密联系在一起，容易激发他们的工作潜能。通常，把传统的以现金为代表的短期经济激励和以期权为代表的长期经济激励结合起来，体现人力资源的价值。

精神补偿包括职位的升迁、权利的扩大、进修和培训、尊重和认同等。随着企业的发展，创业团队管理者将创业成员的工作成效和职业生涯发展、地位提升有效地结合起来，使团队成员之间相互尊重和信任。

（三）加强沟通交流

工作中，沟通的重要性不言而喻。对于创业团队而言，在创业的全过程中，沟通是有效管理团队的最重要的内容之一。可以说，没有沟通就没有成功的企业。创业团队内部良好的沟通交流可以使团队提高工作业绩，同时还可以增强团队凝聚力和竞争力。沟通不仅可以使信息保持畅通，实现信息共享，避免因为信息缺失而出现错误的决策与行为。还可以化解矛盾，增强团队成员彼此之间的信任。在长期合作共事的过程中，成员之间难免有矛盾，缺少沟通会导致相互猜疑、相互埋怨，矛盾会随时间的推移越来越大，最后导致团队的分裂。此外沟通可以有效解决认知性冲突，提高团队决策的质量，促进决策方案的执行。

（四）加强核心创业者自身管理

正人先正己，做事先做人。创业团队的管理者要想管理好职工必须以身作则，并勇于替下属承担责任，要事事为先、严格要求自己，做到“己所不欲，勿施于人”。所谓“火车跑得快，全靠车头带”。一头狮子带领一群绵羊和一只绵羊带领一群狮子的结果绝对不一样。一个平庸的领导只会将下面的员工变为平庸者。所以，团队领导人的管理艺术、技巧、专业技能、性格、人格魅力是一个团队是否有战斗力的关键。

相关链接

试着说下面的话，会让你的团队更加融洽

美国的管理学家雷鲍夫提出著名的雷鲍夫法则。

①最重要的八个字是我承认我犯过错误。

②最重要的七个字是你干了一件好事！

③最重要的六个字是你的看法如何？

④最重要的五个字是咱们一起干！

⑤最重要的四个字是不妨试试！

⑥最重要的三个字是谢谢你。

⑦最重要的两个字是咱们。

⑧最重要的一个字是你。

经常使用这些话，能保障成员之间有效地协调沟通，创造良好的团队氛围。

任务五 制订创业计划书

制订创业计划书不是一件容易的事，需要创业者付出大量的时间和精力。对初创企业来说，创业计划书的作用尤为重要，一个酝酿中的创业计划往往很模糊，通过制订创业计划书可以使创业者对创业计划有更清晰的认识。

一、创业计划书

（一）创业计划书的含义与作用

1. 含义

创业计划书，又称商业计划书，是创业者在创业初期准备的一份书面计划，用以描述创办一个新的企业所相关的内部要素及外部条件，是对特定商业活动详尽筹划后的系统描述。主要用于向投资方和创业投资者说明公司未来发展战略与实施计划，展示自己实现战略和为投资者带来回报的能力，从而取得投资方或创业投资者的支持。创业计划书是引领创业的纲领性文件，是创业者具体行动的指南。

2. 作用

美国硅谷著名的创业和风险投资家盖伊·卡维萨基写道："一旦他们将商业计划写到纸上，那些希望改变世界的天真想法就会变得实实在在且冲突不断。因此，文件本身的重要性远不如形成这个文件的过程。即使你并不试图去集资，你也应当准备一份计划书。"对于初创的企业来说，创业计划书的作用尤为重要。

（1）是创业者准确定位的重要依据

创业者在创业之初，应明确自己的创业理想，规划自己的创业蓝图，明晰自己的创业目标。作为一个酝酿中的项目，一开始往往很模糊，创业者应该以认真的态度提出一个初步的行动计划，详尽地分析自己所拥有的资源、市场存在的机会和威胁、初步的竞争策略等，做到心中有数，然后再逐条推敲，制订一份完整的创业计划书。这样创业者就可以对这一项目有更加清晰的认识，理清创业思路。

（2）是创业者凝聚人心的重要方法

一份清晰的创业计划书对企业的愿景和未来做出了详细的陈述，使管理层和员工对企业及个人的未来充满信心，从而了解个人角色、明确个人任务以及确认自己是否能够胜任，不仅可以使企业迅速壮大，也可以使创业者在创业实践中有章可循，更容易管理企业，增强创业者的自信心。

（3）是创业者整合资源的重要途径

创业计划书的整合作用是一个最根本、最重要的作用。在创业的过程中，各种要素是分散的、各种信息是凌乱的、各种工作是互不衔接的。通过制订创业计划书，创业者可以梳理思路，进行调研，完善信息，从而找到各程序之间的衔接点，最终把各种资源有序地整合、调动起来，形成商业利润，进行最佳要素的组合。这种整合，使各种分散的资源聚拢起来，形成一种增量资源，获得明显的经济效益。

（4）是创业者筹集资金的重要工具

资金是企业的血液，是创业的要素，也是企业能够获得快速发展和崛起的前提。通过向风险投资商、银行、客户和供应商宣传拟建企业及其经营方式，包括企业的产品、营销、市场及人员、制度、管理等各个方面，获得风险投资支持，其中一个重要的途径就是制订创业计划书。

相关链接

当我在哥伦比亚大学商业计划竞赛中担任评委时，我首先会阅读执行摘要，接着是财务部分的内容。当他们提出的概念让我感兴趣时，我才会花时间去认真阅读整个计划。我们从头到尾差不多看了100份商业计划，说实话，阅读这些计划非常困难，在这些计划中只有5%让我感兴趣并想给他们投资。他们构想的确实是一份详细的商业计划。

［美］克利福德·肖勒（哥伦比亚大学商学院尤金朗创业中心创业者）

（二）创业计划书的基本格式

创业计划书通常包括封面（标题页）、保密要求、目录、摘要、正文（综述）、附录几部分。

1. 封面（标题页）

封面（标题页）可以放一张企业的项目或产品彩图，但需留出足够的版面排列以下内容：创业计划书编号、公司名称、项目名称、项目单位、地址、电话、传真、电子邮箱、联系人、公司主页、日期等。

2. 保密要求

保密要求可放在封面（标题页），也可放在次页，主要是要求投资方项目经理妥善保管创业计划书，未经融资企业同意，不得向第三方公开创业计划书涉及的行业秘密。

3. 目录

目录标明部分内容及页码，要注意确认目录页码同内容的一致性。

4. 摘要

摘要是对整个创业计划书的概括，目的在于用最简练的语言将计划书的核心、要点、特色展现出来，吸引读者仔细读完全部文本，因而一定要简练，一般要求两页内完成。

创业计划摘要应从正文中摘录出投资者最关心的问题，包括对公司内部的基本情况、公司的能力以及局限性、公司的竞争对手、营销和财务战略、公司的管理队伍等情况的简明而生动的概括。

相关链接

出色的计划摘要

如果将公司比作一本书，计划摘要就像是这本书的封面，它做得好，就能让读者有兴趣并渴望得到更多的信息，就可以把投资者吸引住，它会使风险投资家有这样的印象："这个公司将会成为行业中的巨人，我已等不及要去读计划的其余部分了。"

5. 正文（综述）

正文是创业计划书的主体部分，要分别从公司基本情况、经营管理团队、产品/服务、技术研究与开发、行业及市场预测、营销策略、产品制造、经营管理、融资计划、财务预测、风险控制等方面对投资者关心的问题进行介绍，要求既有丰富的数据资料，使人信服，又要突出重点，实事求是。

6. 附录

附录是对正文中涉及的相关数据、资料的补充，作为备查。

二、制订创业计划书

（一）创业计划书的内容

各项准备工作就绪之后，创业者应该立即行动，将心中所想书面化。创业计划书应尽可能充实，以便为自己和潜在投资者描绘一个完整的蓝图。一般来说，创业计划书有三大部分。第一，是事业本体的部分，就是事业的主要内容。第二，是财务数据，比如营业额、成本、利润、未来还需要多少的资金周转等。第三，是补充文件，比如专利证明、专业的执照或证书，或者是意向书、推荐函。一份完整的创业计划书包括以下内容。

1. 执行摘要

执行摘要，也可以称为计划摘要或计划概况。执行摘要应该放在创业计划的最前面，也是读者最先阅读的部分，但是这部分的写作却是最后才完成的。执行摘要浓缩了整个创业计划的精华，涵盖了计划的所有要点，只求一目了然，以便读者能在最短的时间内评审计划并做出判断。

读者，尤其是投资者，都希望创业计划开门见山。如果没有执行摘要，就要等看完整个创业计划才能了解企业的情况，这对于认为时间就是金钱的投资者来说是不能容忍的，因为他们没有这么多的时间，更没有这种耐心。投资者看完执行摘要后，如果产生兴趣，那么他就愿意花时间仔细看完全部计划的内容，然后再做决定；否则他是不会继续看下去的，更不会投资。因此，执行摘要的写作很重要，一定要能激起投资者的兴趣，使其有进一步探究项目内容的渴望。

执行摘要应该以简洁的和可信的方式强调创业经营的要点，特别要说明企业自身的不同之处及企业可能成功的因素。具体的内容可能包括公司介绍、主要产品和业务范围、市场情况、营销策略、组织与管理、生产销售、财务计划、资金需求等。

在介绍企业时，首先，要说明创办新企业的思路、新企业的目标和发展战略。其次，要说明企业未来的经营情况，包括自身及竞争对手的经营情况。最后，还要介绍创业者自己和团队其他主要成员的背景、经历、特长等。管理团队的素质对企业成功与否往往起关键的作用。

为了使风险投资家看得懂创业计划，执行摘要应该尽可能通俗易懂；为了让风险投资家在短时间内能够充分理解手中的创业计划，执行摘要应该尽可能简洁；为了引起风险投资家的兴趣，执行摘要应该尽可能地浓缩整份创业计划的精华，把深入探讨的部分放在后文。

2. 产品或服务

投资者最关心的问题之一就是产品或服务是否具有创新性、能否卖得出去、市场有多大、能否盈利。这就要求新企业提供的产品或服务能解决现实生活中的问题，或者能够帮助顾客节约开支、增加收入。

通常产品介绍应包括产品的概念、性能和质量，主要的产品类型，产品的竞争优势，产品的市场前景预测，产品的品牌和专利，产品的成本分析等。

创业者要对产品或服务做出详细的说明，而且说明应该通俗易懂，尽量避免使用专业性很强的术语，应使普通的投资者一看就能明白。一般而言，如果可能，产品介绍应该附上产品的原型、技术图纸或相关照片等介绍资料。撰写产品或服务部分时应力求实事求是，计划中的每一笔承诺都需要企业在未来尽力去兑现。创业者与投资者的合作不是“一锤子买卖”，而应该是一种长期的合作伙伴关系。一旦某一项承诺无法兑现，投资者就会重新考虑与创业者的合作，甚至不再对创业者进行支持。同时，因为承诺无法兑现，企业的信誉就会受损，客户就会流失。这些代价是企业承受不起的，最终可能导致创业者的失败。

3. 组织与管理

（1）组织就是描述企业的组织结构和所有制形式

企业的组织结构包括直线制、直线职能制、事业部制等。在现实中，为了选择合适的组织形式，新创企业应该综合下列因素：行业特点、企业规模、技术复杂程度、市场需求的变化、职工素质的高低、企业内部的分工与布局、管理者的管理水平等。一般来讲，初创企业很多都采用直线制或直线职能制。不管采用何种形式，这部分内容都应该包括初创企业的组织结构图（也可以放在附录中）、部门的划分及各部门的责权利、每一个岗位的要求和职责。

所有制形式就是明确初创企业是独资形式、合伙形式还是公司制形式。依据法律的规定，不同的所有制形式下，创业者承担的责任有很大的差别。

①如果采用个人独资企业形式，创业者要对企业的债务承担无限责任，若企业的资产不足以偿还企业到期债务，就需要用创业者的其他个人可执行资产来清偿这笔债务。也就是说，企业的责任就是创业者个人的责任，企业和创业者的责任连为一体。虽然这种所有制形式加大了创业者的责任和风险，但却向潜在的投资者表明了创业者的信心和决心，有一种“不成功，则成仁”的气势，也容易增强外来投资者的投资欲望。

②如果采用合伙企业形式，创始人就有两个以上，合伙人通常要对企业债务承担连带无限责任。若企业的资产不足以偿还企业的到期债务，所有创始人要以自己的个人财产来清偿公司到期未偿还的债务。正是因为这样，所有创始人都非常关注企业的生产经营状况，甚至直接参与企业的日常经营运作。采用合伙企业形式，应该签订合伙协议，需要明确合伙人之间的分工，明确各合伙人的责权利，以免出现职责冲突和利益纠纷。有资料显示，2/3 的合伙企业解散的主要原因是合伙人的利益发生了变化或者合伙人之间发生了冲突。同时，这类企业创始人的自有资金规模一般较个人独资企业大，有利于从外部获得资金支持。

③如果采取公司制形式，创业者只需承担有限责任。如果公司不能偿还到期债务，创业者（股东）仅以其对公司的投资额为限来对公司债务承担责任，债权人没有权利要求创业者（股东）拿出个人的其他财产来替公司还债。这有利于降低创业者的风险，但法律要求创业者投入的资金规模较大。这种所有制形式是现代企业制度的要求，也是实践中采用最多的形式。在创业计划中应该说明企业采用的所有制形式、每一位投资者投入资金的数量和形式、每一位投资者承担责任的形式、投资者的责权利、企业的管理机构设置及其职权等。

（2）管理就是强调管理团队的问题

创业的成败在很大程度上取决于团队人员的素质，企业失败的一个重要原因就是管理不善。外来投资者特别注重对管理团队的评价。这一部分的主要内容应包括哪些人将参与企业的经营管理；每个人将承担什么工作；每个人的学历、经历、特长；每个人可能给企业带来的贡献；管理层的薪酬等。

创业者首先要做到心中有数，及早明确企业需要哪种类型的人才。企业的管理人员应该是互补型的，而且要有团队精神。一个企业需要负责产品设计与开发、生产制作、市场营销、企业理财等方面的人才。如果能够聘请到有相关工作经验的人，或者所聘人员的技能可以弥补创业者自己的不足与弱点，那么经营的企业很容易成功。如果计划安排亲戚朋友来帮助经营企业，那就要三思而后行，最好不要把企业办成家族企业。

企业成功是因为经营者能够做出比竞争对手更高明的决策。要做出正确的决策，企业需要拥有一支有竞争优势的团队。一支能干、互补且有经验的团队，能促使企业尽快地步入正轨，能帮助创业者实现企业的既定目标，同样也能够增强外部利益相关者对企业的信心。

4. 行业和市场

如果企业准备推出新的产品或服务，或者开拓新市场，首先就要认真对准备进入的行业及市场进行分析和预测。如果分析的结果并不乐观，或者预测的结果出乎意料的差，那么创业者承担的风险就有可能超出自身的可承受范围，明智的创业者会立即放弃这个计划，以将损失减至最低。首先，创业者要对需求进行预测：市场是否存在对这种产品或服务的需求？需求的大小能否足以给企业带来利润？需求未来的发展趋势如何？影响需求的因素有哪些？其次，创业者需要对市场竞争情况进行分析：竞争对手有哪几家？他们的实力如何？他们的竞争优势何在？企业未来能达到的市场占有率是多少？企业的进入会对竞争带来何种变化？是否存在有利于企业的市场空当？

这部分内容应该包括市场现状综述、竞争对手介绍、目标顾客和目标市场、企业产品或服务的市场定位、市场特征等。为了做好市场分析，创业者必须深入市场进行调查研究，尽量扩大信息的收集范围，重视对宏观环境与微观环境的预测，利用科学的预测手段和方法。未来的市场不是凭空想象出来的，对市场的错误认识是创业失败的重要原因。

5. 营销策略

营销策略是创业计划的重要组成部分，它主要描述企业的产品或服务将如何进行分销、定价和促销。营销策略的制订是计划制订中最富有挑战性的环节。制订营销策略应该考虑的因素主要有消费者的类型及特点、相关产品或服务的种类及特性、企业的实际情况、外部环境因素等。比如，一般来讲，如果企业的顾客主要是个人消费者，那么促销策略应该注重广告和营业推广；如果顾客主要是企业，那么促销策略应该注重使用人员推销的方式。

这部分内容主要包括市场机构与营销渠道的选择、营销队伍及其管理、促销计划与策略、价格策略。对于新企业来说，这些工作非常重要，尤其是价格策略，不仅关系到能否打开市场，而且关系到企业能否盈利及盈利的多少。

创业初期，企业往往采取低价格、高投入的营销战略，比如花大量的金钱做广告、搞促销、向批发商和零售商提供更多的返利，以求尽快打入市场。在这一阶段，企业不应该指望有太多的回报，而应该做好亏损的准备。只要企业能够坚持下去，并且不断地扩大销售，总会等到盈利的那一天。

6. 生产计划

如果新创办的企业属于制造业，那么必须要制订生产计划。这个计划主要是描述完整的产品生产制造过程。一件产品的制造过程一般包括很多工序或工艺，当中一部分工序或工艺由企业自己完成，另一部分则分包给其他企业来完成（要么因为成本低，要么自己没有这项技术）。如果出现分包，则应该说明分包的相关情况，如分包商的名称、地点、合同、分包的原因等。对于自己完成的工序或工艺，则应该说明厂房的布局、需要的机器设备、需要的技术条件、生产程序的设计和生产的步骤、生产周期标准和生产作业计划的制订、所需的原材料及供应商、生产成本、质量监控和改进计划等。

如果初创企业不属于制造业，而属于零售业或服务业，则不需要制订生产计划，应该制订相应的经商计划，其内容相对简单，主要包括货物从哪里采购、存储控制系统的建立、库存需求等。

7. 财务计划

财务计划需要花费较多的时间来做具体的分析，而且通常需要财务专家的帮助才能够完成。财务计划的内容包括经营规划与资金预算、资金的来源与运用、预计的现金流量表、损益表和资产负债表、盈亏平衡点分析、财务比率的分析等。

（1）经营规划与资金预算

在编制预计财务报表之前，创业者应筹划经营，进行资本预算。如果创业者是自主经营，那么预算决策就由创业者全盘负责；如果采用合伙经营或公司制形式，那么资金预算就需要在分工的基础上共同完成。首先应该制订销售预算，销售预算应该反映季节变化及营销策略对需求的影响。其次应该制订经营成本预算，经营成本包括固定成本和变动成本。固定成本是指与销售量无关的成本，不管销售量如何变化，这部分支出始终保持不变，如固定资产的折旧、房屋和设备的租金、固定的工薪等。变动成本是指与销售量保持同方向变化的成本，一般而言，随着销售量的增加，这部分支出也随之增加，如销售成本、广告费用、原材料费用等。资金预算的目的是为评估影响企业一年以上的支出奠定基础。资金预算可以是估计购置新设备或者聘用新职员所需的费用，可以是评估自产还是购买的抉择，也可以是购买和租赁的比较等。这些决策需要利用净现值方法计算资金成本和投资的期望回报，因而有较大的难度，一般需要寻求财务顾问的帮助。

（2）预计损益表

损益表是反映企业一定期间内经营成果的财务报表，主要提供有关经营成果方面的信息，包括收入、成本和费用、利润等。利用这些信息，可以了解企业这一期间内收入实现情况和费用耗费情况，了解生产经营活动的成果，了解企业的盈利能力和变化趋势。

首先，应该按月估计销售收入。销售收入的估计应立足于市场研究、行业销售状况及一些试销经验，再利用一些比较科学的预测方法，如专家意见法、德尔菲法、时间序列分析法。任何一家新的企业，起步都是艰难的，开业前几个月的销售收入可能非常少，经过一段时间的潜心经营之后，销售收入才能达到一定的规模。

其次，要按月估算经营开支。每一笔支出都不可遗漏，应该仔细地评估，以保证每一笔开支尽可能地符合实际。创业初期，收入不多，但开支不少，往往入不敷出，创业者必须对此做好充分的准备。

（3）盈亏平衡点分析

创业者应该清楚未来企业何时能够开始获利，并且需要反映在计划之中。企业刚开始由于产销量很小，一般都处于亏损状态，但随着产销量的增加，企业将出现既不盈利又不亏损情况，这就是盈亏平衡点。这时的销售量称为盈亏平衡点销售量，这时的销售额称为盈亏平衡点销售额。盈亏平衡时的销售额向创业者指明了支付全部的固定成本和变动成本所需的销售额。如果销售单价低于或等于产品的单位可变成本，企业永远无法实现盈利，这一点是应该清楚的。只有销售单价高于产品的单位可变成本，随着产销量的增长，才会出现盈亏平衡点，随着产销量进一步扩大，企业才会开始盈利。通过盈亏平衡分析，可以预测到为实现既定的利润目标，企业的产销量及销售额应该达到什么样的规模。

（4）预计现金流量表

现金流量表是反映企业一定期间内现金及现金等价物流入和流出信息的财务报表。通过现金流量表，可以评价企业的支付能力、偿债能力、周转能力，可以了解企业未来的现金流量，有助于分析企业收益质量及影响现金净流量的因素。这些信息对外部投资者来说非常重要，因为现金流量影响到银行的贷款能否顺利收回、风险投资者的资金能否及时退出。有一些企业损益表上有大量的盈利，却无力偿还到期债务，就是现金流出现了问题。

一个盈利的企业也会因为现金的短缺而破产，这样的例子很多。因此，如果企业的现金流出现明显的亏空，仅用利润这个指标来评估新创企业是否成功，就可能会得出错误的结论。

现金流量表的编制需要使用预计的销售收入及销售成本费用等数据，但和编制损益表不一样的是，需要根据现金可能变化的时间对这些数据进行适当的调整。如果某一时期的现金流支出大于流入，创业者就应该有渠道筹集资金，以确保有足够的现金流来应付对外支出，这种现象往往出现在入不敷出的创业初期。

无论是预计损益表，还是预计现金流量表，有时候设置多种情境的假设是必要的。这些情境与预计不仅是为了编制预计损益表和预计现金流量表，而且更重要的是，它能令创业者熟悉影响经营的各种因素，了解这些因素的变化对企业经营将会产生怎样的影响。

（5）预计资产负债表

资产负债表是反映企业在某一特定日期财务状况的报表。通过资产负债表，可以了解企业资产和负债的总额及构成情况，可以了解所有者所拥有的权益。企业未来的每一笔经济业务都会影响到资产负债表。资产 = 负债 + 所有者权益，资产负债表就是根据这一关系，按照一定的分类标准和顺序，把企业一定日期的资产、负债和所有者权益各项目予以适当排列。资产是企业拥有的或者能够控制的能以货币计量的经济资源，包括流动资产、长期投资、固定资产、无形资产和其他资产。负债是企业对债权人的负债或欠款，包括流动负债和长期负债。所有者权益是所有者在企业资产中享有的经济利益，其金额为资产减去负债后的余额，包括实收资本、资本公积、盈余公积和未分配利润。

创业者至少应该给出新创企业初始 3 ~ 5 年的预计财务报表，以便对企业的长期经营有一个全面的估计和认识。

8. 风险与机遇

任何一家新创企业都将面临一些潜在的风险。创业者有必要进行风险估计以便及早制定有效的战略。新创企业面临的风险可能有技术不成熟、资源短缺、管理不到位、市场和产品有不确定性、对关键人员有依赖性、竞争残酷、技术的进步导致产品过时等。对风险的应急计划和备选战略是向潜在投资者表明，创业者对经营中存在的风险是十分重视的，而且对可能发生的风险已经做了充分的准备。

机遇将给整个计划带来闪光点，也是各方所关注的焦点之一。面对机遇，创业者应该不失时机地把握和利用，并且也应该具体地制定相应的策略，让机遇带动企业的发展，给企业带来丰厚的利润。机遇包括政府政策的倾斜、市场需求的急剧扩大、强有力竞争对手的退出、技术的垄断等。

9. 退出战略

很多创业者沉浸于应付开办企业带来的挑战，而不考虑如何退出的问题。但是，退出是迟早的事。所以在计划中，应该解决将来的企业“给谁”“何时”“多少钱”等问题。

更为重要的是，如果新创企业准备吸引风险投资，那么在创业计划中必须说明风险资本退出的方式，因为风险投资家并不愿意长期持有企业的股份。具体退出的方式包括三种：一是股份回购，即由创业者在一定的时间按照约定的价格和比例回购风险投资者持有的股份；二是公开上市，即如果企业能够实现公开上市，则风险投资家能够通过证券市场把手中持有的股份卖出去，这样就能够成功地退出企业；三是股权协议转让，就是在创业计划中注明允许风险投资家在一定的条件下将手中持有的股份通过协议的方式转让给其他投资者。

10. 附录

创业计划一般应该有附录，附录中包含了不必在正文中列明的补充资料。附录可包括主要人员简历、专利技术的证明文件、相关资料的来源和说明、协议与合同、专业术语的阐释、供应商的资料等。

（二）推广创业计划的重要性及应注意的问题

1. 推广创业计划的重要性

很多人能把创业计划书写得非常精彩，而往往忽视创业计划的推广。风险投资家在选择投资项目时，不仅会考虑项目本身的优劣，也非常重视创业者的能力和个人魅力。创业计划的推广是创业者展示自己能力的难得机会。

2. 推广创业计划应注意的问题

为了提高推广的成功率，在推广中应该注意以下几个方面。

（1）准备充分

首先，应该准备一份口头的创业计划。口头创业计划和书面创业计划的侧重点有所不同，口头创业计划语言应该生动、具有号召力和感染力。其次，创业者应该事先推测对方可能会提出哪些问题，应该突出的重点在哪里，学会随机应变，千万不要敷衍了事。最后，前一次推广结束后，创业者应该认真总结，吸取经验，并积极准备下一次可能的推广会。

（2）注意互动

推广时不要只顾自己说话，应该创造机会，让在场的投资者或合作伙伴等参与发言或讨论。推广应该突出市场前景，刺激投资者的兴奋点。推广开始前，应申明允许双向参与，任何时候都可以被提问或被打断。

（3）少用技术词汇

一方面，很多投资者其实并不懂这些技术，也没有太多的兴趣；另一方面，创业者不可能花费太多的时间介绍技术，也不一定能介绍清楚。可以事先准备一些书面资料，发给有需要的与会者。

（4）突出的沟通表达能力

实际执行推广演示的人不一定是创业者，也可以是创业团队里沟通与表达能力最强的人。创业者可以用普通听众身份参与推广，观察其他人的反应，当注意到听者出现困惑或茫然的表情，或发现与会者的参与热情有所减退，应及时打断推广，再次强调一些能激起兴趣和参与热情的方面，增加内容的可信性。

（5）其他应该注意的问题

保持团队合作精神，推广创业计划不是个人能力的展示；切忌和与会者发生争执，即使出现也应该妥善处理；使用幻灯片甚至制作动漫，加深理解，捕捉与会者的兴趣等。

（三）创业计划书的撰写过程

从根本上讲，撰写创业计划书是一个展望项目的未来前景、细致探索合理思路、确认实施项目所需的各种必要资源、寻求所需支持的过程。创业者一般按照图 5－6 所示步骤撰写创业计划书。

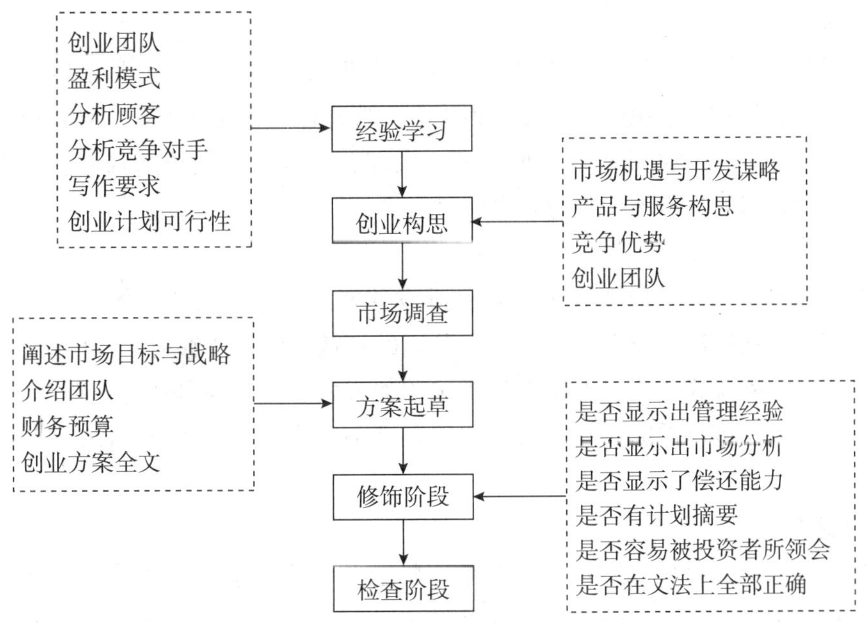

图 5－6　创业计划书撰写流程

项目小结

通过本项目的学习，学生对网上优质创业机会的识别和评估、电子商务创业类型的理解和选择、创业资金的筹集途径和技巧、电子商务创业团队的创建和管理以及创业计划书的制订等都有了深入理解和认识，并掌握了相应的方法和技巧，能完成电子商务创业初期的准备工作。

相关知识

创业资源的获取途径

不同类型创业活动对于资源需求不同。影响其获取的因素不同，获取的途径也就不同。以技术驱动创业的创业者最先拥有技术资源，所以技术资源较为充足，那么创业者应重点关注人力资源等其他资源获取；如果创业者以拥有的团队为基础进行创业，那么应通过发挥团队特长或根据机会开发需要来获取、整合和利用资源；如果创业者最先拥有资金或者初创资金较为充裕，那么应以资金带动其他资源向企业聚集。综上所述，企业资源获取的主要途径有外部获得和内部积累。

一、外部获得

外部获得途径主要包括购买、联盟、资源并购、外部吸引。

1. 购买

购买是指利用财务资源通过市场购买的方式获取外部资源，主要包括购买厂房、机器设备、材料等物质资源，购买专利和技术，聘请有经验的员工等。对创业者来说，购买资源可能是其最常用的资源获取方式，大部分资源尤其是技术资源、物质资源、人力资源等都可以通过市场购买的方式得到。

2. 联盟

联盟是指对于一些难以或者无法自己开发的资源，可以联合其他组织共同开发。前提是联盟双方在资源和能力上互补且有共同的利益，而且能够对资源的价值及其使用达成共识。这种方式是获取技术资源常采用的方式。比如高科技企业撰写，高校科研机构联盟研发，可以借助高校设备，利用自己企业的技术，使企业保持可持续发展的后劲。

3. 资源并购

资源并购是通过股权收购或资产收购，将企业外部资源内部化的一种交易方式。并购是一种资本经营方式，通过并购可以帮助创业者缩短进入一个新领域的时间，从而及时把握商机，实现创业目标。

4. **外部吸引**

外部吸引是通过自身资源来撬动和获取其他资源，这种获取资源的方式对于初创企业来说，是非常困难的。新创企业只有利用商业计划、产品雏形，通过对企业前景的描述，或者利用创业团队的声誉来吸引或者获取资源拥有者的好感，才能吸引其将资源投入新创企业中。

二、内部积累

内部积累是另外一种重要的资源获取途径，主要是利用企业现有资源通过内部培育形成自己所需的资源。比如通过培训来提高员工技能和知识，企业自身开发新的技术，通过自我积累获取资金等。对于企业来说，内部积累是必要的资源获取方式。可以将内部积累获取人力资源作为企业的激励方式，激发企业成员提高工作积极性。通过资源积累的方式获取技术资源，则可以在获得核心技术优势的同时，保护好商业机密。

同步实训

一、实训概述

本项目实训为电子商务创业准备的实训。学生运用所学知识，通过和小组成员合作的方式进行一系列的创业准备工作。通过实训，帮助学生了解电子商务创业准备的知识并掌握创业的相关技能。

二、实训素材

1. 连接网络的电脑、智能手机等实训设备。
2. 相关实训软件。

三、实训内容

学生以小组为单位，进行电子商务创业准备的实训操作。在本实训中，教师指导帮助学生完成实训内容。

四、实训任务

步骤 1：识别网上创业机会。

学生通过查看优秀案例、视频，加深对创业机会的理解；尝试在网上挖掘创业机会；分析挖掘到的创业计划是否具备优质创业机会的特征；对筛选出来的创业机会进行评估；填写网上创业机会报告表，见表 5 - 6。

表 5－6　识别网上创业机会报告

步骤	实训内容	任务总结
1	了解创业机会	创业机会的含义、作用等
2	挖掘网上创业机会	创业机会的描述、来源等
3	筛选优质创业机会	是否满足优质创业机会，加以描述
4	评估创业机会	选择了何种评估方法，得出了什么结论等

步骤 2：选择电子商务创业类型。

学生通过互联网了解各类电子商务的发展、定义及特点，最后完成电子商务创业类型的选择，包括具体到何种电子商务平台，见表 5－7。

表 5－7　电子商务创业类型分析

电子商务类型	定义	特点	举例（2 个）
B2B			
B2C			
C2C			
O2O			

步骤 3：筹集创业资金。

学生以小组为单位，进行角色扮演，相互投票，模拟完成创业资金的筹集过程，总结使用的方法和策略等，见表 5－8。

表 5－8　个人筹集资金分析

姓名	筹集途径	筹集方法	效果

步骤 4：创建电子商务创业团队。

全班共同筛选两个电子商务项目，推举五名学生作为创业者，自由选择创业项目。创业者通过演讲、游说等各种方式组建自己的团队，见表 5－9。

表 5－9　　组建创业团队

创业团队	创业项目	团队人员	团队组建类型	组建原则

步骤 5：制订创业计划书。

根据筛选出的优质创业机会，模拟电子商务创业，撰写一份创业计划书。

五、实训总结

1. 总结本次实训的主要内容及掌握要求。
2. 教师指出并纠正学生普遍存在的问题。
3. 教师应根据学生实训情况，补充遗漏或拓展部分的相关知识。

课后习题

一、单选题

1. 创业机会，又称（　　）或市场机会，是指有吸引力的、较为持久的和适时的一种商务活动的空间，并最终表现在能够为客户创造价值、增加价值的产品或服务中。

A. 创业机遇　　B. 市场机遇　　C. 商业机会　　D. 商业机遇

2. 创业机会受环境的变动、市场的不协调或（　　）、信息的滞后、领先或缺口等因素的影响。其根源在于事物的变化（包括产品、服务、市场等方面），创业者可以通过其本身特有的素质发现创业机会。

A. 产品　　B. 杂乱　　C. 参差不齐　　D. 混乱

3. 创业计划书里的计划摘要不包括（　　）。

A. 财务计划　　B. 公司介绍

C. 管理者及组织　　D. 附录

4. 创业资金筹备的方式不包括（　　）。

A. 非法集资　　B. 私人借贷

C. 寻找合伙人　　D. 银行借贷

5. （　　）是创业团队的核心力量。

A. 目标　　B. 成员　　C. 定位　　D. 职权

二、多选题

1. 创业团队的类型包括（　　）。

A. 星状创业团队　　B. 网状创业团队

C. 虚拟星状创业团队　　D. 真实星状创业团队

2. 创业团队的构成要素包括（　　）。

A. 目标　　B. 成员　　C. 定位　　D. 职权

3. 创业机会的识别过程分别为（　　）。

A. 搜寻阶段　　B. 识别阶段　　C. 分析阶段　　D. 评价阶段

三、简答题

1. 创业计划书的主要内容有哪些？

2. 简述优质创业机会的特征。

项目六　电子商务创业策划与实施

随着市场经济体制的进一步完善、电子商务的迅猛发展，我国电子商务平台的交易量已经在全国经济中占据了举足轻重的位置。因此，在电子商务平台中开店对个人创业和企业拓展自身产品销售渠道有着重要意义。通过本项目的学习，能够让学生了解零售电商平台，掌握网店开业前的准备工作、网店装修管理、网络营销方法以及物流支付等内容。

学习目标

知识目标

1. 了解开店前期策划的主要内容。
2. 熟悉网络营销方式。
3. 了解网络营销的职能。
4. 了解站内营销的方式。
5. 了解站外营销的方式。
6. 了解网络营销活动策划的内涵、原则与要点。
7. 了解常见的物流公司。
8. 了解淘宝网购的支付方式。

能力目标

1. 能够对网店的定位进行分析。
2. 掌握店铺注册的流程。
3. 能够设计店招、海报、商品分类栏、详情页等。
4. 掌握站内营销的技巧。
5. 掌握站外营销的技巧。
6. 掌握网络营销活动策划与实施的具体步骤。
7. 掌握网络营销效果统计与分析的方法。
8. 掌握淘宝物流管理的方法。

案例导入

“80后”创业的成功案例

1988年出生的晓雨，刚毕业就开了家网店，产品主要定位是走甜美路线的青春时尚服饰。1年左右的时间，晓雨店里每天都能接到20笔左右的订单，2年多的时间已经积攒了不少“老客户”。晓雨刚毕业就当上了老板，很快就请了1名员工，专门负责与买家在网上洽谈、提供咨询服务。晓雨的目标很明确，她抓住了淘宝初期开展促销活动的契机，使得网店的交易量迅速提升，从2个、3个蓝钻突破并占有皇冠地位，如今已经成为4个“皇冠”的实力卖家，好评度保持在99%以上。

如今，网店的经营已步入正轨，网店页面的设计和更新由专门的技术人员负责；原来由晓雨一手经办的进货等环节，已交由采购员专职负责；晓雨本人则主要参与营销、活动策划等工作。

晓雨的店铺已经脱离了原有货源，开始自己找人设计产品再找厂家定做，为了使自己的产品更有价值，店内80%的产品都是特色原创商品，是经专门设计再做好模板后再交由厂家生产的。同时，晓雨的天猫店铺也在筹划当中，天猫店铺将采用公司的运营模式，设计、推广、客服、查件、售后、批发以及投诉等岗位都安排专人负责。

案例分析

网店经营涉及方方面面，但核心竞争力还是产品本身。随着行业的逐渐规范及商业化，若产品本身款式、质量等条件过硬，就不用担心卖不出去。因此，晓雨脱离了原有货源，采取设计加原厂生产的方式，提高产品的美观度与质量，从而吸引更多的买家。

任务分解

任务一　网上开店

随着互联网的发展，网上开店已经成为当代的热门话题。网络给现代商业以崭新的与传统商业截然不同的运作模式，使得每个人或企业，只要具备网络环境就能拥有开设店铺的机会。淘宝、天猫、京东、易趣、海淘等电商平台上大量店铺说明现代网络店铺的兴旺，而且庞大的网民数量也为网上开店提供了巨大的市场潜力。

网上开店因为其投资小，运营费用低，受众面积广，运营不受时间、地域限制，且交流方便，物流配送发达等有利条件，给无数想要开店的个人或企业提供了良好的发展机会。

一、开店前期的筹划

（一）了解常见平台类型

按照使用者分类，确定电子商务平台的主要使用对象。依照此种分类方式划分的网站种类很多，其中相对主流的类型有以下三种。

1. B2B 平台

B2B（Business-to-Business）平台指的是平台的买卖双方都是企业，是企业与企业进行在线交易的平台。如阿里巴巴、慧聪网等平台。

在 B2B 平台上进行开店的卖家一定是企业，B2B 平台对企业资质的审核相对严格。此外，个人身份是无法在平台上开店的。相对应的买家也是企业，所以，平台的交易主要是以企业与企业之间的合作为主要导向的。其中除了商品的交易外，还可以对供求信息进行发布。

2. B2C 平台

B2C（Business-to-Customer）平台指的是平台的买家是个人，卖家是企业，是企业将产品或服务卖给个人的在线交易平台，如天猫、京东、当当等。

在 B2C 平台上进行开店的卖家也一定是企业，但企业面对的买家是个人，是卖家进行产品销售的平台。一般情况下，卖家需要有自己的品牌。

3. C2C 平台

C2C（Customer-to-Customer）平台指的是平台的交易是个人与个人之间的交易，是个人将产品或服务卖给个人的在线交易平台，如淘宝。

在 C2C 平台上进行开店的卖家一定是个人，个人店主将自己手头的货物卖给个人消费者。这样的平台非常适合个人卖家进行开店，平台入驻的难度较低，当然相应的竞争压力也会较大。

除了上述主流的三种平台分类外，按照使用者分类的类型还有 C2B（Customer-to-Business）、B2M（Business-to-Marketing）、M2C（Manufacturers-to-Consumer）、B2G（Business-to-Government）、C2G（Consumer-to-Government）等。以上分类都是按平台使用者对平台进行分类的，当然，还有一些其他分类方式。电子商务平台经过这些年的发展，已经具备一定的规模，每个电商平台都具备各自的特色。

（二）了解常见平台（淘宝、天猫、1688 供销平台、京东）及其特点

淘宝、天猫、1688 供销平台是阿里集团下的三大电子商务平台。这三大电子商务平台在电子商务行业中可以算是家喻户晓。

1. 淘宝

淘宝网现已成为全球几大网络零售电子商务平台之一，其成立于 2003 年 5 月，是

阿里集团下的一个重要电子商务平台。淘宝网刚创立时，主要是以 C2C 店铺为主。而现行的淘宝平台已经发展成了 C2C 与 B2C 共存的平台。目前，淘宝网占领了国内 C2C 领域的绝大部分市场。

2. 天猫

天猫是由淘宝网打造的淘宝商城演变而来的，是以 B2C 为主要形式的电子商务平台。2012 年 1 月 11 日淘宝商城正式更名为“天猫”。现在众多品牌在天猫上都开设了自己的店铺，并将其设为品牌旗舰店，受到消费者的热烈欢迎。

3. 1688 供销平台

1688 供销平台是全球著名的 B2B 采购批发电子商务平台，现由三个相连网站组成：中国站、国际站、日本站。因为其能够与淘宝店铺实现互通（如一件代发等功能），故而成为淘宝店卖家重要的货源寻找地。相应地，平台还提供了很多其他功能，方便买家对货物的查找，具体功能如下。

（1）源头好货

根据货源地对货物的提供商进行分类，并得到货源地当地政府的认证，让在平台上寻找商品的买家拥有更多的选择与保障。

（2）代理加盟

提供卖家代理信息的发布，买家可以在其中快速地找到自己想要代理的品牌。

（3）淘工厂

为提供加工定制服务的企业提供发布信息的平台，让希望找到代加工定制的买家快速查找到加工企业。

（4）企业采购

买家能够在平台中对自己的采购信息进行发布，方便平台卖家或代加工企业与买家之间的交流。

当然，除了这些外，平台还提供了其他功能，以方便买家卖家互通、交流学习、交友。

4. 京东

京东是一个专业的综合网上购物商城。平台不但有自营的店铺，也有第三方卖家的入驻。现在在京东销售的品牌数过万，共计 13 大品类。京东拥有自建的物流中心，同时在全国超过 360 座城市建立了核心城市配送站。

（三）产品渠道选择

在开店前期的准备工作中，还有一个非常重要的工作就是为店铺寻找一个好的产品渠道，一个好的产品渠道可以说是店铺成功必需的条件之一。通过对市场的分析，网店的货源产品渠道主要有以下两种。

1. 通过本地寻找优质货源

这种寻找货源的方法一般情况是店铺销售当地特产或店铺所在地有相应的产业带。一般本地寻找货源是指通过一些线下的市场或者寻找专业的生产厂家去寻找货源，这种方式寻找的货源优点是对产品的品质和整个服务环节都能有准确地把控，以便更好地服务消费者，缺点是有一定压货量，资金投入大，风险高。

（1）线下货源地拿货

这种寻找货源的方式，指的是到货物的生产地或者货物的集散地进行货源的采购。此种方式的好处是能够直接看到货源，对产品的质量能够更好地把控。当然，这样的方式也会导致成本的增加，并且对于个人在行业中的熟悉程度要求较高，不推荐创业者尤其是刚刚涉足某个行业的创业者选择。

（2）线下生产厂委托加工

市场上有很多生产厂家，专门为商家提供成品产品供货或者生产加工的服务。这样的好处是对于产品的把控力度可以做到最大化，需要什么样品质的产品就可以选择什么样品质的产品。而缺点就是厂家对于产品的生产量有一定的要求，资金占用量较大，不建议新手商家考虑。

2. 在分销网站或供销平台上寻找货源

除了在本地寻找货源以外，也可以在分销网站或供销平台上寻找合适的货源。供销平台一般是买家、卖家、企业用来发布供求信息的平台，例如 1688 平台、慧聪网等。分销网站一般指能够直接对店铺货物进行分销的网站，例如淘宝、天猫等。

在网站上寻找货源的优点是品类齐全，可供挑选的对象多。但是，缺点也很明显，由于网站对产品的品质监控力度不足很可能导致卖家上当受骗。因此，在对分销网站或供销平台进行选择时需要注意，挑选大型的分销网站或供销平台。这些平台入驻的商户一般在商品品质上比较有保证。而且，平台也为采购方提供了必要的保障。

在分销网站上将近 95% 的商家都会提供“一件代发”业务，使得卖家寻找到货源后不用顾虑商品积压、库存等问题。这样不用任何费用就可以代销供应商的产品，还可以赚取商品售价与定价之间的差价，从某种程度上讲，这是一条零成本、零风险的进货渠道。当然，这样做的缺点也比较明显。首先是货源没法经过卖家的亲自把控，所以货物质量方面的问题较难把握。其次，整个服务过程卖家无法监控，服务过程中如果出现问题，买家自然会把这些问题全算在卖家身上。最后，通过这种方式寻找到的货源一般盈利比率不高。

相关链接

货源市场考核标准

随着网络零售商的发展，很多新手卖家在开店初期最大的困扰就是货源市场。卖家选择货源市场，需要通过对以下三个方面进行分析。

1. 货源市场的整体水平

货源市场的整体水平决定了能否为买卖双方提供一个良好的交易平台。一个好的货源市场应当具备商品类目丰富、价格公正、市场的交易制度完善等特点。卖家通过对多个货源市场的整体水平进行对比，排列出整体水平前3名的货源市场，选择一个整体水平最高的货源市场作为网店进货的主要渠道，其他两个货源市场作为网店进货的备用渠道。当主要渠道不能满足进货的需求时，可以从备用渠道进货。

2. 商品的全面评估

货源市场商品的品质决定了淘宝网店商品的定价和质量。卖家在选择商品的时候应该先对商品的价格、质量、类目等多方面进行评估。

3. 商品的利润空间

利润是淘宝网店运营的基础，选择商品之前应充分考虑该商品的利润空间。

二、网店定位分析

创业者在对网上开店的平台与产品渠道确认完毕后，为了让店铺在开启后能够更加顺利地运营下去，在开店前还需要对网店的产品定位与用户群定位进行设定。

（一）产品定位

网店中的产品在销售过程中，一般按照不同的分类标准、不同的方法进行分类。以服装为例，服装按类别分类可分为男装、女装、童装；按价格分类可分为低、中、高价位；按风格分类可分为流行、职业（OL）、中性等。在开设店铺时，对店铺销售的产品分类进行定位，就是产品定位。为了能够对产品准确定位，创业者可以进行以下分析。

1. 统一产品类目

对店铺产品进行定位时，首先需要统一产品类目。统一的产品类目能够使店铺产品形成统一的风格定位，如图6－1所示。

统一的产品类目可以给买家一种专业的感觉，并且对店铺所卖商品的质量、设计、信誉度都能有所提升，更容易让买家信赖。当然，这种专业性的体现也能招揽更多的回头客。如果类目不统一，则会造成店铺标签凌乱，买家在搜索商品时，完全不关注其他商品，很难找到自己喜欢的商品，无法提高店铺的层次，使得店铺长时间停留在较低层次中。

2. 统一产品风格

网店在进行商品定位时，可以利用统一的风格来对商品进行定位。因为明确的店铺风格可以让买家对店铺产生专业感与代入感。这种感觉可以在买家心目中形成一种概念，例如店铺的定位是卖大码女装，如果买家知道店铺的情况，要买大码女装肯定会先到你的店铺中来看看，这样就形成了店铺风格。而且，固定的风格定位还有利于店铺的宣传与消费人群的定位，例如歪瓜出品这个淘宝店铺，它主要做的就是一些新奇好玩的杂货或装饰。虽然卖的品类很杂，但是店铺风格将这些商品高度统一起来。

图 6－1　统一的风格定位

这样的店铺定位就给买家留下了深刻的印象，如果想买一些新奇、有特色的东西，买家自然而然就会想到这家店铺，那么店铺宣传的目标及消费的人群也就确定下来了：宣传的理念就是新奇，而宣传的对象自然就是“90 后”及一些喜欢新奇物品的人。

3. 产品价格区间适当

在定位产品时，产品的价格区间要符合产品类目人群可接受的价格区间，才能够被这个类目的消费者中大多数人所接受，能够更大限度地拓展自己的店铺受众。一般价格区间的选择要经过市场的调查，当然，很多电商平台也会为卖家提供相关数据，以更好地方便店铺进行产品定位。

（二）用户群定位

用户群定位指的是按照一定标准对用户群进行分类，找到产品对应的目标用户群体的行为。在网店用户群定位过程中，一般根据用户的基本属性对用户进行分类，分类的属性通常有地区、性别、年龄、星座、喜好、终端偏好、用户级别等。利用这些属性我们能够给喜好某一产品的人群打上标签，这些标签就是目标用户群的特性。用户群定位对于店铺无论是开店前期的准备、店铺的运营、产品的更新等都有着极其重要的作用。定位的过程如下。

1. 初步界定客户

在店铺用户群定位的过程，要先进行目标用户界定分析，而初步界定时，一般是通过潜在用户的基本属性来界定的。

（1）内在属性：人群、购买习惯、购买理由、年龄、性别、爱好、收入等。

（2）外在属性：地区分布、活动场所、工作等。

如图 6－2 所示的就是购买连衣裙用户群的性别、年龄阶段占比示意图。

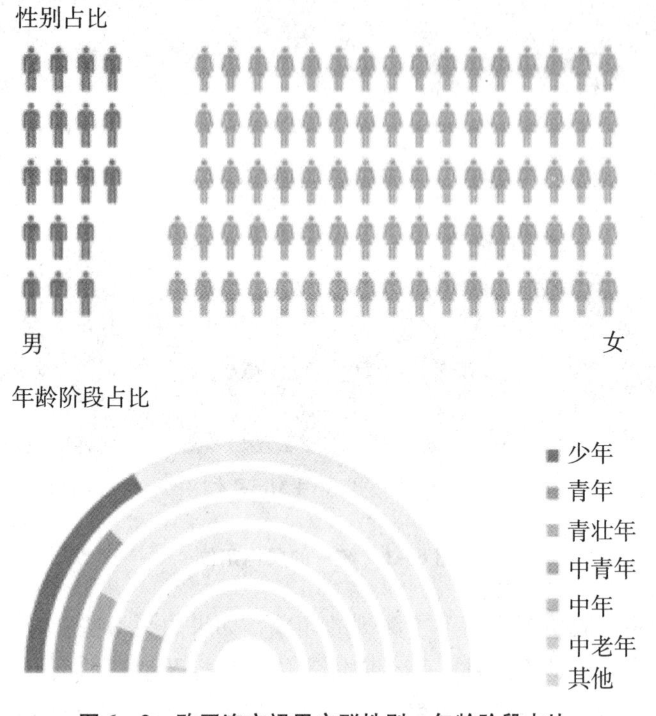

图 6－2　购买连衣裙用户群性别、年龄阶段占比

当店铺能够清晰地列出这些客户属性时，就基本确定了目标客户群，但是，这样的界定还不够精确，需要进一步地缩小用户群范围。

2. 购买能力区分

目标客户群应当是具备购买产品能力的人。否则，大概率会浪费卖家的营销成本及店铺精力。目标客户群的购买能力一般通过客户群收入或平均消费水平及是否购买过大额相关产品来界定。

3. 消费历史区分

目标客户群的消费历史与经历代表了客户对所选产品类别的认知、需求，以及购买店铺商品的可能性。分析客户消费历史包含客户是否购买过与店铺产品同类的产品、相关联的产品、互补的产品（如西装与皮鞋是互补）以及是否购买过竞争对手的产品。

4. 购买需求区分

日标客户群会购买商品，就代表客户有需求。客户的需求决定了客户的购买欲望与购买力。客户的需求可以从其消费历史和关注的焦点中看出。假如客户曾经购买过竞争对手的产品或相应的替代品，或者客户关注某一产品的性能、特点、评价，那么客户在这一块是有需求的，因此可以从互联网相关的评价网上找到有需求的客户。

5. 消费频率区分

消费频率越高，证明目标用户群对产品的需求量越大。同时，消费频率代表了客户对此类产品有偏好，那么促使顾客产生购买行为就会顺利很多。

三、店铺注册

创业者在开店的准备工作中，还需要对网上店铺进行注册。一般网上店铺注册包括个人网上店铺注册和企业网上店铺注册。

（一）个人网上店铺注册

网上开店操作其实很简单，各个电子商务平台略有不同，以淘宝网注册为例，主要需要以下几个步骤。

第一步：注册店铺账号。

创业者登录淘宝网首页点击注册，填写账号，设置密码、邮箱等，如图6－3所示。

图6－3　填写注册信息

第二步：支付宝账户绑定。

创业者登录邮箱，激活注册账号和在线支付工具账号，进行支付宝实名认证。然后按照提示信息，完成输入相关信息、上传身份证扫描件等相关操作，如图6－4至图6－10所示。

图6－4　支付宝实名认证

图 6－5　身份信息填写

图 6－6　银行卡身份认证

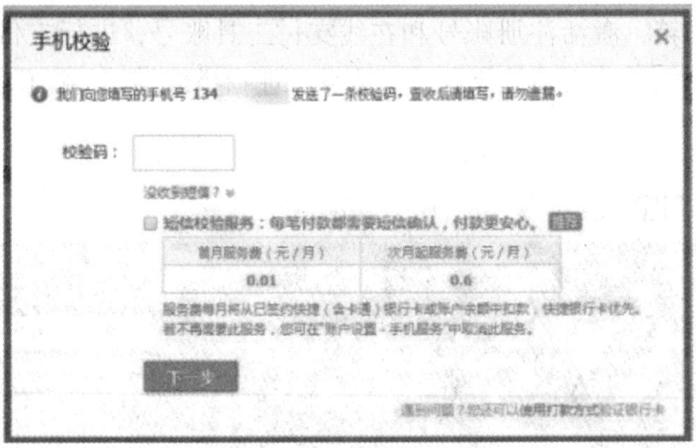

图 6－7　填写手机校验码

图6－8　填写和上传身份证信息

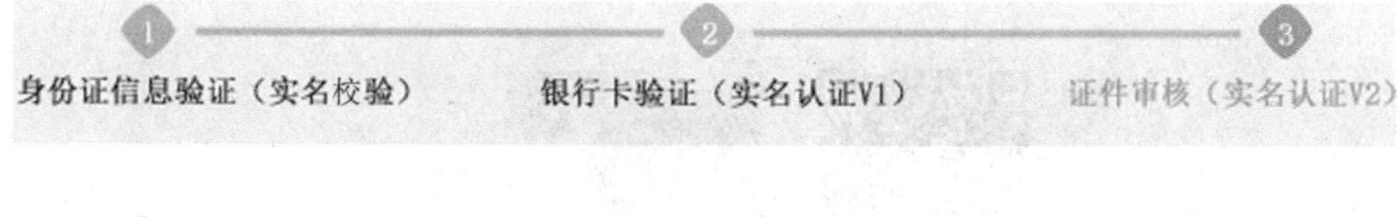

图6－9　上传完成等待认证结果

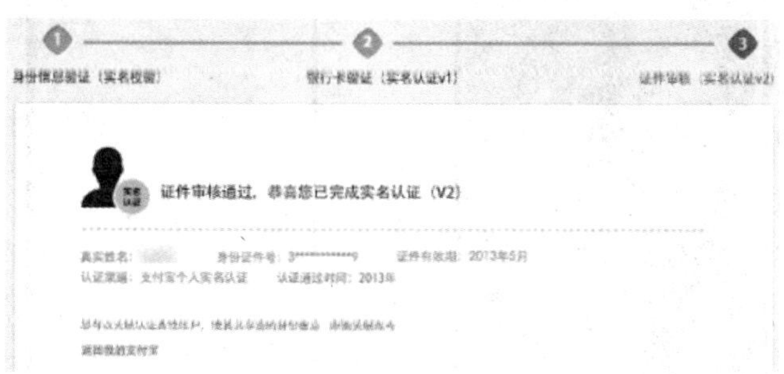

图6－10　支付宝实名认证成功

第三步：淘宝开店认证。

支付宝实名认证成功后，在开店前还需要进行淘宝网的身份认证，如图6－11所示。

图 6－11　身份认证

认证方式一：手机客户端认证。下载并安装淘宝手机客户端，根据认证提示，填入所需信息，拍摄、上传所需证件和照片，完成认证，如图 6－12 至图 6－17 所示。

图 6－12　手机客户端扫码认证

图 6－13　认证步骤

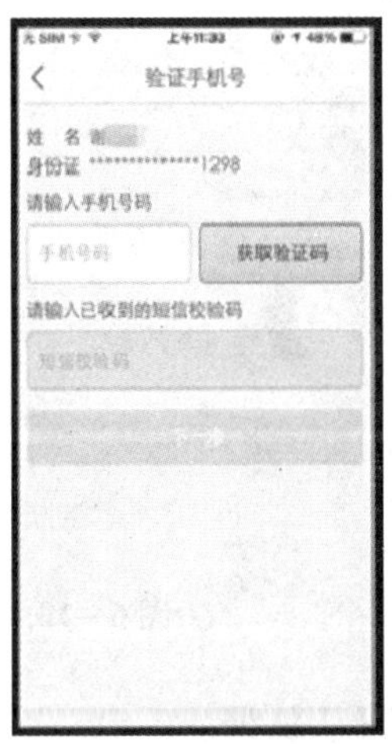

图 6－14　验证手机号码

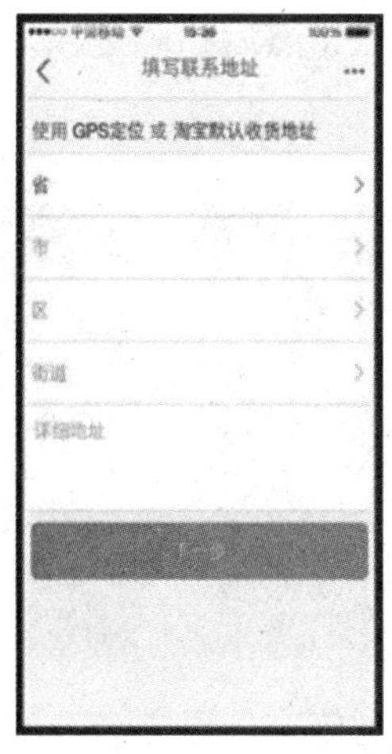

图 6－15　填写收货地址

图 6－16　根据示例拍照

图 6－17　等待审核

认证方式二：阿里钱盾认证。在淘宝身份认证页面，扫描二维码下载并安装阿里钱盾，如图 6－18 所示。

图 6－18　扫描二维码下载并安装阿里钱盾

进入“阿里钱盾”App，找到“身份认证”栏，然后扫码进入复核页面，如图6－19、图6－20所示。

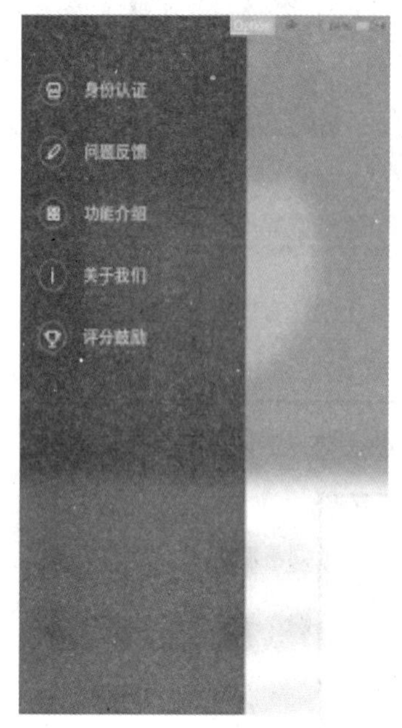

图6－19　阿里钱盾认证页面

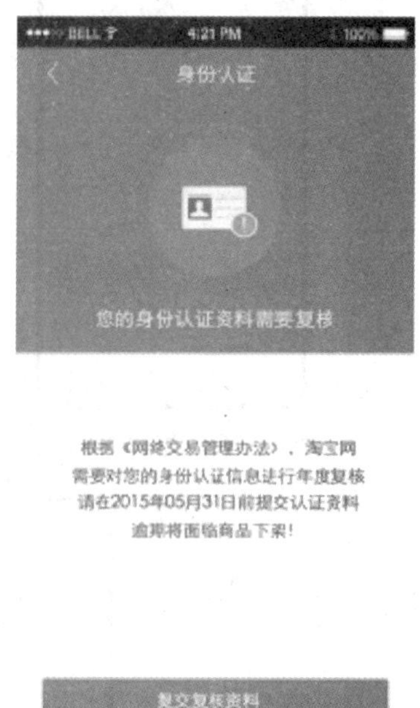

图6－20　复核页面

点击“提交复核资料”，根据步骤提示，完成身份验证，如图6－21至图6－26所示。

图6－21　身份认证操作步骤

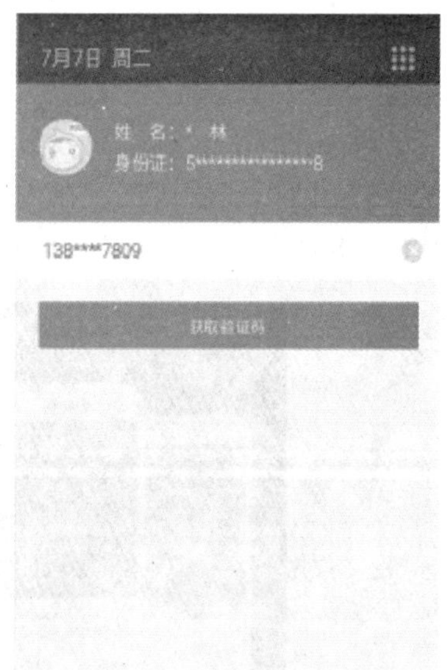

图6－22　验证手机号码

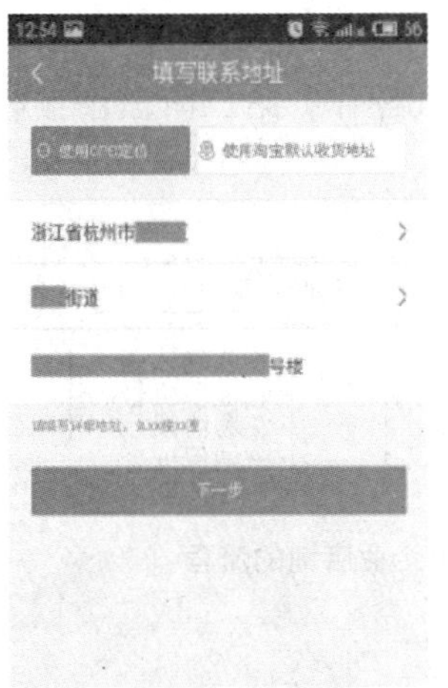

图 6－23　填写收货地址

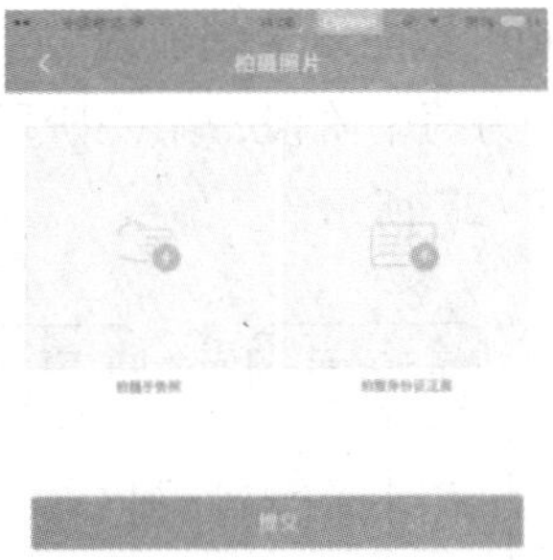

图 6－24　进入拍摄照片页面

图 6－25　根据提示拍照

图 6－26　等待审核

以上两种认证方式，在认证通过后页面均会提示“认证通过”，可以在“认证通过”后进行开店操作。

第四步：创建店铺。

认证通过后，进入淘宝开店页面点击“免费开店”按钮，就可以完善店铺信息并设置店铺内容了。

（二）企业网上店铺注册

企业网上店铺注册时，除了完成以上基本信息以外，注册时还需要以法人名义申请包括填写企业基本信息、上传营业执照、填写对公银行账户信息、上传法人证件图片等，在平台审核成功后，需要用公司的对公银行账户打款，最后填写对公账户收到的汇入金额即可。

1. 个人店铺升级企业店铺流程

店铺升级分为两个阶段，第一阶段由申请人操作，第二阶段由接收人操作。具体操作内容如图 6－27 所示。

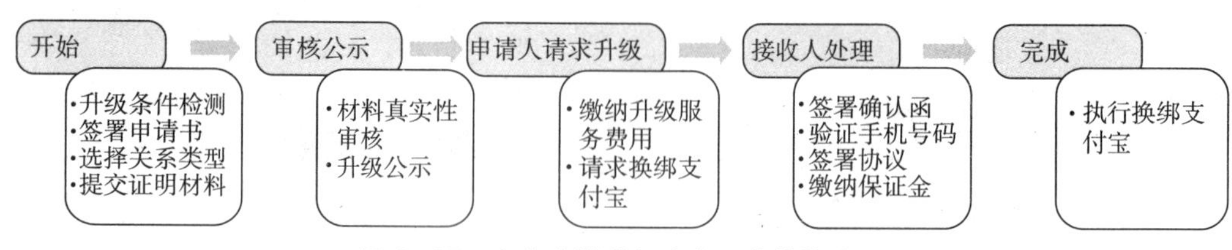

图 6－27　个人店铺升级为企业店铺的流程

2. 企业网上店铺注册

在支付宝申请实名认证（公司类型）服务的用户共有两种途径：法人申请和代理人申请，步骤流程和个人申请基本相同，其需要的材料如图 6－28 所示。

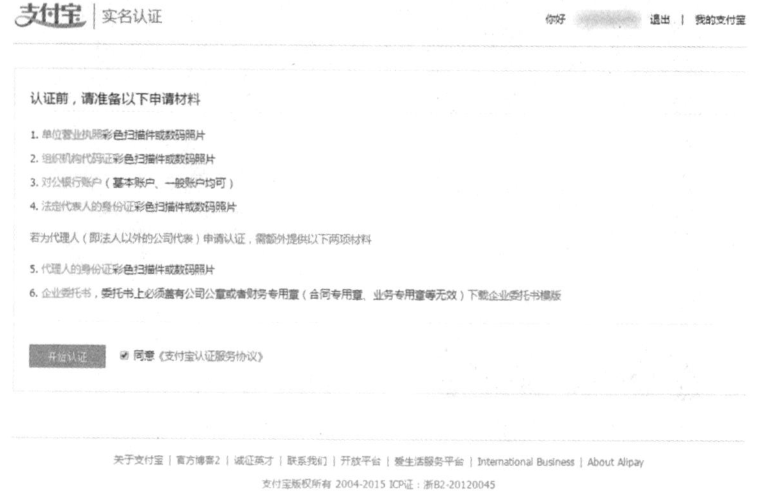

图 6－28　企业网上店铺注册所需相关资料

（三）确定店铺名称

店铺名称不仅仅是一家店的代号，更是外观形象的重要组成部分。从一定程度上讲，好的店铺名称能迅速地把店铺的经营理念传递给消费者，增强感染力。

店铺名称与人的名字一样，虽然只是一个符号，但由于字形、意义、笔画数、字体等的不一样，对店铺的生意会在无形中产生一定的影响，这种影响有时可以决定一个店铺的兴衰。

好的店铺名称朗朗上口，给人留下深刻而美好的第一印象，让人一下子就能记住。因此，有远见的开店者，总是费尽心思给店铺起一个既响亮又吉利还能让人记住的名称。

店铺名称的文字设计日益被经营者所重视，一些以标语口号、隶属关系和数目文字组合而成的艺术化、立体化和广告化的店铺名称不断涌现。但在店铺名称文字设计中应注意以下几点。

1. 名称言简意赅

店铺名称要响亮、上口、易记，这样才便于传播。要做到这一点，不仅要讲究语言的韵味与通畅，还要抓住消费者的心理需求与精神需求。凡是能与买家心理产生共鸣的名称，一般都容易被买家记住，人们也乐于传播，特别是一些比较幽默、具有深厚内涵的名称。相反，让人感觉吐字不便的名称，人们一般不会向他人介绍。

2. 名称易于传播

有的开店者做金属方面的生意，便在店铺名字中添加一个“鑫”字；做木材生意的就在名称中添加个“懋”字。有的为图吉利常用繁体字，比如把“丰”字特意写成“豐”字。小店铺面对的是大众消费群体，在命名时应尽量通俗易懂，切莫咬文嚼字。繁体字固然新颖，但有很多买家不会辨认繁体字，买家碰上不认识的繁体字，无法叫出店铺名称，会影响店铺在消费者中的口碑传播。当然，店铺名称虽然讲究通俗，但不要通俗过甚而成庸俗。

3. 名称与产品特性相辅相成

店铺名称不能含糊，不仅要讲究通俗易懂、朗朗上口，更重要的是能体现商品的消费特征，包括经营商品、经营风格等方面。“辉煌”与“明亮”都容易让买家与“灯”产生联想，而“豪杰”就不一定了。所以，店铺名称一定要与产品特性相辅相成。

（四）店铺信息的完善

店铺基本信息的完善对于卖家而言十分重要，其不仅能够全面地展现店铺的经营类别，而且可以直观地宣传企业店铺的特点。在注册开店成功后，需要进一步对店铺的基本信息进行完善，只有这样才能使店铺有效运营。

首先需要登录淘宝后台，进入“卖家中心”，并在免费开店下完成店铺的基本信息设置，如图 6－29 所示。

由于店铺标志代表着店铺的形象，因此店铺标志设计要凸显店铺的经营产品，有视觉冲击力，醒目易识别，彰显店铺的独特性。

在店铺简介里可以详细说明店铺的起源、发展、定位等，使买家能够更好地了解店铺及企业。根据搜索引擎收录规律，将店铺最热门的产品介绍写在里面，便于“蜘蛛”抓取内容。在填写店铺简介时，需要充分考虑有别于其他店铺的优势并一一概括出来，彰显重点、言简意赅地说明店铺的经营范围，使网友更加明确地了解店铺的相关信息。

图 6－29　店铺信息完善

任务二　网店装修管理

好的店铺装修不但能带给买家视觉美感的享受，还能缓解买家浏览网页时的疲劳感。好的商品通过适当的修饰，会让买家更加愿意接受，更有利于成交率的提高。对于创业网店来说，一个好的网店设计是必要的元素，因为买家只能从网页上通过图片和文字来了解店铺以及商品，所以店铺的装修与美化对增加买家信任感能起到关键的作用，甚至还能在买家心目当中树立良好的店铺品牌形象。本任务将以燕子原创女装自营店为例，详细讲解网店装修的方法。

一、店招及海报设计

（一）店招设计

店铺的店招即店铺的招牌，它是网店装修中最重要的模块之一。店招是买家进入店铺后建立对店铺认识的重要环节，所以店招是商家用来展示店铺名称和形象特点的一种重要途径，它主要由文字和图案组成，表现的方法也十分灵活。但网店店招的表现形式和作用与实体店铺有一定区别，相比实体店铺，网店买家只有进入店铺之后才可以看得到店招。

1. 明确店招装修步骤

对于店铺来说，店招的形式大致可分为两种，一种是动态图片，另一种是静态图片。而创业者更倾向于选择静态图片。静态图片的格式比较多，制作也相对简单，能满足大部分卖家对店铺装修的要求。在进行静态店招制作前，要先明确两个问题：店招部分的装修该从哪里着手和怎样着手。

首先进入淘宝页面，点击“千牛卖家中心”进入千牛卖家工作台，在该页面左栏“店铺管理”中看到“店铺装修”一项，如下图6－30所示。

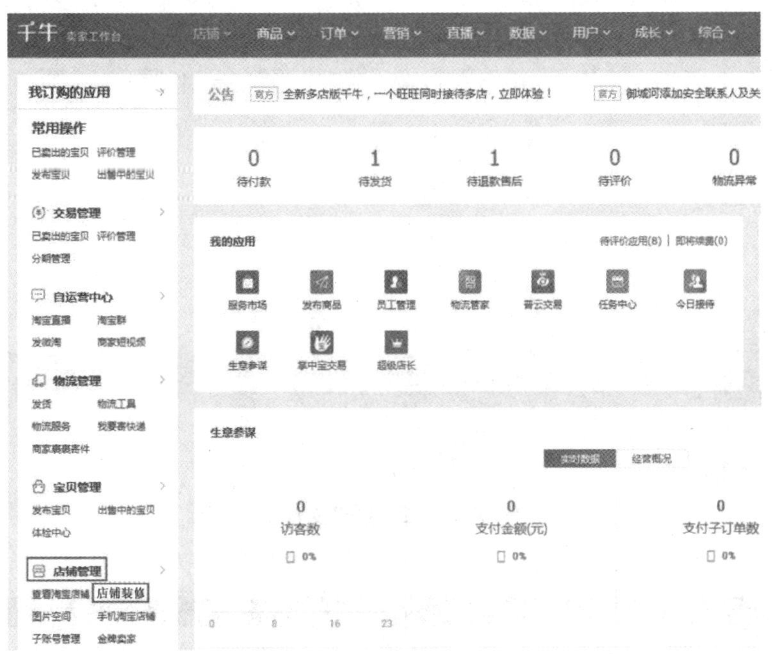

图6－30　“千牛卖家工作台”页面

进入店铺装修页面后，选择“PC”端，点击左侧的“基础页”，将光标定位到首页，出现“装修页面”按钮，点击该按钮，进入装修调整页面。鼠标光标放在店招的位置，点击出现的“编辑”按钮，如图6－31所示。

图6－31　编辑页面

在点击“编辑”后，就进入了店招编辑模块，可以开始对店招进行编辑。其中，店招编辑可分为“默认招牌”和“自定义招牌”。通常店铺装修使用比较多的还是“选择文件”编辑，因为“选择文件”方式在店铺风格、表现形式等方面更具有独特性。如图6-32、图6-33所示。

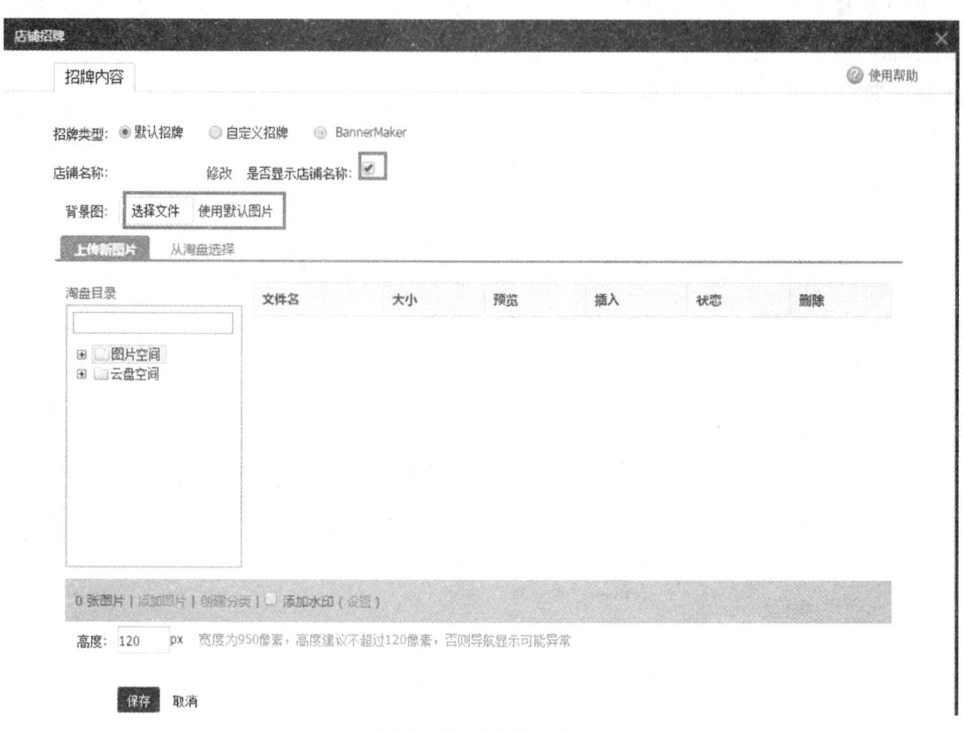

图6-32　选择文件

图6-33　店招编辑

在选择好编辑方式后，在店标制作页面，首先要选择招牌显示类型，淘宝招牌显示类型有两种，分别是默认招牌与自定义招牌。

默认招牌是指“背景图片” + “店铺名称”显示，这种设置较为简单，背景图片不但可以更换，还可以使用淘宝店铺默认的招牌背景图片。自定义店招功能比较丰富，既可以添加自己设计的店招图片，也可以安装更多功能的店招代码。

另外，淘宝顶部模块的高度默认是 150 像素，顶部模块包括店铺招牌和导航条，其中导航条高度为 30 像素，因此一般建议设置店招高度在 120 像素以内。如果设置店招高度超过 120 像素，导航条就会被挤压，因此如果出现店招代码或者购买的模板包含了导航条，即店招本身高度为 150 像素，可以选择设置店招高度为 150 像素，来隐藏淘宝自带的导航条。如图 6－34 所示。

图 6－34　自定义招牌设置

2. 店招的设计与制作

在明确了店招装修的步骤后，就可以开始着手店招的设计与制作了。在进行店铺装修的时候，淘宝网根据个人差异向卖家提供了多种装修风格，但店招的制作风格很大程度上和店铺经营的产品相关，所以要讲究店招、产品、店铺风格的统一性。而且，店招在网店中，一直处在店铺第一屏中最为醒目的位置，是传达信息最好的阵地。燕子原创女装自营店利用店招的这一特点，以个性鲜明为设计方向，在店招区域直观地传达自身店铺的经营信息、所属的行业信息以及所卖产品具有的特点，让买家走进这家店就可以很清晰地了解到店铺的经营性质。

（1）普通店招设计

燕子原创女装自营店的服装品牌理念是追逐自由个性的简约生活，其在店招的底色选择上结合店铺定位，新建店招图层后，选择纯白背景，在店招图层的左侧置入店铺 Logo，如图 6－35、图 6－36 所示。

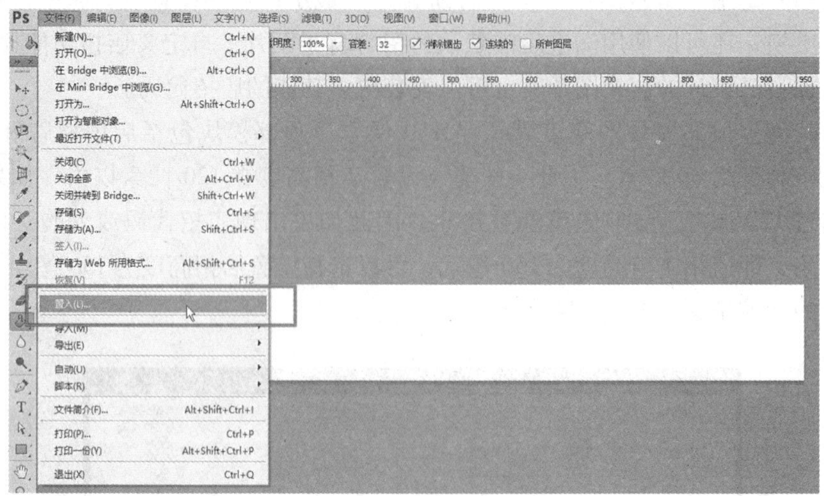

图 6－35　置入功能

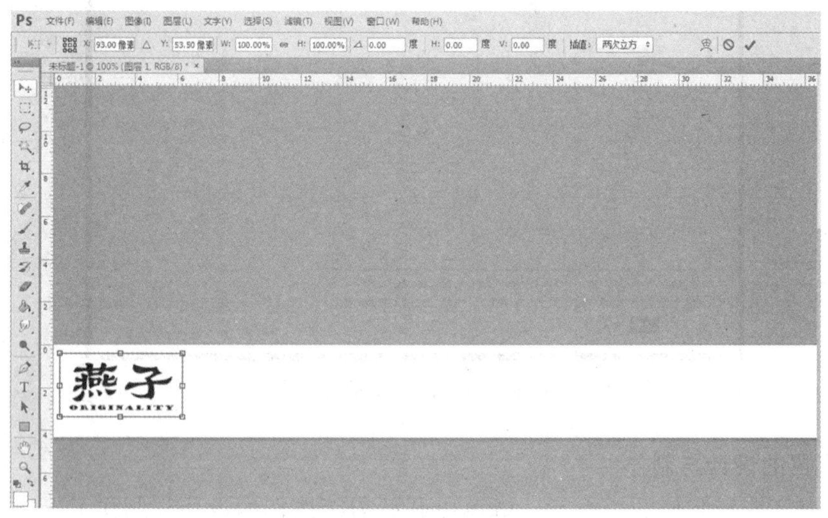

图 6－36　置入 Logo 图片

为了加深买家对店铺的印象，燕子原创女装自营店在 Photoshop 软件工具栏中点击文字工具，在 Logo 的下方添加了店铺简介“寻找真实的自己”并对文字进行字体、颜色等设置，以此对品牌理念进行宣传，如图 6－37、图 6－38 所示。

添加完店招标语后，还可以在店招上面添加“欢迎光临”“收藏店铺”等字样吸引客户。燕子原创女装自营店先在店招空白处的右侧添加图标，然后输入“设计师推荐搭配”和“收藏本店”字样，这样不仅可以将店铺理念呈现给买家，也能提高买家对店铺的信任度，如图 6－39、图 6－40 所示。

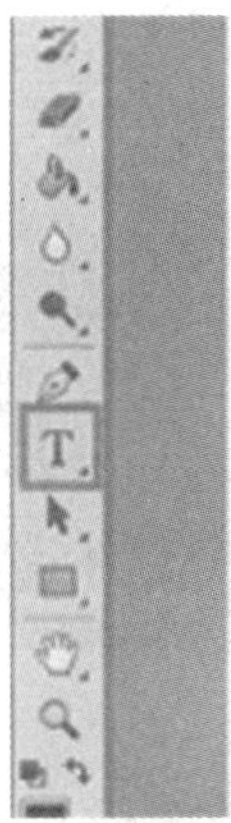

图 6 -37　Photoshop 文字工具

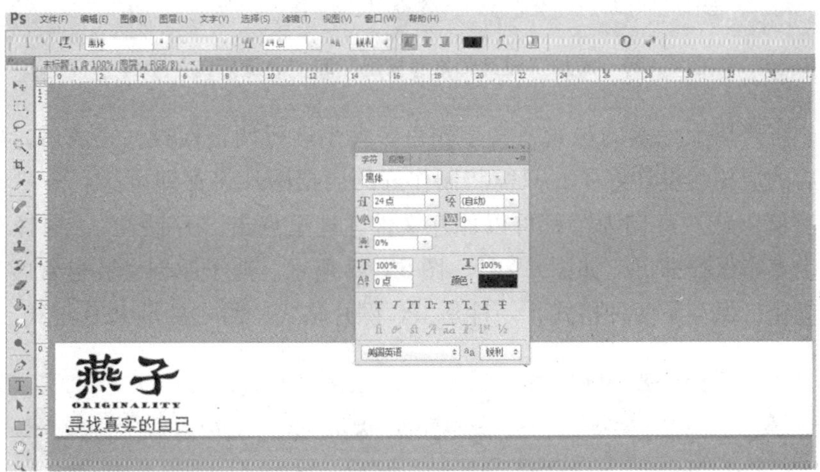

图 6 -38　店招添加标语

图 6 -39　添加店招图标素材

图6－40　添加“设计师推荐搭配”和“收藏店铺”字样

最后，将店招上元素的位置，文字颜色、大小进行调整检查，完成后，燕子原创女装自营店的店招就设计好了，只需将制作好的店招图片保存即可。点击“文件”菜单中的“存储”或“存储为”都可以保存文件，这里点击“存储为”，选择存储的格式及位置，点击保存即可，如图6－41、图6－42所示。燕子原创女装自营店考虑到后面的店招优化，保存了两种格式，一种是JPG图片格式，另一种是PSD格式。

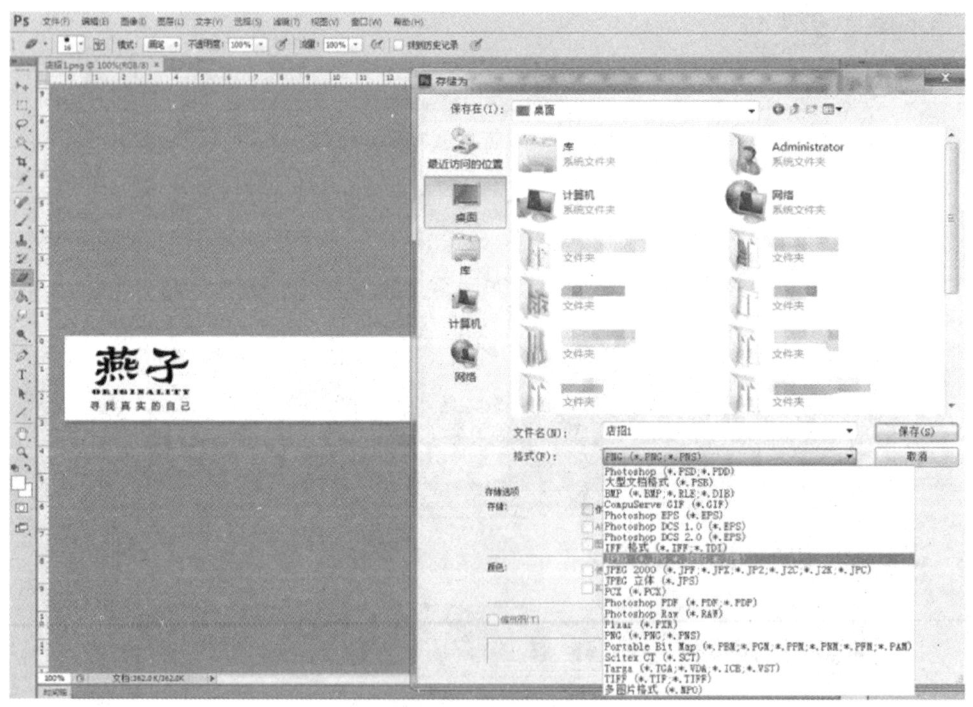

图6－41　保存店招文件

图 6－42　普通店招效果图

（2）店招设置商品

在店招上设置商品能让买家第一时间掌握店铺产品的最新信息，也能促进店铺单品的流量，提升转化率。在店招上设置商品，需要在普通店招的基础上，有放置商品的留白，如图 6－43 所示，燕子原创女装自营店先在 Photoshop 中打开店招 PSD 文件。

图 6－43　打开店招

接着点击“文件”栏中的“置入”，将需要放置的商品图片依次置入店招中，并调整好位置，如图 6－44、图 6－45 所示。

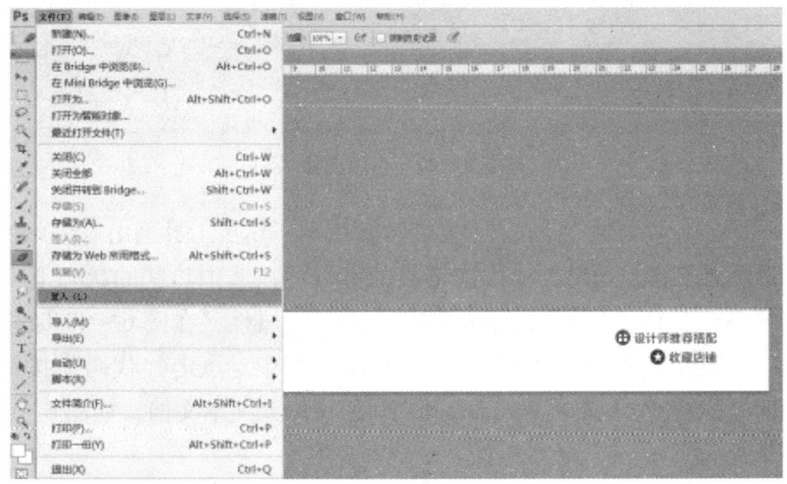

图 6－44　选择置入

图 6－45　置入商品图片素材

完成后存储店招，选择“文件”→“储存为 Web 格式”，选择存储路径并对文件进行命名，选择格式的时候要选“HTML 和图像”格式，如图 6－46 所示。

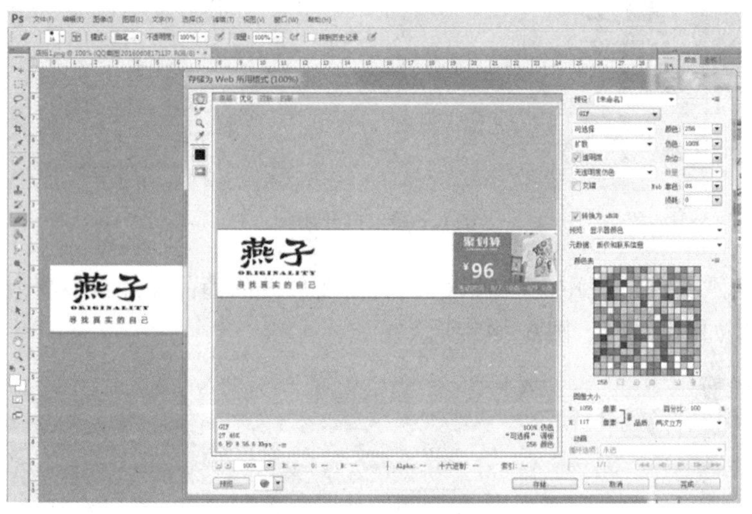

图 6－46　存储图像

打开 Dreamweaver 软件，燕子原创女装自营店利用热点工具画出需要添加链接的区域，选择矩形热点工具，画出需要添加链接的部分，在选中热区的状态下（热区周围有四个青色的小方点），下面的属性中会显示热区的属性，在图 6－48 标注的链接框中，填上对应的宝贝链接，然后复制代码到文本文档中。点击“代码”按钮，显示此文件的代码部分，复制 <body> </body>之间的代码到文本文档，如图 6－47、图 6－48、图 6－49 所示。

图 6－47　选择热点工具

图 6－48　创建热点链接

```
<head>
<title>店招1</title>
<meta http-equiv="Content-Type" content="text/html; charset=utf-8">
</head>
<body bgcolor="#FFFFFF" leftmargin="0" topmargin="0" marginwidth="0" marginheight="0">
<!-- Save for Web Slices (店招1.png) -->
<img src="images/&#x5e97;&#x62db;1.gif" alt="" width="1056" height="117" usemap="#Map" border="0">
<map name="Map">
  <area shape="rect" coords="424,4,631,112" href="#">
</map>

<!-- End Save for Web Slices -->
</body>
</html>
```

图 6－49　复制代码

完成热点链接后，燕子原创女装自营店即完成了店招的商品设置，最终效果如图6－50所示

图6－50　最终效果图

3. **店招的上传**

燕子原创女装自营店完成店招设计后，下一步就要考虑如何把店招运用到自己的淘宝店上去。把设计好的图片有条理地整理到本地的文件夹中，并要注意选择店招的图片格式，一般默认为JPG格式。

在保存好图片后，燕子原创女装自营店接下来就进入店招上传的步骤了。登录千牛卖家工作台，进入“店铺装修”—店招“编辑”页面，如图6－31所示。这时，点击右上角的“编辑”，就会弹出一个上传店招图片的对话框，点击“选择文件”按钮，浏览已保存好的店招图片，确定要选择的图片，点击“保存”按钮，如图6－51所示，这样就可以将默认的店招替换成本地的店招图片。

图6－51　上传店招图片

最后点击页面右上角的“发布站点”，如图6－52所示，注意只有点击了发布键后，才可以确保替换的店招最终成功被运用到淘宝店中。

图6－52　点击“发布站点”

（二）海报设计

海报是一种视觉传达的表现形式，一张好的海报可以生动地传达店铺的产品信息和各类店铺活动情况，吸引买家关注。海报的组成元素一般包含背景、产品与文案三部分。燕子原创女装自营店在进行淘宝海报设计时要考虑到店铺风格和受众的心理，并需要有充分的视觉冲击力，做到内容精练、以图为主、文案为辅、凸显主题。

1. 海报设计的技巧

在设计海报前，首先要对海报设计的技巧进行了解。从设计的角度来看，点线面的灵活运用是店铺海报设计的关键。不同的元素应用不仅是视觉美感的传达，同时也是海报设计针对不同的商品特色进行的营销点的展现。

（1）点

点的元素在海报设计中存在的主要意义是点缀、活跃画面，烘托氛围以及丰富画面。在海报画面中常以绿叶、花瓣、火花、几何色块、彩片等元素的方式呈现，在运用这些元素时，需要注意近实远虚，近大远小以及疏密的对比等呈现技巧，如图6－53所示。

图6－53　点元素的应用

（2）线

线元素在海报设计中的运用主要起到渲染画面、引导或分割画面、串联画面中元素的作用。使用线条做背景最常见的两种类型分别为具有强视觉冲击效果的放射性线，失衡但具有运动感、视觉活力十足的 45 度斜线，如图 6－54 所示，但这两种线在运用时需要注意线条的粗细和长短对比。

图 6－54　线元素的两种类型

另外，线在文案中配合色块可以起到分割画面信息的作用，能让文案更有条理，有时候也能起引导指向作用。就整个画面而言，文案也可以被理解为线，比如汉字下面添加的英文小字，它们的存在可以很好地增加画面细腻感，如图 6－55 所示。

图 6－55　文案中线配合色块

（3）面

面一般是画面中的主角，即店铺商品。一些常见的店铺首页海报基本都是通过色块也就是“面”来设计画面的，需要注意的是面与面之间需要通过不同的排列来灵活对比，如图 6－56 所示。另外，设计海报时运用几何色块元素来突出画面背景与产品层次也是不错的选择，如图 6－57 所示。

图 6－56　排列对比

图 6－57　几何色块元素的运用

2. 海报的设计与制作

在掌握了海报设计的技巧后，就可以开始着手海报的设计与制作了。常见海报可分为两种，一种是尺寸为 1920 像素 ×500 像素或 1920 像素 ×600 像素的全屏海报，另一种为 950 像素 × 自定义像素的 950 海报。燕子原创女装自营店从店铺布局考虑选择了后者。首先，在 Photoshop 中新建一个 950 像素 ×393 像素的图层，并置入图片背景调整图片大小，如图 6－58 所示。

图 6－58　置入素材背景

调整好图片后确定，选择矩形工具，在模特图的右侧置入撞色的丝绸图片，一方面用来增加画面的层次感，另一方面用丝绸图片来突出商品的材质，如图 6－59 所示。

图 6－59　绸缎素材置入

选择矩形工具，在丝绸图层上方错位画出矩形并填充蓝色，蓝色的选择是为了呼应商品的主色调，为撞色作过渡，如图 6－60、图 6－61 所示。

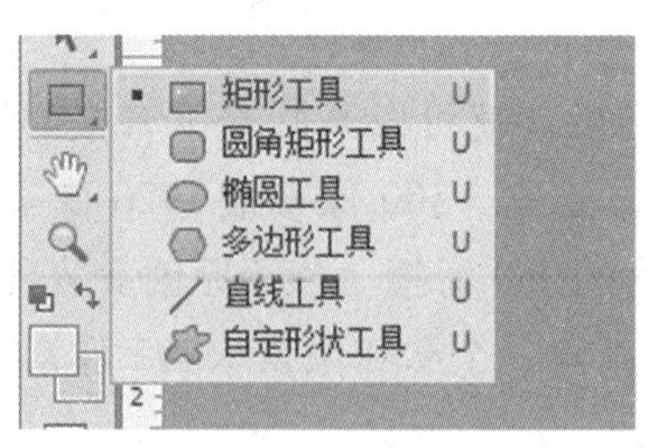

图 6－60　选择矩形工具

图 6－61　填充矩形

接着选择文字工具，写入海报主题。为了突出海报主题，燕子原创女装自营店对“NEWEST”（最新的）字样进行了混合设置，右键选择“混合设置”→“颜色叠加”→“渐变叠加”塑造出丝绸的顺滑感，再一次呼应商品特点，如图 6－62、图 6－63 所示。

图 6－62　文字工具

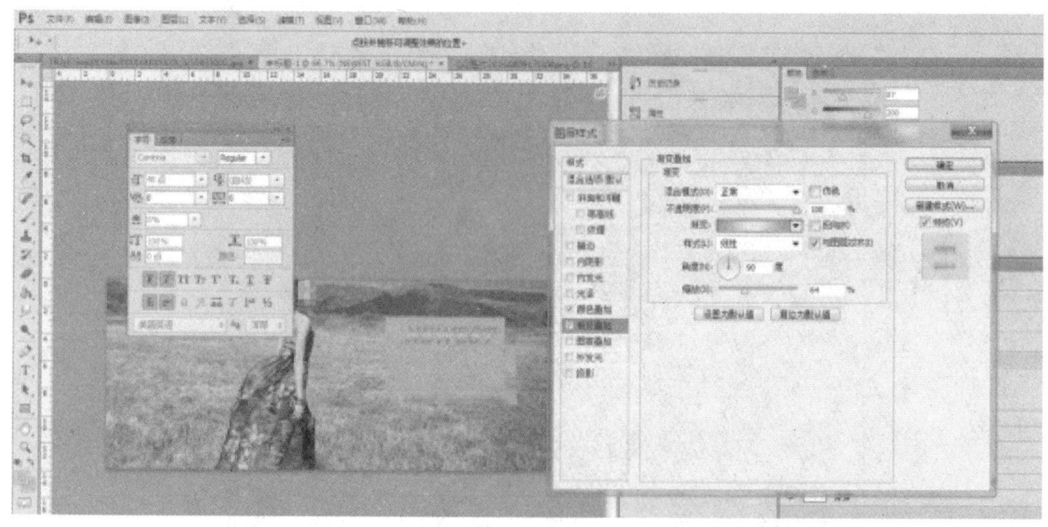

图 6－63　设置文字格式

设置完海报主题后，燕子原创女装自营店选择了白色字体颜色缓和色彩间的搭配，依次输入剩下的海报文案，如图 6－64 所示。

图 6－64　输入文案

最后，将文案通过合理的排版增加视觉效果，即可完成海报设计，如图 6－65 所示。

图 6－65　最终海报效果

相关链接

店招及海报设计思路

一、店招设计思路

1. 以品牌宣传为主

这样的网店一般拥有雄厚的资金实力、过硬的产品，并且想要打造自己的专属品牌。店招内容包括：品牌 Logo、关注、收藏。

2. 以促销活动为主

店招风格由活动主题决定，促销活动薄利多销，应营造出一个活动氛围。在店招中适当地加入一些红包或优惠券领取的按钮。

3. 以产品推广为主

目的是增加网店主推产品的销量，一般在店招图上放 2、3 款推广产品。

二、海报设计思路

1. 海报色调与网店主色调统一

设计海报时，先观察网店整体大环境，海报设计应尽量避免与主色调产生强烈的对比，必须以对比色设计海报时，要考虑降低纯度和明度。

2. 根据产品亮点定背景色

①海报背景选择上，最好做到背景元素与产品相呼应。

②在海报设计中，大体分为两种风格。一是将拍摄的图直接用作背景，排列活动文案，将产品提取出来；二是背景根据产品灵活变动，再配上适当的文案。

3. 文案策划排版

明确海报面对的客户人群，根据面向的客户策划文案排版。

4. 突出海报主题

产品图片展示与拍摄图片不同。摄影作品突出原生态，添加文字是为了更好地突出画面。设计作品使画面烘托文案主题，应将主题文案放在首页重点突出。

二、商品分类设计

商品分类的作用是从买家体验的角度出发，为了让买家更方便、快捷地找到自己想要的商品，卖家除了可以在店铺装修过程中设计导航条二级页面内容外，也可以设计自定义分类栏目。但从买家视觉习惯来说，自定义分类栏目，即常见的左侧分类栏目内容，更能为买家带来良好的浏览体验。左侧分类栏的呈现有文字和图片两种链接方式。想要快速吸引买家的目光，颜色和大小都不能改变的文字链接较难做到。考虑到这一点，燕子原创女装自营店决定将每项店铺类目制作成图片。

（一）商品分类栏设计与制作

燕子原创女装自营店的风格色调为经典的黑白色，考虑到店铺装修的统一性，在进行商品分类栏设计时，选择了相近色灰色 + 白色为底，并加以黑色的图标元素。打开 Photoshop，新建一个宽度为 168 像素、高度为 98 像素的空白文件。宽度为 155 像素比较适宜，可适当增减，高度任意，如图 6 – 66 所示。

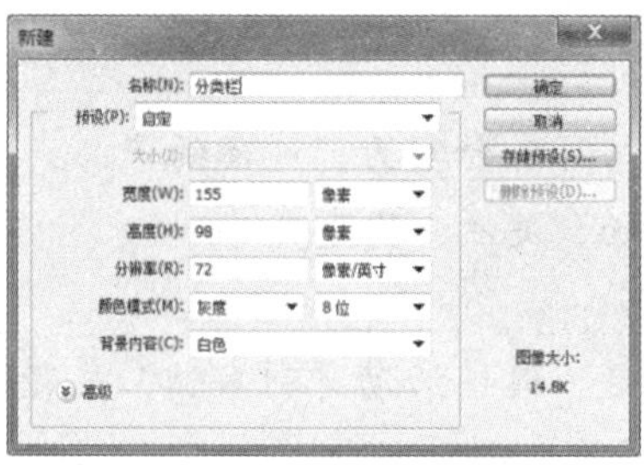

图 6 – 66　新建图层

选择矩形选框工具，画出选框，然后选择“油漆桶”，对选框进行填充，如图 6 – 67 所示。

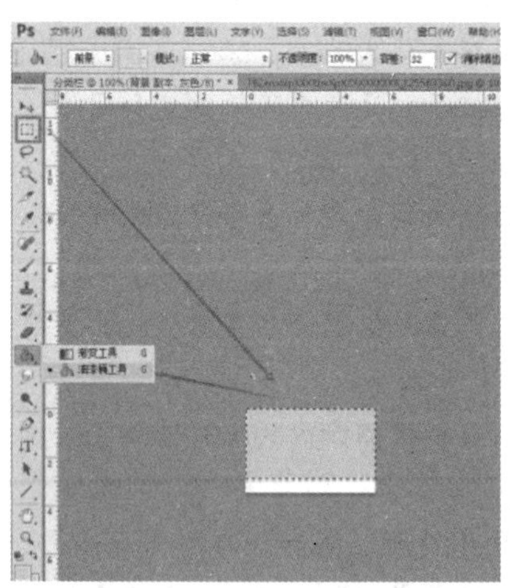

图 6 – 67　填充矩形选框

接着选择直线工具在中间画出直线，然后调整线条位置，在灰色与白色层之间添加三角形黑色图标，做出箭头的效果，引导买家点击浏览分类，如图 6－68 所示。

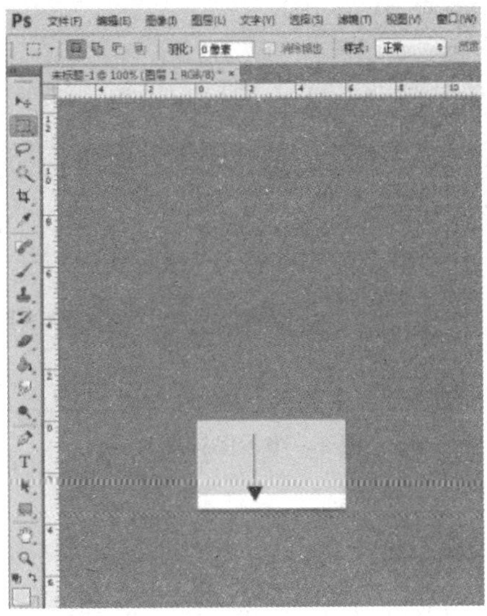

图 6－68　添加素材

完成后，在左侧置入黑色图标元素，接着选择“横排文字工具”添加文字，设置文字格式大小等，依此完成所有的分类，最后将图片保存即可，保存的格式最好为 JPG、JPEG、PNG 与 GIF 这四种淘宝图片空间支持的格式，如图 6－69、图 6－70 所示。

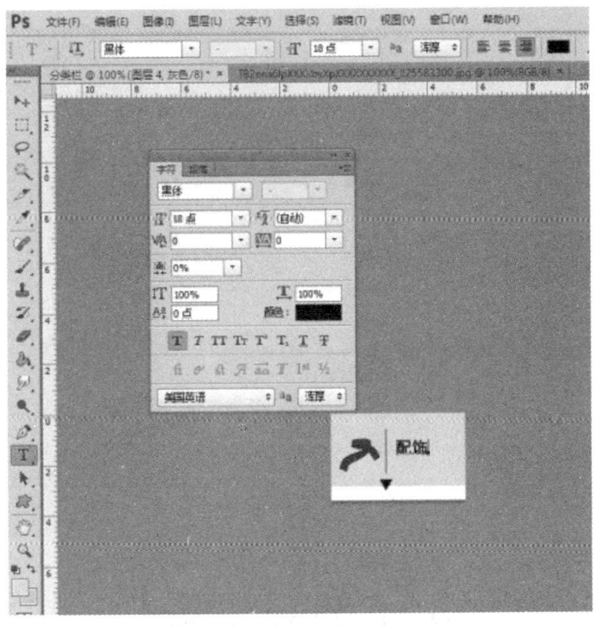

图 6－69　添加图标与文字

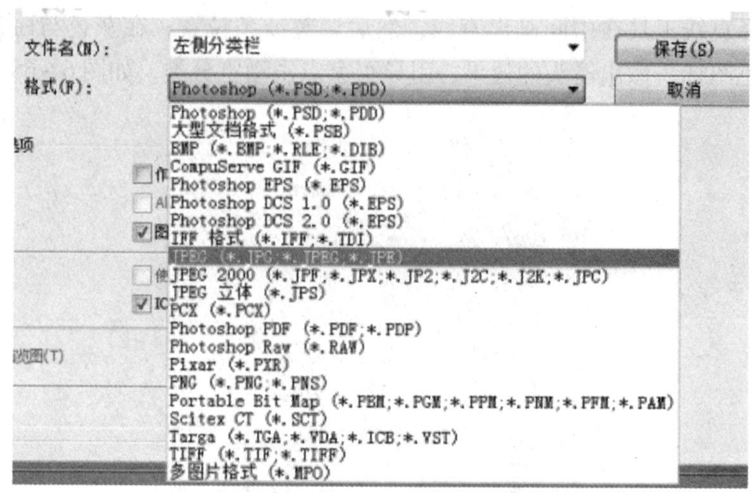

图 6－70　保存图片

（二）商品分类栏设置

燕子原创女装自营店完成商品分类栏设计后，需要将设计好的图片运用到商品栏中去。在默认的情况下，商品分类栏如图 6－71 所示。

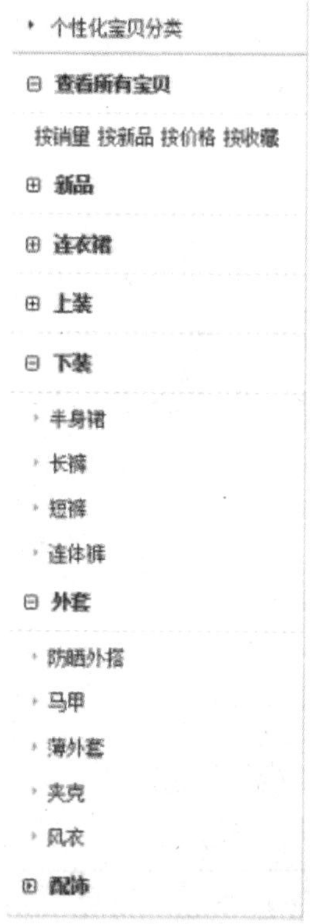

图 6－71　默认商品分类栏样式

燕子原创女装自营店在“店铺管理”下的“店铺装修”页面中，选择左上角的“模块”，在显示的模块内容中，点击“个性分类”如图6－72所示。

图6－72　点击“个性分类”

这时，可看见左侧商品分类栏，点击左侧商品分类栏右上角的“编辑”，如图6－73所示。

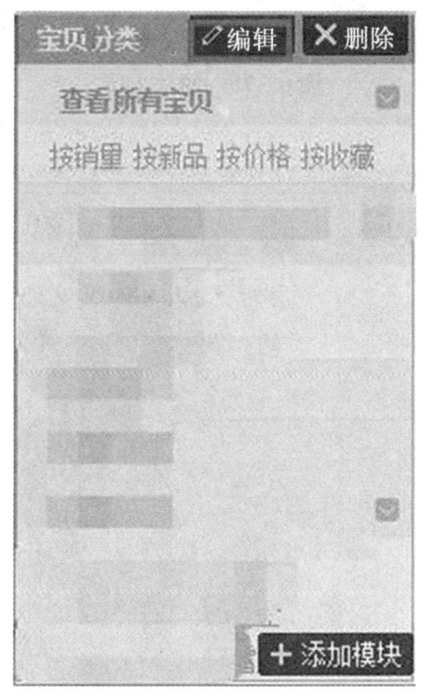

图6－73　点击“编辑”

进入左侧商品分类栏设置页面，这个页面可以对商品进行分类的同时，也可以对分类的样式进行设置，点击“编辑”，如图6－74所示。

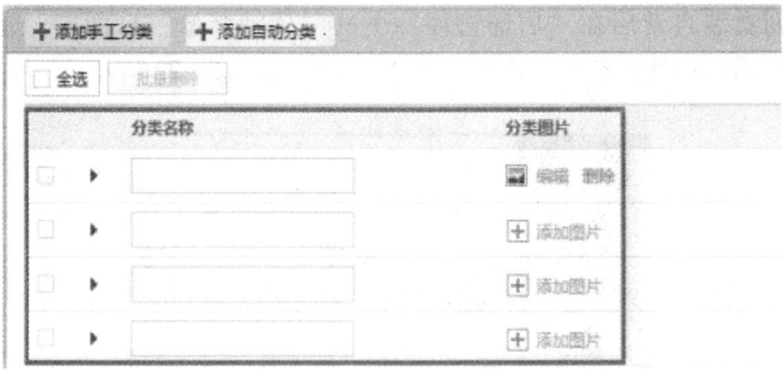

图 6－74　编辑分类样式

在编辑页面进行图片选择，图片上传的方式有两种。一种为内部图片地址，只需要将图片链接粘贴到地址框保存即可；另一种是插入图片空间图片。燕子原创女装自营店选择的是第二种，因此，需要先将设计好的商品分类图片上传至图片空间，上传成功后，点击添加，如图 6－75、图 6－76 与图 6－77 所示。

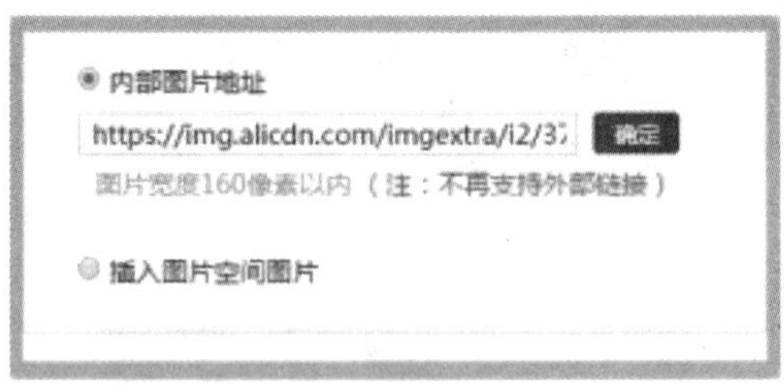

图 6－75　图片上传

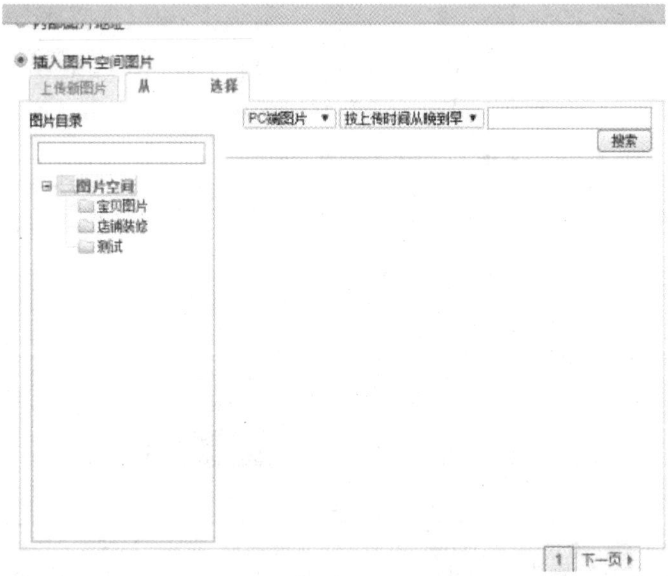

图 6－76　上传新图片

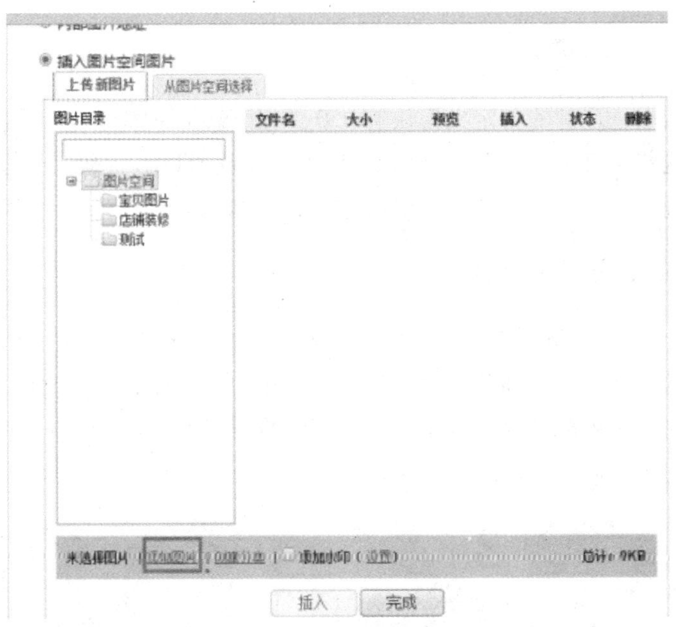

图 6－77　插入图片空间图片

燕子原创女装自营店完成分类栏设计的左侧商品分类栏，如图 6－78 所示。

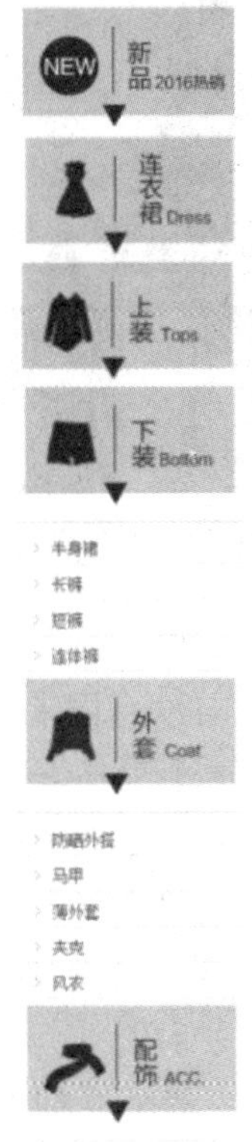

图 6－78　装修后的商品分类栏

三、自定义栏目设计

在淘宝店铺中，现有的自定义模块有950像素、190像素与750像素三种，卖家可以根据需求在这些自定义模块中添加图片、文字以及HTML代码。燕子原创女装自营店将这些元素进行组合，可以把自身的淘宝店铺装修得更具特色与个性。

（一）自定义栏目图片排版

为了页面的美观，网店布局通常会采用表格的排版形式，而商品排版往往用于店铺宣传页及商品促销栏目。如图6－79所示，图中1至7部分所占比例不一样，不规则地排版能使店铺的多种单品毫无违和地统一出现在首页。这类自定义栏目的排版，燕子原创女装自营店可通过HTML表格来实现。

图6－79 不规则的表格

首先需要对“嵌套表格”的排版方法进行了解，即在表格的内部插入表格。表格排版时，横向只能排版一个表格，纵向没有限制，如果一定要将几个表格左右并排，可以将最外围表格先进行划分，通过这个表格来控制总体布局，然后再根据需求，在每一列中插入多行表格，从而完成不规则表格排版。

燕子原创女装自营店根据上图得出的排版方法是，先插入一行三列的表格，如图6－80中实线条所示。然后分别在第一列、第二列插入两行一列的表格，并在第三列插入三行一列的表格，如图6－80中虚线所示。

在了解了嵌套表格的排版思路后，燕子原创女装自营店接下来只需要在每个单元格内插入对应的图片即可。在“站点管理器”上，单击鼠标右键，在弹出的菜单中选择“新建文件”命令，并命名为“Promotion. html”。创建完成后，鼠标双击该文档，

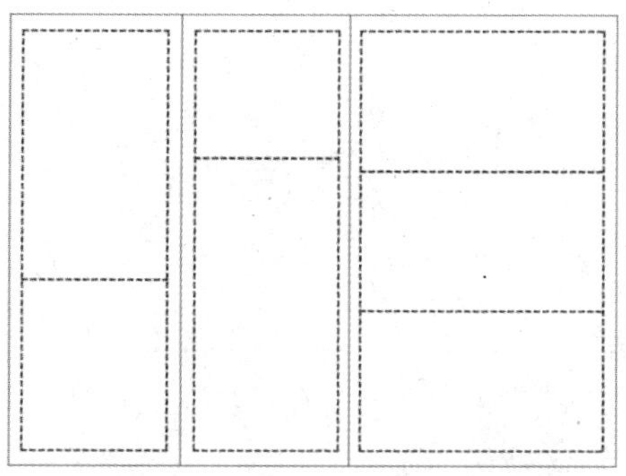

图 6－80　了解“嵌套表格”

打开“Promotion. html”文件进行编辑，单击“设计”按钮，进入设计视图状态。

选择“插入”→“表格”命令，在弹出的对话框中设置表格行数为 1、列数为 3、宽度为 700 像素、边框粗细为 0、单元格边距为 0、单元格间距为 0，如图 6－81 所示。完成后单击“确定”按钮，完成表格的插入。

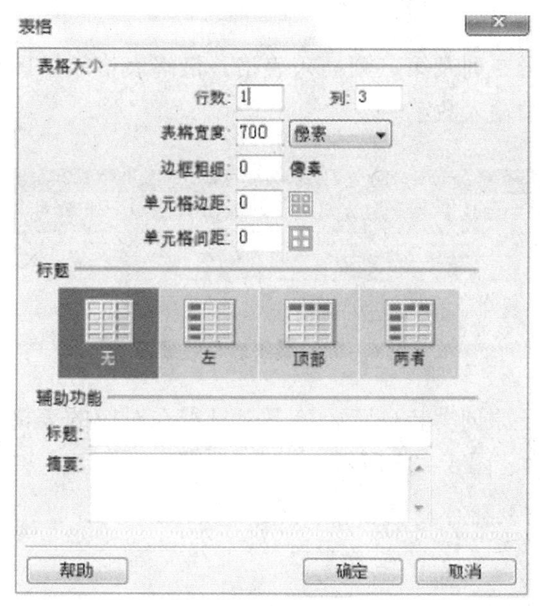

图 6－81　插入外框表格

需要注意的是，当边框粗细设置为 0、单元格边距为 0、单元格间距为 0 时，表格即为无线表格，在 Dreamweaver 编辑框中可以看到虚线，但在浏览器浏览时，是无法看到线条的。接下来，鼠标单击第一格，选择“插入”→“表格”命令，在弹出的对话框中设置表格行数为 2、列数为 1、宽度为 100%、边框粗细为 0、单元格间距为 0、单元格边距为 0。燕子原创女装自营店在这里用到宽度为百分比，意思就是这个表格的宽度是自由的，其宽度由所在单元格的宽度决定，它会智能化调整自己的宽度，如图 6－82 所示。

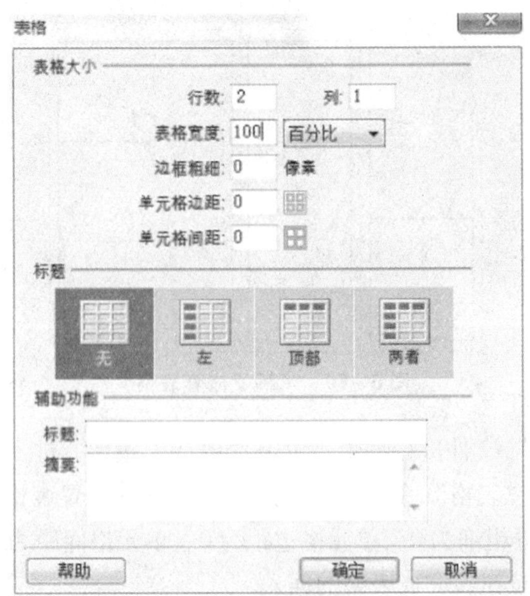

图 6 – 82　表格宽度为百分比

相同的方法，在第二列及第三列插入表格，最终表格效果图如图 6 – 83 所示，为了区分，可先在表格中输入数字。

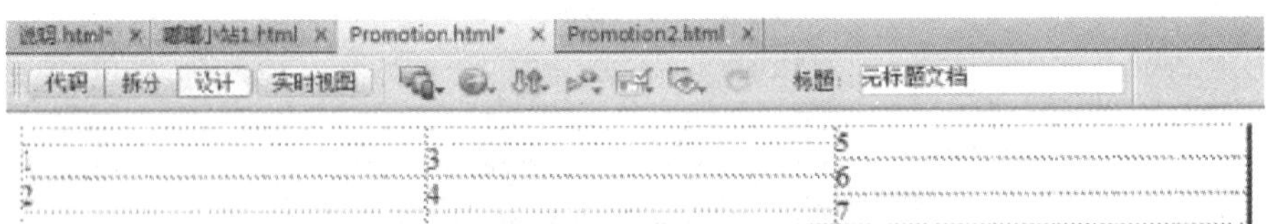

图 6 – 83　最终表格效果图

布局完成后，燕子原创女装自营店接下来只需在对应的表格内插入图片即可完成图片排版，如图 6 – 84、图 6 – 85 所示。

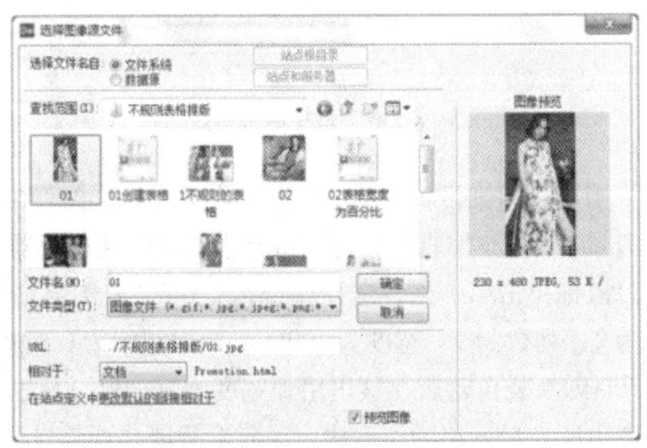

图 6 – 84　插入图片

图 6－85　使用表格嵌套技术完成的排版效果

按快捷键 F12，即可在浏览器下查看布局效果，如图 6－86 所示。

图 6－86　浏览器下查看布局效果

（二）自定义栏目图片切割

自定义栏目的图片可以是一整张大图，也可以由若干小图片组成。相比前者，后者是点击每个商品就可以直接切换到该商品的详细页面，让买家以最快捷和直接的方式对商品进行了解和购买，更能提升店铺的转化率，但如果是若干小图片排版成的整张图片是无法为每个商品分别添加超链接的。因此，燕子原创女装自营店可以通过切图，将一张大图片分割为不同的部分，再分别对各部分进行编辑。首先将图片拖入 Photoshop 中，选择切片工具，如图 6－87 所示。

图 6－87　使用 Photoshop 中切片工具分割图片再进行编辑

根据商品类别选定切片的区域，将图片划分成块。从图片的左上角开始，按照要求进行每一部分的切割，以便在编辑 HTML 代码时可以对不同的商品添加不同的链接地址。切割完成一片以后，在这个图片的左上角就能够看到一个自动的标记记号，如图 6－88 所示。

图片切割完成后，燕子原创女装自营店需要对所切割的图片进行存储。选择“文件”→“储存为 Web 所用格式”，选择存储路径并对文件进行命名，选择格式的时候要选“HTML 和图像”格式。如图 6－89、图 6－90 所示。

图 6－88　切片上显示自动标记记号

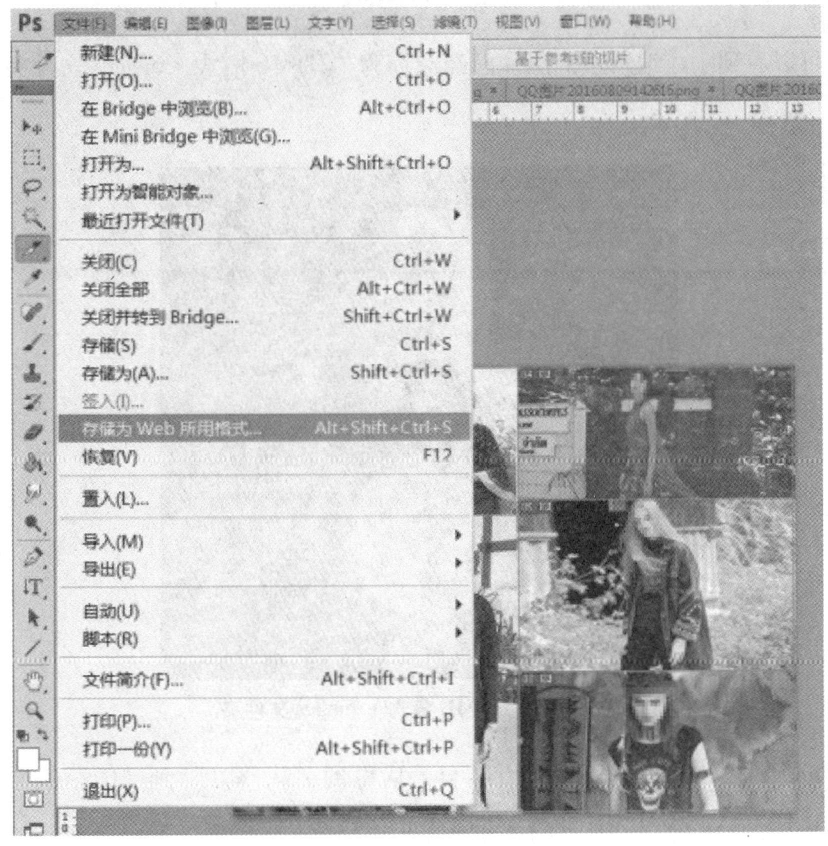

图 6－89　选择存储格式

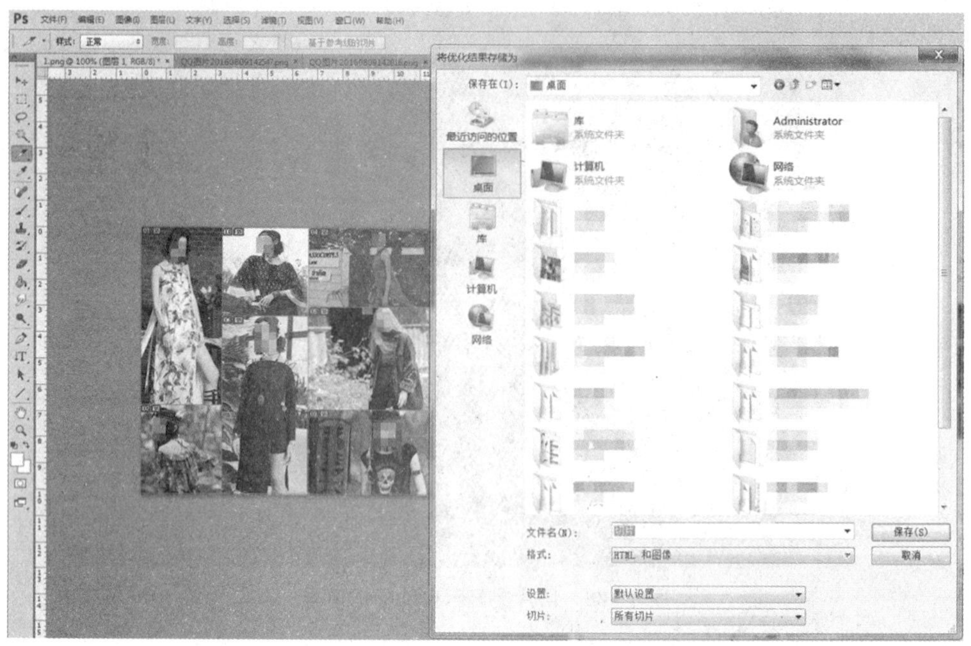

图 6－90　存储

这时可以看到刚才编辑过的图片已经储存为“HTML 格式＋images 文件夹”，如图 6－91 所示。

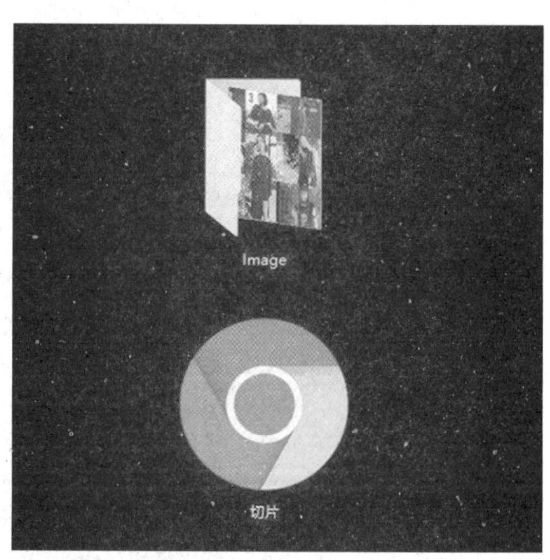

图 6－91　HTML 格式＋images 文件夹

打开 images 文件夹，燕子原创女装自营店得到了从“01”到“07”共 7 张图片，Photoshop 已经默认为图片做了编号，如图 6－92 所示。

图 6－92　默认编号

接着在 Dreamweaver 中打开图片文件（HTML＋图片格式），如图 6－93 所示。

图 6－93　Dreamweaver 中打开

点击左上角“拆分”，可看到打开的页面左侧为 HTML 代码，右侧为效果预览。点击一张图片，可通过代码查看被切割的各个小图片的属性代码，代码中包含图片所在文件夹、图片名称、图片宽度、图片高度等，要添加链接只需在目标图片的代码中使用链接命令，如图 6－94 所示。

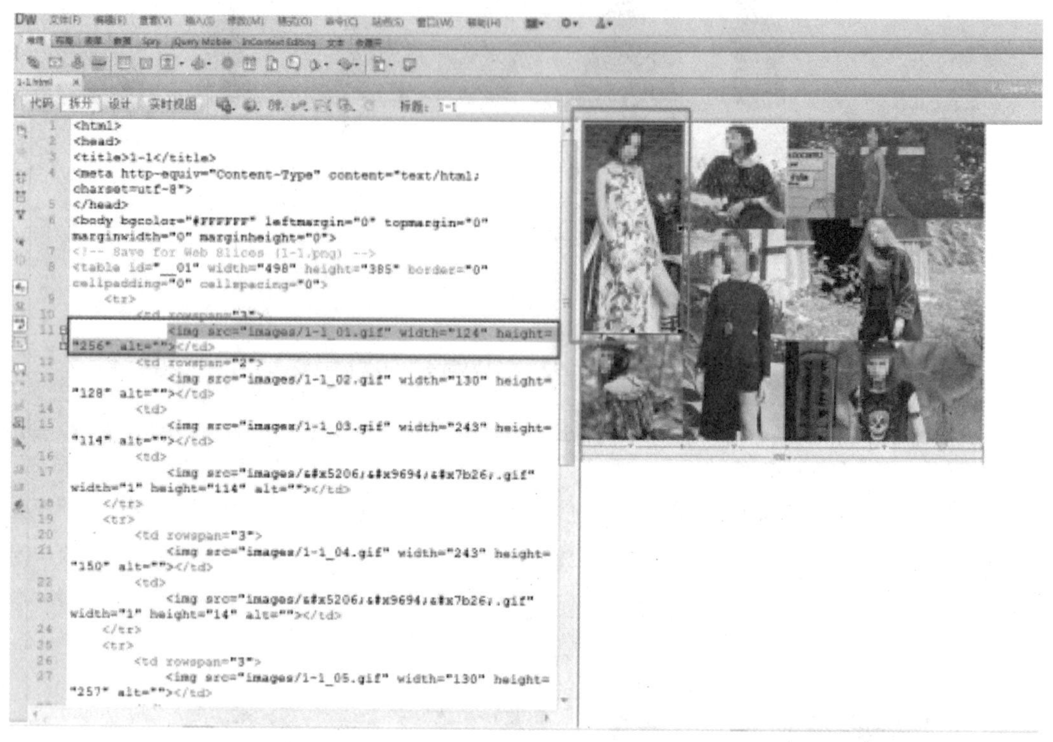

图 6－94 拆分

为了实现链接功能，燕子原创女装自营店此时需要使用 HTML 代码在图片代码前添加链接代码，如下所示。将“ahref = ‘目标网址’”中的“目标网址”替换为需要链接到的商品地址，并将“img src = ‘images/1 －1_ 01. gif’”中的图片路径替换为上传后的网络图片地址。

< ahref = " 目标网址" target =_ blank >

< img src = " images/1 －1_ 01. gif" width = " 124" height = " 256" alt = " " >

< /td >

依此将目标网址对应后，统一复制所有代码，将代码粘贴至自定义栏目代码处，即完成自定义栏目的设计。

四、商品详情页设计

商品详情页与店铺转化率息息相关，好的商品详情页可以树立用户对店铺的信任感，激发用户的消费欲望。卖家在商品详情页设计的过程中应从用户的角度出发，帮助用户更好、更详细地了解商品的功能和特点，最终引导用户产生购买行为。那么如何设计好一个商品详情页呢？

商品详情页即商品描述，如图 6－95 所示。编辑商品详细描述时需要注意，商品详细描述是在购买页面中商品参数的下方，通常包含图片、文字说明、视频等。

图 6－95　商品描述

设计商品描述首先需要了解消费者的消费心理和浏览习惯。消费者看商品详情页与逛实体超市有很多相似的地方，超市通常会通过基本的行径路线和区域划分去引导顾客浏览和购买商品，同样，优秀的商品详情页需要一套自己的逻辑去引导顾客浏览和购买商品。卖家应从消费者的角度考虑：消费者在选择一家店铺的产品时，首先会考虑什么、其次会考虑什么、最后影响决定购买的又是什么。

比如对于一款“中国风墙贴”，消费者首先会考虑这款墙贴的风格是否适合家装需要、装修效果是否符合自己心理需求，所以商品详情页的第一视觉需要能够打动顾客。其次，顾客会考虑使用产品的多个细节问题，比如多长时间需要更换、是否方便清理等，然后才会考虑墙贴的尺寸、售后服务等。所以商品详情页的设计必须按照消费者这种思路去铺垫，而不是直接展示商品卖点。商品详情页设计要遵循的基本思路："引起兴趣""激发潜在需求""建立客户信任""促使客户做决定"。

按照以上思路，结合淘宝网多年越来越完善的详情页设计体系，以 PC 端为例，可以将详情页内容分为五大类：促销说明类、商品展示类、吸引购买类、实力展示类和交易说明类。根据不同类目的特点，可单独调整每个类别包含的模块。

（一）促销说明类

该大类下主要分为：热销产品、搭配产品、促销产品和优惠方式。

卖家可以自行或是利用第三方定制软件，在详情页生成搭配产品、优惠活动等，让顾客对店铺的促销活动、热卖产品一目了然，吸引顾客继续浏览，同时可以为优质的商品分享更多流量，带动商品的销量与排名。如图 6－96 所示为某品牌官方店中商品详情页中的搭配产品展示。

图 6－96　详情页中的搭配产品

（二）商品展示类

该大类下主要分为：卖点、功能、细节、规格参数、包装、搭配和效果。

卖家可以通过图文或视频的方式，突出商品的卖点或是有代表性的功能、在实际生活中可以帮助买家解决哪些问题，从各个方面告诉买家为什么要购买该商品。由于线上购买，买家并不能像实体店那样判断商品是否适合、质量如何，所以需要卖家尽可能详细地展示商品的细节，通过图文结合的方式，让买家更清楚地了解商品。最后卖家应该尽量让商品的尺寸可视化，可以采用较为日常的实物与商品进行对比，让买家更直观地了解商品的实际大小，以免收到商品时与心里预期不符。如图 6 - 97 所示为某品牌官方店某款连衣裙商品详情页中的细节展示。

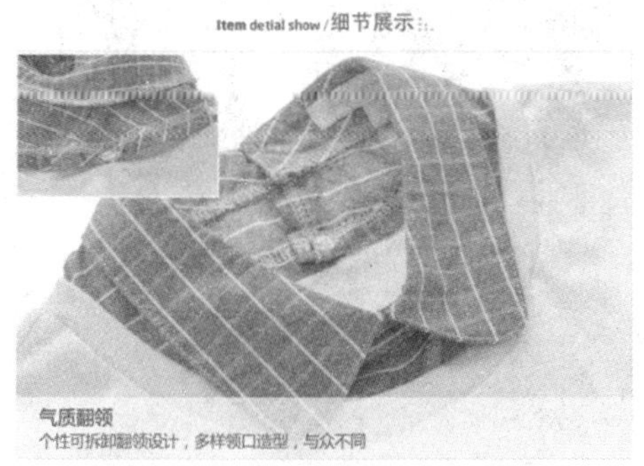

图 6 - 97　详情页中的细节展示

（三）吸引购买类

该大类下主要分为卖点打动、情感打动、买家评价、实拍晒单和热销情况等。

卖点打动除了以图文形式突出商品的优势外，还可以通过与其他店铺的商品做详细对比，推动买家产生购买行为。详情页中添加已购买用户的好评、实拍晒单，可以让用户参照买家使用的评价，提高对该商品的进一步认同感。另外如果该商品在同行中销量靠前，可以在详情页中展示热销情况。如图 6 - 98 所示为某品牌官方店某款连衣裙商品详情页中的卖点打动展示。

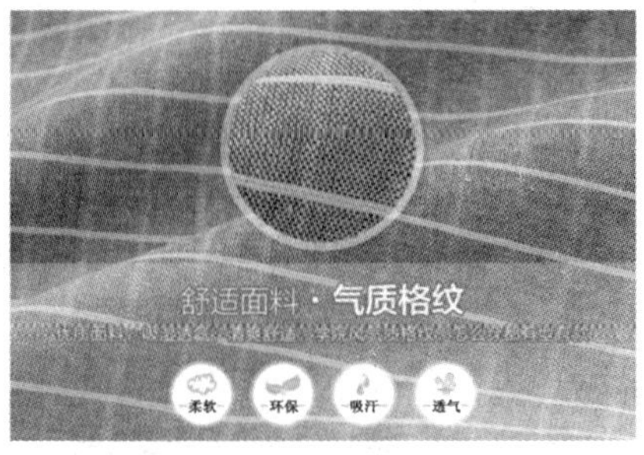

图 6 - 98　详情页中的卖点打动

（四）实力展示类

该大类下主要分为：品牌、荣誉、资质、生产和仓库。

通过介绍店铺的品牌，包括品牌的起源与发展、品牌理念、关联品牌的产品介绍等，增加品牌的曝光度和产品的可信度。同样如果商品详情页中包含相关的资质证明或是仓库、线下实体店等，可以凸显产品的高质量，加强买家对品牌的信任感。如图6－99所示为某品牌官方店商品详情页中的品牌介绍展示。

图6－99　详情页中的品牌介绍

（五）交易说明类

该大类下主要分为：购买须知、物流、退换货和保修。

该大类主要解决顾客已知或是未知的各种售后服务问题，如商品退换货政策、快递及发货信息等。良好负责的售后与物流服务一方面可以减少客服的工作量，另一方面可以提高买家对店铺服务的满意度。如图6－100所示为某品牌官方店商品详情页中关于退换货、快递等的买家说明。

图6－100　详情页中的买家说明

除了上述五大类详情页设计，卖家还应该注意详情页的整体色调要统一，所使用的文字、图案要力求简洁，给买家以整齐的印象。不同的商品千差万别，不同类目、品牌都有其不同特征，卖家应该按照品牌的特征进行定位，制订详情页的逻辑方向，根据卖点进行详细的展开说明。

商品详情页除了图片设计，另一个重点就是详情页的文案，它也是商品详情页的核心。那么什么样的文案才能吸引买家，牢牢抓住他们的眼球和心，进而达成交易呢？

在淘宝上有不少店铺以出彩的文案获取了大量粉丝的关注，比如某家店铺主打文艺风，追求简洁、舒适的着装体验。店铺的消费群体大多是都市白领女性，平时全身心投入工作，其实她们内心最向往的是一种轻松、自由的状态，所以店铺商品详情页中的文案都是一些追求自由灵魂的宣导，偶尔文艺，偶尔个性，如图 6 – 101 所示。这种富有情感品牌调性的文案，使买家很自然地增强了对品牌的认同感，认为这就是自己想要追求的一种生活态度，刺激了他们的购买欲望。

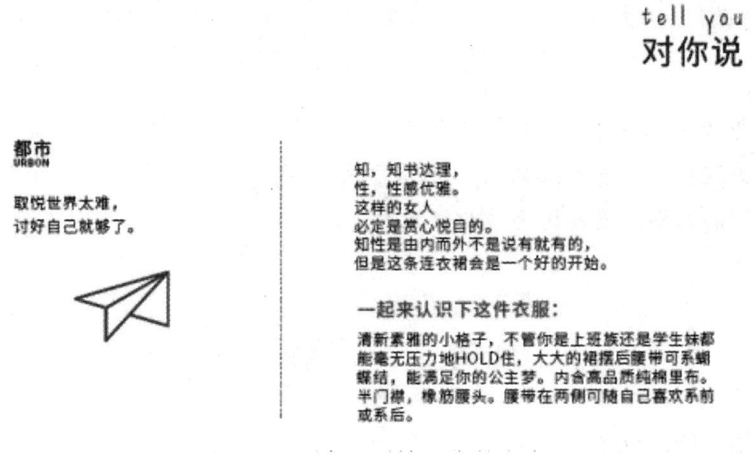

图 6 – 101　商品详情页中的文案

详情页中的文案除了要紧贴店铺目标人群定位，还应该从“痛点”入手，设身处地为买家着想，考虑什么才是他们真正在乎和需要的，为他们找到购买该产品的理由。比如经营母婴产品的卖家，文案就应该突出安全、健康方面的产品知识，强调伪劣品会带来怎样的危害，再强调自身产品的优势，这样就能够顺利刺激买家的购买欲望。

相关链接

商品详情页设计的 FABE 原则

FABE 原则是一种通过四个关键环节来解答消费者诉求，且巧妙地整理好消费者关心的问题，从而顺利实现商品销售诉求的销售模式，具体表现为图 6 – 102 所示的四个方面。

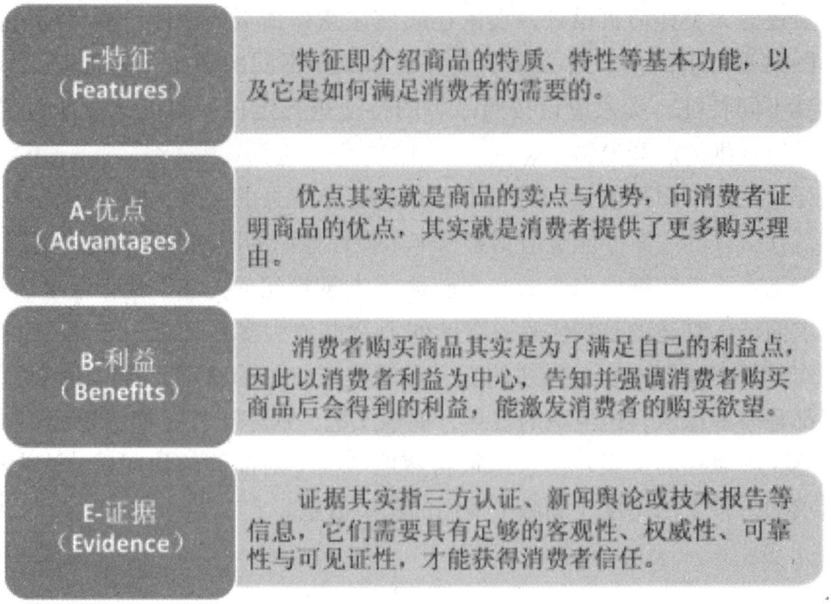

F-特征
（Features）

特征即介绍商品的特质、特性等基本功能，以及它是如何满足消费者的需要的。

A-优点
（Advantages）

优点其实就是商品的卖点与优势，向消费者证明商品的优点，其实就是消费者提供了更多购买理由。

B-利益
（Benefits）

消费者购买商品其实是为了满足自己的利益点，因此以消费者利益为中心，告知并强调消费者购买商品后会得到的利益，能激发消费者的购买欲望。

E-证据
（Evidence）

证据其实指三方认证、新闻舆论或技术报告等信息，它们需要具有足够的客观性、权威性、可靠性与可见证性，才能获得消费者信任。

图 6-102　FABE 原则的四个方面

针对消费者不同的购买动机，将最符合消费者需求与利益点的商品特色推荐给消费者，是最关键也最精准有效的商品推销方法。在商品详情页设计过程中要运用这样的思路，让商品的描述更具诱惑力与说服力。

任务三　网络营销

网络营销（On-line Marketing 或 E-Marketing）就是以国际互联网为基础，利用数字化的信息和网络媒体的交互性来辅助营销目标实现的一种新型的市场营销方式。简单来说，网络营销就是以互联网为主要手段进行的、为达到一定营销目的的营销活动，是建立在互联网基础上，以营销型页面为载体发布产品信息，由营销人员利用专业的网络营销工具，面向广大网民开展一系列营销活动的新型营销方式。

一、网络营销实施准备

（一）认识网络营销方式

网络营销方式有很多，目前主流的营销方式有搜索引擎营销、微博营销、微信营销、邮件营销、病毒营销、论坛营销等。

1. 搜索引擎营销

搜索引擎营销是近年来比较流行并且有效的营销方法。主要是通过网站站内和站外的调整，使得网站的相关关键词在搜索引擎的搜索结果中有较好的排名，从而被用户点击产生交易，这个过程就称为搜索引擎营销，也称为SEO。常见的搜索引擎，如图6－103所示。

图6－103　常见的搜索引擎

2. **微博营销**

微博营销是指通过微博平台为商家、个人等创造价值而执行的一种营销方式，也是指商家或个人通过微博平台发现并满足用户的各类需求的商业行为方式。微博营销以微博作为营销平台，每个听众（粉丝）都是潜在的营销对象，企业通过更新自己的微博向网友传播企业信息、产品信息，树立良好的企业形象和产品形象。该营销方式注重价值的传递、内容的互动、系统的布局、准确的定位，微博的火热发展也使得其营销效果尤为显著。目前，用户最多的为新浪微博和腾讯微博，如图6－104所示。

图6－104　新浪微博和腾讯微博

3. **微信营销**

微信营销是伴随着微信而兴起的一种网络营销方式。微信不存在距离的限制，用户注册微信后，可与周围同样注册的朋友形成一种联系，订阅自己所需的信息，商家通过提供用户需要的信息，推广自己的产品，从而实现点对点的营销。微信营销主要体现在以安卓系统、苹果系统、Windows Phone 8.1系统的手机或者平板电脑中的移动客户端进行的区域定位营销，商家通过微信公众平台二次开发展示商家微官网、微会员、微推送、微支付、微活动、微CRM（客户关系管理）、微统计、微库存、微提成、微提醒等，已经形成了一种主流的线上线下微信互动营销方式。

4. **邮件营销**

邮件营销是在用户事先许可的前提下，通过电子邮件的方式向目标用户传递有价值信息的一种网络营销手段。E-mail营销有三个基本因素：用户许可、电子邮件传递信息、信息对用户有价值。三个因素缺少一个，都不能称为有效的邮件营销。邮件营销是利用电子邮件与受众客户进行商业交流的一种直销方式，同时也广泛应用于网络营销领域。邮件营销是网络营销手法中最古老的一种，邮件营销比绝大部分网站推广和网络营销手法都要老。

5. 病毒营销

病毒式营销（Viral Marketing，也可称为病毒性营销）是一种常用的网络营销方式，常用于进行网站推广、品牌推广等。病毒式营销利用的是用户之间口碑传播的原理，在互联网上，这种“口碑传播”更为方便，可以像病毒一样迅速蔓延，是一种高效的信息传播方式。而且，由于这种传播是用户之间自发进行的，因此是几乎不需要费用的网络营销手段。

6. 论坛营销

论坛营销是指企业利用论坛这种网络交流的平台，通过文字、图片、视频等方式发布企业产品和服务的信息，从而让目标客户更加深刻地了解企业的产品和服务，达到宣传企业的品牌、加深市场认知度的网络营销目的。

（二）网络营销的八大职能

网络营销的职能不仅表明了网络营销的作用和网络营销工作的主要内容，同时也说明了网络营销可以实现的效果，对网络营销职能的认识有助于全面理解网络营销的价值和网络营销的内容体系，因此网络营销的职能是理论基础之一。

1. 网络品牌

网络营销的重要任务之一就是在互联网上建立并推广企业的品牌，知名企业的网下品牌可以在网上得以延伸，一般企业则可以通过互联网快速树立品牌形象，并提升企业整体形象。网络品牌建设是以企业网站建设为基础，通过一系列的推广措施，实现顾客和公众对企业的认知和认可。在一定程度上说，网络品牌的价值甚至高于通过网络获得的直接收益。

2. 网站推广

这是网络营销最基本的职能之一，甚至在几年前网络营销就被理解为网站推广。相对于其他功能来说，网站推广显得更为迫切和重要，网站所有功能的发挥都要一定的访问量为基础，所以，网站推广是网络营销的核心工作。

3. 信息发布

网站是一种信息载体，通过网站发布信息是网络营销的主要方法之一，同时，信息发布也是网络营销的基本职能，所以也可以这样理解，无论哪种网络营销方式，结果都是将一定的信息传递给目标人群，包括顾客/潜在顾客、媒体、合作伙伴、竞争者等。

4. 销售促进

营销的基本目的是为增加销售量提供帮助，网络营销也不例外，大部分网络营销方法都与直接或间接促进销售有关，但促进销售并不限于促进网上销售，事实上，网络营销在很多情况下对于促进线下销售十分有价值。

5. 销售渠道

一个具备网上交易功能的企业网站本身就是一个网上交易场所，网上销售是企业销售渠道在网上的延伸，网上销售渠道建设也不限于网站本身，还包括建立在综合电子商务平台上的网上商店及与其他电子商务网站不同形式的合作等。

6. 顾客服务

互联网提供了更加方便的在线顾客服务手段，从形式最简单的 FAQ（常见问题解答），到邮件列表以及 BBS、MSN、聊天室等各种即时信息服务，顾客服务质量对于网络营销效果具有重要影响。

7. 顾客关系

良好的顾客关系是网络营销取得成效的必要条件，通过网站的交互性、顾客参与等方式在开展顾客服务的同时，也增进了顾客关系。

8. 网上调研

通过在线调查表或者电子邮件等方式，可以完成网上市场调研，相对传统市场调研，网上调研具有高效率、低成本的特点，因此，网上调研是网络营销的主要职能之一。

开展网络营销的意义就在于充分发挥各种职能，让网上经营的整体效益最大化。因此，仅仅由于某些方面效果欠佳就否认网络营销的作用是不合适的。网络营销的职能是通过各种网络营销方法来实现的，网络营销的各个职能之间并非相互独立的，同一个职能可能需要多种网络营销方法的共同作用，而同一种网络营销方法也可能适用于多个网络营销职能。

二、站内营销

对于很多淘宝卖家来说，一半以上的流量来源于淘宝站内，能够获得持续增长的淘宝站内流量，也是网店健康程度的重要体现。大多数卖家在站内将推广的重点主要放在搜索推广、活动推广、直通车推广，另外近两年移动端自媒体兴起，越来越多的卖家也会通过淘宝头条和淘宝直播进行网店和商品的推广。

（一）搜索推广

网店想要获取更多的搜索流量，首先需要增加商品的搜索曝光量和点击量。增加商品的曝光量可以从优化商品标题入手，增加商品的点击率可以从优化商品图片入手。

1. 商品标题优化

商品标题需要卖家写一个比较有优势的自然标题，也就是写一个有极大流量通道入口的标题，这就需要认真选择关键词。一般可以选择上升词、转化高的词、属性词等来组合成黄金标题。卖家每期发布完新品后，需要根据监测的数据进行商品标题的优化，提高商品搜索排名，为店铺带来更多的免费流量。这里以脐橙为例，卖家利用生意参谋中的“商品效果”监测到脐橙上架后流量数据不佳，需要对该款脐橙标题“赣南脐橙新鲜水果包邮带箱 10 斤装”进行优化。

卖家根据生意参谋中的“选词助手”对商品相关的关键词进行优化。以优化标题中的“脐橙”关键词为例，卖家在生意参谋“选词助手”中选择“行业相关搜索词”，对关键词“脐橙”相关的搜索词进行查看，如图 6－105 所示。该页面展示“脐橙”相关搜索词的全网搜索热度变化、全网点击率、直通车出价等数据。卖家选择近 7 天的时间段，点击右上方的“下载”按钮，将“脐橙”相关的搜索词数据以 Excel 表格的形式下载到桌面，如图 6－106 所示。

图 6－105　行业相关搜索词

数据说明：以下数据为您所选时间周期的相关指标，如需查看其他时间周期数据，请重新选择后下载

收藏网址：d.alibaba.com，让数据帮您生意参谋！点此进入>>

关键词：脐橙

统计日期	关键词	全网搜索热度	搜索热度变化	全网搜索人气	搜索人气变化	商城点击占比	全网点击率	全网商品数	直通车平均点击单价
-17 ~ 20:	伦晚脐橙	46802	-1.86%	10107	-24.38%	41.42%	178.74%	2319	-
-17 ~ 20:	脐橙	31566	-3.33%	7372	-41.55%	67.11%	187.33%	23683	-
-17 ~ 20:	橙子赣南脐橙 新鲜 超甜薄皮	15264	-2.30%	4462	-23.45%	48.21%	110.49%	68	-
-17 ~ 20:	赣南脐橙	14544	-9.17%	3549	-67.40%	64.82%	173.67%	8861	-
-17 ~ 20:	伦晚脐橙十斤包邮 新鲜	12134	-1.98%	3115	-31.22%	20.68%	173.62%	76	-
-17 ~ 20:	伦晚脐橙 秭归	11297	0.05%	2624	-4.79%	33.01%	184.86%	1828	-
-17 ~ 20:	奉节脐橙	6590	-14.02%	1644	-71.56%	28.22%	164.73%	1554	-
-17 ~ 20:	橙子赣南脐橙	5418	-4.12%	1397	-35.92%	87.24%	160.91%	5902	-
-17 ~ 20:	赣南脐橙5斤包邮	3443	-6.19%	890	-53.01%	53.73%	153.67%	1989	-
-17 ~ 20:	奉节脐橙 新鲜包邮	3070	-14.44%	765	-71.91%	27.85%	158.34%	512	-
-17 ~ 20:	秭归脐橙	3351	0.30%	673	-21.93%	38.39%	148.31%	3942	-
-17 ~ 20:	伦晚脐橙 10斤	2033	-4.73%	580	-24.38%	19.42%	153.52%	538	-
-17 ~ 20:	红肉脐橙	1162	-12.63%	316	-69.32%	17.29%	169.71%	1590	-

图 6－106　搜索词数据表

卖家对该搜索词数据表格进行分析处理，由于优化标题时需要参考行业搜索热度和搜索人气上升的词，首先筛选出搜索热度变化和搜索人气变化大于 0 的关键词，剔

除与商品属性不相关的关键词，然后将全网搜索人气降序排列，筛选出人气较高的Top5～Top10的关键词，结合全网点击率、全网搜索人数等因素，筛选出点击率较高、竞争度小的关键词，最终确定优化后的关键词为“赣南脐橙10斤包邮”。

卖家根据同样的方法，分析优化标题中的其他关键词，最终确定优化后的标题为“赣南脐橙10斤包邮现摘现发新鲜橙子正宗赣州果园发纯天然水果中果”。卖家优化完标题之后，继续监测相关数据，周期性地持续优化标题，使得商品的搜索权重逐步上升，为网店带来更多的免费流量。

如果卖家订购了生意参谋中的市场行情，可参考市场行情中的行业热词榜，这里的热搜及飙升榜关键词化分更细，便于关键词的分析优化。除了生意参谋之外，卖家也可以利用第三方的相关软件优化标题。

2. 商品图片优化

商品图片是网店的核心灵魂，设计出具有视觉冲击力和个性的商品图片，不但能让网店的商品在众多竞争者中脱颖而出，还能为网店获得更多的流量并提高点击率。设计商品图片时要注意以下几点。

（1）清晰度决定印象

卖家想要吸引用户、提高买家的购买欲，就要保证商品图片一定要清晰。清晰的图片，不仅能体现出商品的细节和各种信息，而且能够提高商品的视觉冲击力。相反朦胧的商品图片只会降低买家的体验感和购买欲，甚至有可能让买家认为卖家盗图，从而对商品失去信心。

（2）突出重点

有些网店在设计商品图片时，往往分不清主次，堆砌大量的文案，忽略了突出重点这一细节，这样容易造成视觉混乱。如图6－107所示，卖家应该是想展示商品的特点，但这样的图片画面主次不分明，不能很好地向买家表达重点。如图6－108所示，以直观简洁的画面感为主，提炼主要的产品卖点展现给买家，这样的效果显然更具吸引力。

图6－107　视觉混乱的设计图

图6－108　商品图片的正确设计

（二）活动营销

除了通过搜索为网店引入流量的方式之外，淘宝卖家还可以借助淘宝平台内的资源为网店导流。这里主要介绍淘宝平台免费活动和店内自建活动。

1. 淘宝平台免费活动

一般而言对于中小型店铺，积极报名参与站内免费资源获取流量是十分必要的，站内免费资源有试用中心和天天特价等。

（1）试用中心

试用中心（https：//try. taobao. com/）首页如图 6 - 109 所示。

图 6 - 109　阿里巴巴试用首页

卖家在报名参加试用中心时，可从以下五方面入手。

①打造爆款：试用中心的付邮试用模式，只要支付 10 元邮费就可以免费领取商品，如此大的优惠力度可以将一款新品成功打造成爆款。

②关联营销：参与试用中心活动，通过设置相关的连带销售，带动其他商品的销量，从而完成从单品销量暴涨到店铺销量暴涨的飞跃。

③客户资源：从“申请理由”页面中可以看到对该产品感兴趣的客户 ID（身份标识号），从这里可以得到宝贵的客户资源，从而可以规划活动结束后的二次营销。

④口碑营销：参与免费试用活动后，试用过的买家都会提交试用报告，让卖家不用再担心该商品的口碑，使用后的试用报告比任何推广都更具有说服力。

⑤二次营销：试用中心活动完成后，针对申请试用的落选者，可以策划二次营销方案，从而抓住这部分优质客户，最终将他们培养成店铺的忠实粉丝。

（2）天天特价

天天特价是专门为中小卖家服务的免费活动，只要提前策划好关联销售，就可以提升店铺整体的转化率和产品销量。图 6 - 110 为天天特价首页，图 6 - 111 为天天特价活动报名页面。

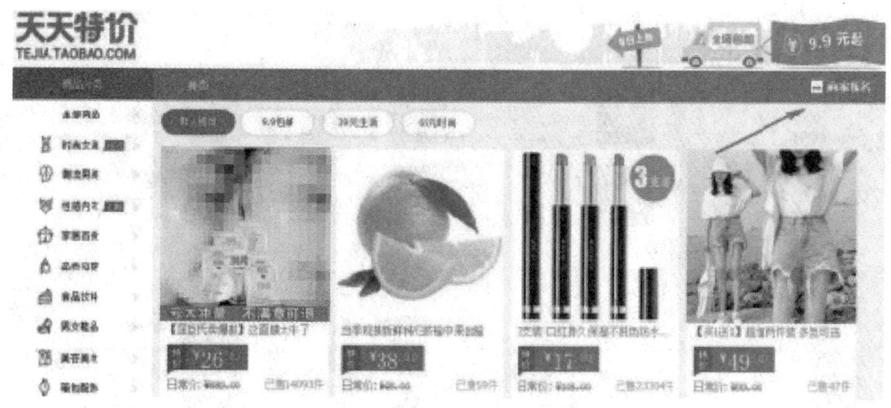

图 6－110　天天特价首页

图 6－111　天天特价活动报名页面

2. 店内自建活动

适当的自建活动可以帮助网店保持良好的人气，增加顾客黏性，同时也是获取流量的好方法。在策划活动时，必须明确活动目的，是以引流、提高销量还是曝光品牌、维护老客等为目的。不同的活动目的，策划和推进是不一样的。

常见的促销方式如满就送、加××送××、全场×折、买××送××、积分换购、发折扣券等。在定制促销活动时，应以简单为主，最多不超过两个优惠方案，同时切忌太复杂的优惠方案，避免买家看不明白，既增加客服的负担，又增加跳失率，最后得不偿失。

卖家可以在卖家中心的软件服务中定制软件，比如超级店长、欢乐逛等常用软件，方便卖家开展限时折扣、满送/包邮、限时限购等多种形式的促销活动。卖家也可以先免费试用 15 天或是直接订购营销中心的店铺营销工具，如图 6－112 所示。

图 6－112　店铺营销工具

点击优惠促销工具“新搭配宝”，完成免费试用或者直接订购操作，创建套餐，根据流程提示，如图 6－113 所示，完成操作并发布。

图 6－113　创建搭配套餐

（三）直通车推广

卖家除了通过优化商品标题、主图获取站内搜索流量，积极参与平台及自身发起各类活动获取活动流量外，也可以通过直通车工具引入商业付费流量，为店铺的产品带来大量的曝光。

直通车是 CPC（Cost Per Click）即点击付费的效果营销工具，给商品带来曝光量的同时，精准的搜索匹配也给商品带来精准的潜在买家。通过一个点击，让买家进入店铺，产生一次甚至多次的网店内跳转流量，这种以点带面的关联效应可以降低整体推广的成本，提高整店的关联营销效果。

买家在淘宝网通过输入关键词搜索商品，或按照商品分类进行搜索时，如果点击直通车推广位的商品，系统会根据该商品所设定的关键词或是类目的出价进行扣费。而淘宝上一般都有哪些是直通车的推广位呢？

PC 端：第一页 1 +16 +5；第二页开始 3 +16 +5。

以搜索“土蜂蜜”为例，第一页的推广位“1”代表第一页左边首行第一个位置的“掌柜热卖”，“16”代表右侧从上到下的“掌柜热卖”16 个直通车推广位置，如图 6 -114所示。“5”代表页面最底端的 5 个“掌柜热卖”直通车位置，如图 6 -115 所示。

第二页是 3 +16 +5。“3”指第二页开始的左边首行前三个位置的“掌柜热卖”，其余与第一页相同。

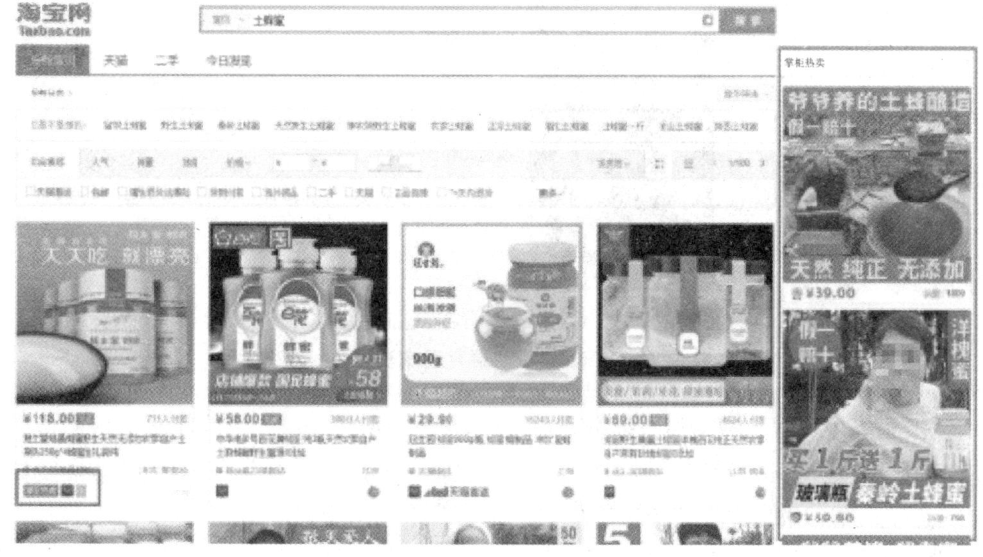

图 6 -114　首页直通车推广位置

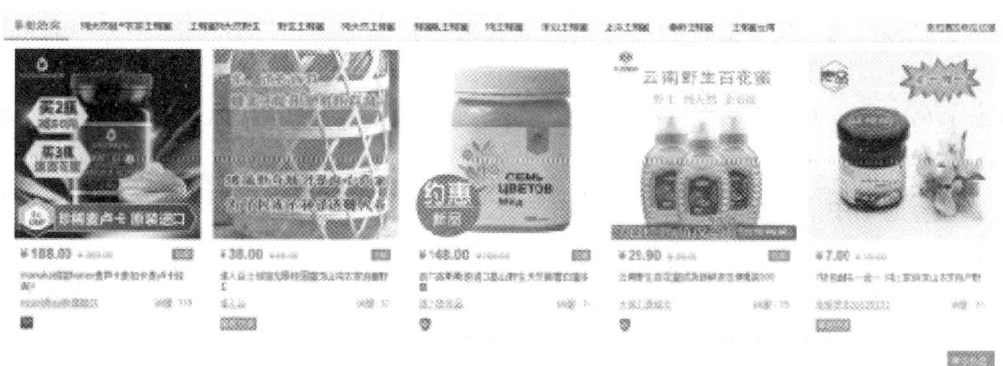

图 6 -115　页面底端直通车推广位置

移动端：带有“HOT”标志1（5）1（5）1（10）1（10）…，如图6－116所示。

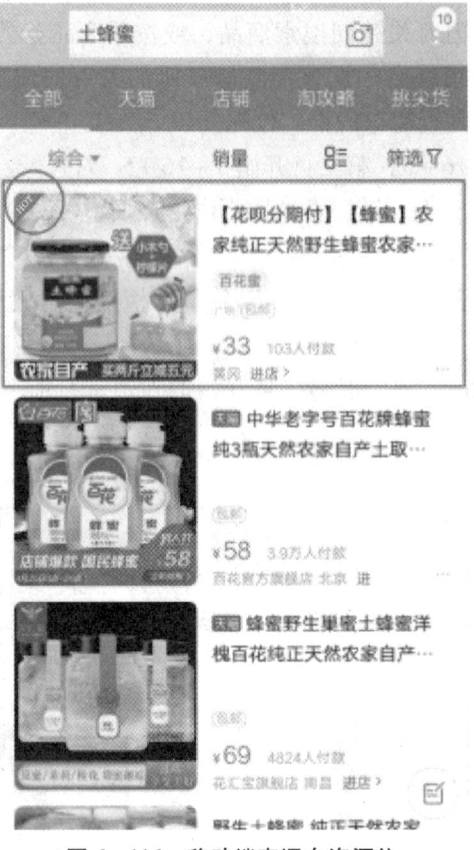

图6－116　移动端直通车资源位

以搜索“土蜂蜜”为例，移动端第一个带有“HOT”标志的是直通车推广位，中间隔5个位置之后又是带有“HOT”标志的直通车推广位，从第三个直通车推广位开始，之后都是隔10个才有一个推广位。

除此之外，还有买家的旺旺“每日焦点”“已买到的宝贝”底部的推广位、各频道的“热卖单品”和站外其他的多种直通车推广展现资源位。可以用淘宝客链接识别的办法来判断哪些是直通车的推广位，流量来源是淘宝客推广时，链接中“trackid”的后面是2，直通车是1。

直通车能给网店中的商品以及整个店铺带来更多流量，提高商品和网店的曝光率，主要体现在以下几个方面。

在直通车中推广商品，当买家搜索与此商品相关的关键词时就有机会被展现，大大提高商品的曝光率，给卖家带来更多的潜在顾客。

只有想购买此商品的顾客才会看到相应的商品，给卖家带来的点击都是有购买意向的点击，带来的顾客都是购买意向明确的买家。

直通车能给整个网店导流，虽然推广的是单个商品，但很多买家进入网店后，一个点击带来的是一个甚至多个的网店内跳转流量，这种连锁反应是直通车最大的优势。

此外，还可以参加更多的淘宝促销活动，有不定期的直通车用户专享活动及淘宝单品促销活动。

卖家开通直通车前需要注意以下事项：

①是否对工具有足够的了解。

②产品价格是否有竞争优势。

③图片是否有吸引力。

④产品是否有基础销量。

那么，如何开通直通车呢？

1. 直通车入口

入口一：卖家从“卖家中心”→“营销中心”→“我要推广”进入直通车申请的入口（如图6－117所示），签署一份直通车软件服务协议，勾选“接受协议”。卖家首次开通直通车需要充值500元作为预存款，之后每次最低200元起充值。

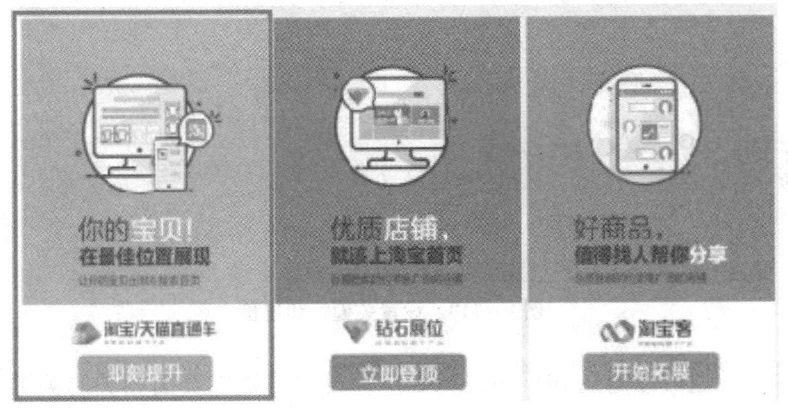

图6－117　直通车入口一

入口二：如图6－118所示，卖家从直通车链接 http://zhitongche.taobao.com/进入，按照相关提示完成开通。

图6－118　直通车入口二

2. 计划管理

商品推广是淘宝直通车最基础的一种推广方式。卖家在直通车首页新建或是选择已有的计划进入，点击“我要推广宝贝”按钮，选择需要推广的商品，进入下一步添加创意。添加创意页面包括设置创意图片和标题，设置标题时要突出商品的功能、特性、优势、品牌等。

创意设置完成之后，进入下一步设置关键词和出价，如图 6－119 所示。系统根据商品匹配相关的关键词，卖家可以选择这些系统推荐的或是通过其他方式筛选的关键词。出价一般参照默认的类目行业词均价，后期可以根据效果调整出价。

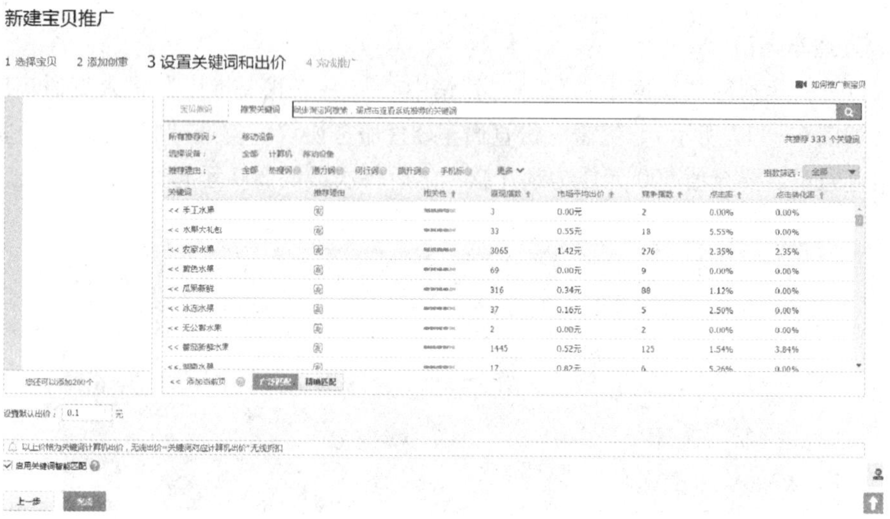

图 6－119　设置关键词和出价

店铺推广计划可以对店铺页面进行推广，设置与推广页面相关的关键词和出价，实现品牌的打造和流量拓展功能。

3. 关键词管理

添加关键词后，卖家需要为关键词选择匹配方式。当买家搜索时，其输入的词与关键词之间的匹配程度，决定了推广的商品是否有机会得到展现。目前关键词的匹配方式有精确匹配和广泛匹配两种，选择一种合适的匹配方式，可以为店铺获取更优质的流量，扩展潜在买家。

精确匹配：买家搜索词与所设关键词完全相同（或是同义词）时，推广商品才有机会展现。

广泛匹配：当买家搜索词包含了所设关键词或与其相关时，推广商品就有机会展现。

卖家根据自身店铺情况选择合适的匹配方式，精准匹配可以获取精准的流量，降低推广成本，当店铺有活动需要更多的流量时，可以选择广泛匹配。

卖家一般可以通过以下几种方式选择关键词。

(1) 淘宝首页系统推荐

如图 6－120 所示，反映的是淘宝网现在主推的类目和关键词，可以帮助卖家把握市场风向。

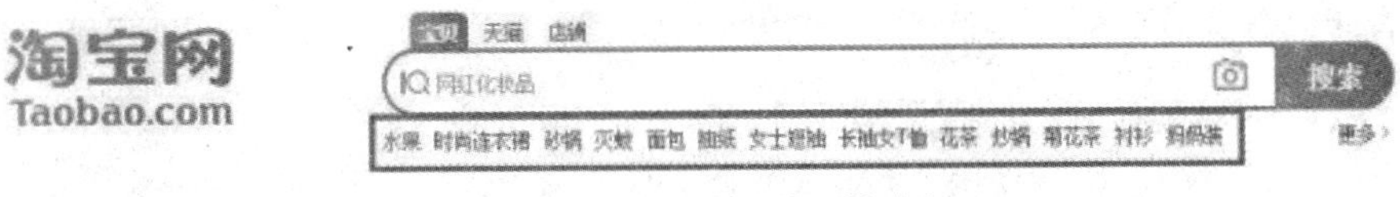

图 6－120　淘宝网首页搜索框

(2) 淘宝 Top 排行榜

如图 6－121 所示，反映的是市场趋势，可以看到市场上搜索热门排行、销售上升榜等，帮助卖家了解某个行业的市场方向，捕捉竞争相对较低的搜索上升词。

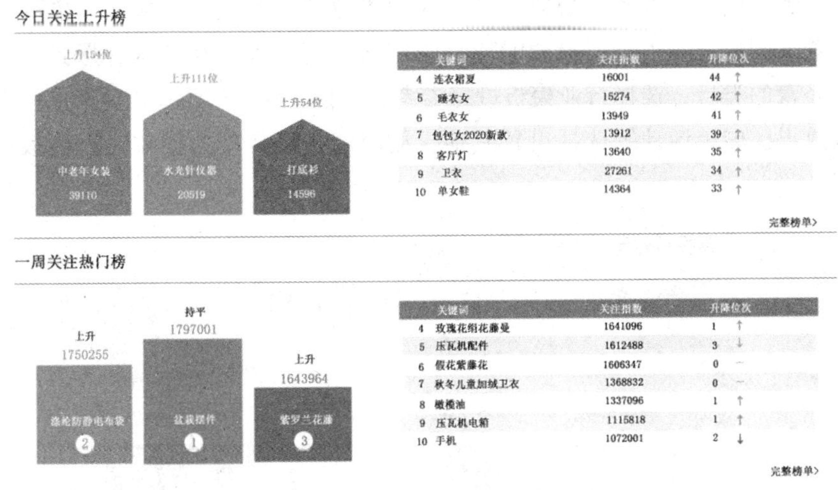

图 6－121　淘宝 Top 排行榜

(3) 淘宝搜索下拉框词

比如卖家搜索“土蜂蜜”时，下拉框会显示淘宝系统推荐的词，这些词搜索流量比较高，属于标题中必备的关键词，如图 6－122 所示。卖家可以根据系统推荐词所对应的产品，了解市场上正在热卖的产品，对于卖家店内搭配套餐也是一个重要的参考。

(4) 生意参谋的行业排行

生意参谋中的“选词助手”，根据店铺所属行业进行店铺、商品、搜索词全方位的分析。卖家主要根据搜索人气、支付转化率、直通车参考价选取关键词。

(5) 直通车系统推荐词

卖家在设置商品推广时，系统会根据商品自动匹配一些关键词提供给卖家。

(6) 人气商品

卖家可以参考其他商家 Top 商品的标题，选择热门的关键词添加到商品推广中。

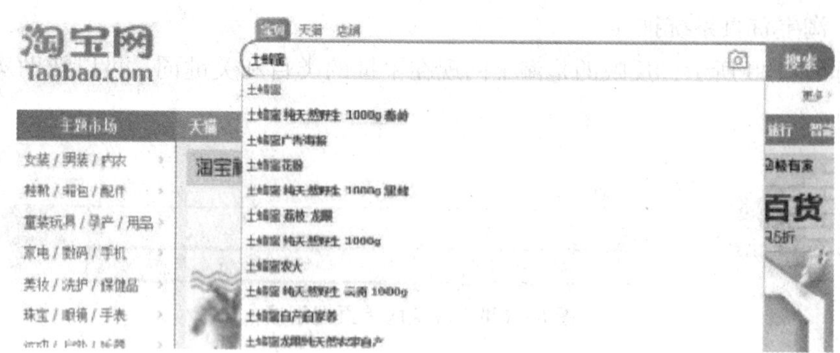

图 6－122　淘宝搜索下拉框

4. **投放设置**

（1）投放时间

淘宝卖家可以自主设置投放时间，只在想投放的时间段进行投放，也可以针对各个时段设置不同的折扣出价，投放时段分为网络视图和列表视图两种形式。卖家可以根据店铺经营的类目，选择行业模板进行参考，如图 6－123 所示。卖家也可以根据店铺的营销效果、促销活动等选择设置其他投放时间，将常用的投放时段模板设置为自定义模板。

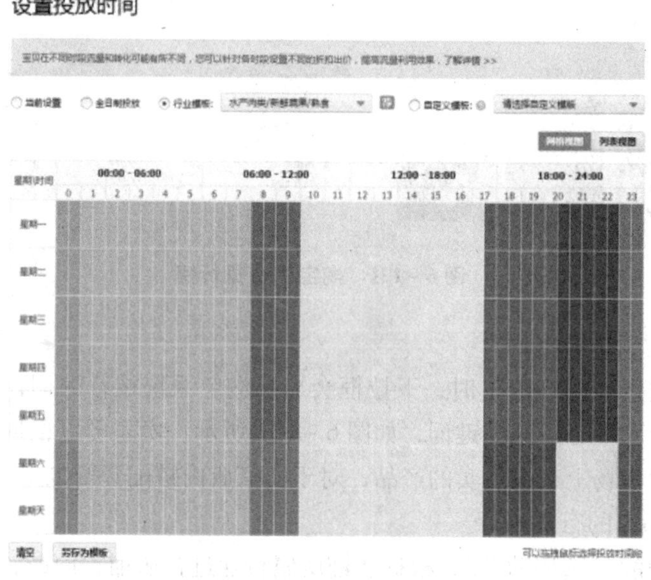

图 6－123　投放时间设置

卖家通过新建计划或是在已有的计划中设置投放时间，更好地把控直通车流量和花费。

（2）投放地域

卖家结合店铺商品特性和推广策略，通过设置地域投放，将商品投放在特定的省市、区。

卖家根据生意参谋中的访客地域分析，拉取最近 7 天或是 30 天数据的 Top 地域进行投放，如图 6－124 所示。由于限定地域后会减少展现量，进而会影响成交金额，所以设置时要尽可能选择多的地域，让更多的买家看到，提升店铺推广效果。

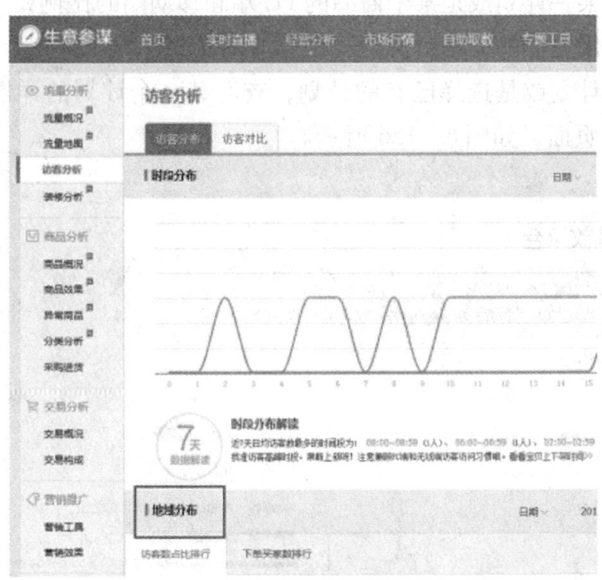

图 6－124 访客地域分布

卖家通过新建计划或是从已有的计划中进入某一计划详情页面，点击“设置投放地域”进入设置页面，如图 6－125 所示。

设置投放地域

您可以根据该计划内的您想主推的商品品类在各地区的搜索、成交、转化表现，选择您希望投放的区域。各品类在不同区域的数据表现可以通过左侧栏"工具>>流量解析"功能查看，了解详情 >>

省/市

请选择投放区域				
华北地区	北京	天津	河北 (11)	山西 (11)
	内蒙古 (12)			
东北地区	辽宁	吉林	黑龙江	
华东地区	上海	江苏 (13)	浙江 (11)	福建 (9)
	安徽 (17)	山东 (17)		
华中地区	河南 (18)	湖北 (17)	湖南 (14)	江西 (11)
华南地区	广东 (21)	海南 (14)	广西 (14)	
西南地区	重庆	四川 (21)	云南 (16)	贵州 (9)
	西藏自治区 (7)			
西北地区	陕西 (10)	甘肃 (14)	青海 (8)	宁夏回族自治区 (5)
	新疆维吾尔自治区 (16)			
其他地区	台湾	香港	澳门	国外

全部选中　全部取消

图 6－125 投放地域设置

（3）投放平台

卖家可以设置投放平台的站内、站外和 PC 端、移动端的具体投放情况。由于站外不具备站内的购物环境，推广效果比较差，一般在大型活动需要引流时，可以选择站外投放。通过设置某一计划或是某个商品的 PC 端和移动端的比例，平衡两者的推广效果，减少竞争度，用更低的成本引流。

卖家通过新建计划或是选择已有的计划，查看某一个计划的详情，点击“设置投放平台”进入设置页面，如图 6－126 所示。

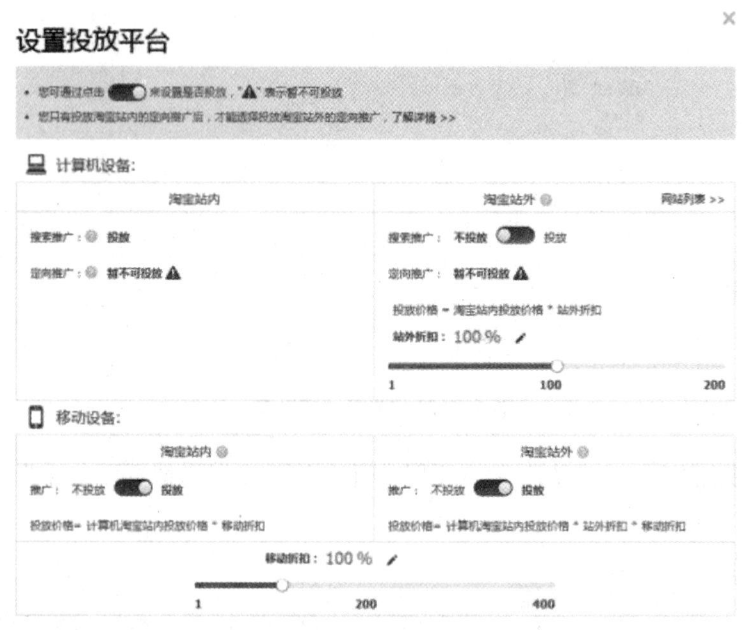

图 6－126 投放平台设置

5. **优化分析**

直通车点击率是衡量一个直通车账户等级水平高低的重要指标之一。卖家通过优化直通车点击率满足流量的需求，可以通过以下几种方法来提升直通车的点击率。

（1）商品

通过一段时间的推广，卖家可以发现商家的主图、款式、图片场景、清晰度等都会直接影响推广数据效果。卖家需要优化相关信息，通过测试，选择各方面效果都好的商品进行推广。

（2）标题

标题中含有促销元素，有利于提升点击率，促销元素包括秒杀、包邮、折扣、满减等。

（3）关键词

关键词选择的好坏直接影响直通车推广的效果，优化主要依据关键词的点击率、转化率、ROI（投资回报率）指标进行调整。

（4）站外推广

由于流量来源不同，站内站外的点击率也会不同，一般站外推广的点击率低于站内推广，可以通过出价或者选择不同的站外渠道测试。如果站内推广和站外推广的点击率相近说明站外推广有一定的效果，可以继续推广。

卖家也可以通过直通车提供的多纬度数据报表优化直通车的其他数据效果。

相关链接

直通车的作用

直通车是CPC（Cost Per Click）即点击付费的效果营销工具。直通车能给网店中的商品以及整个网店带来更多流量，提高商品和网店的曝光量，主要体现在以下几个方面。

（1）在直通车中推广商品，当买家搜索与此商品相关的关键词时就有机会被展现，大大提高了商品的曝光量，给卖家带来更多的潜在顾客。

（2）只有想购买此商品的顾客才会看到相应的商品，带来的顾客都是购买意向明确的买家。

（3）直通车能给整个网店导流，虽然推广的是单个商品，但很多买家进入网店后，一个点击带来的是一个甚至多个的网店内跳转流量。

（4）可参加更多的淘宝促销活动，如不定期的直通车用户专享活动及淘宝单品促销活动。

（四）站内移动端营销方式

卖家可以利用其他常见方法为店铺导流，比如在店铺活动时，水印促销可以一目了然地传达促销活动，吸引用户点击购买。移动端视频直播、淘宝头条更是当下特别流行的导流新方式。

1. 淘宝头条

淘宝头条是淘宝上一个热门新鲜有消费引导性的生活资讯和经验分享的平台，在淘宝PC端和移动端都有具体的板块位置，如图6－127、图6－128所示。淘宝头条分为手机、型男、美搭、母婴等几大板块，每个板块下面，分别提供不同类目的内容资讯。

淘宝头条的内容由淘宝达人提供，淘宝达人是淘宝客的推广形式之一。由于淘宝头条的优势和官方重点是扶持淘宝达人，淘宝头条每天的流量都很大，单篇的优质帖子更能为网店吸引大量粉丝。卖家如果想要通过淘宝头条为网店导入更多的流量，需要与淘宝达人合作，联系沟通具体的合作方式及费用问题。

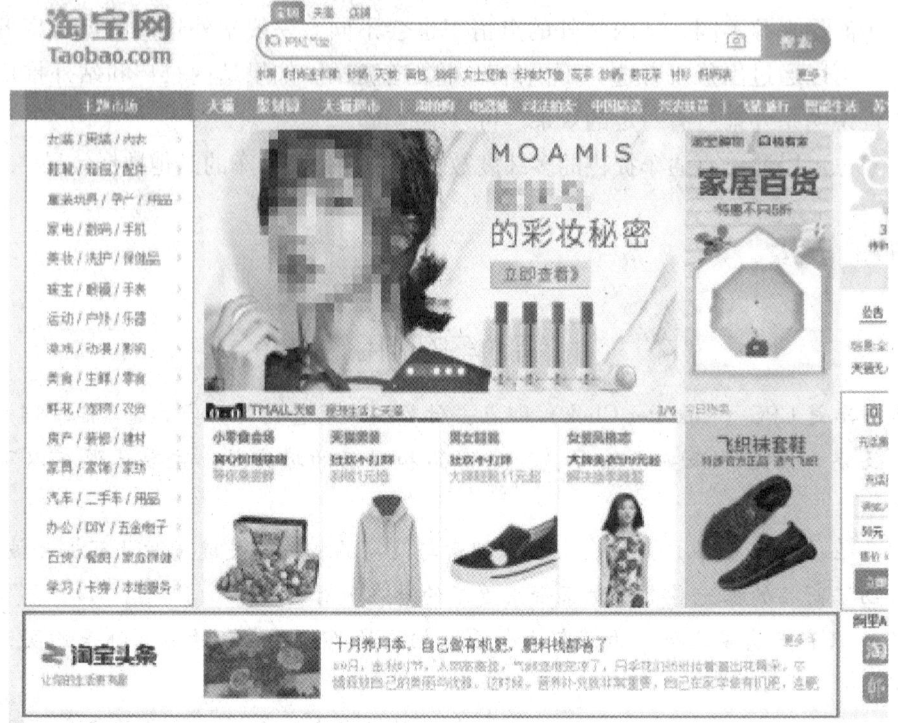

图 6－127　淘宝头条 PC 端

图 6－128　淘宝头条移动端

阿里 V 任务（如图 6－129 所示）是阿里官方任务交易平台，帮助商家满足达人合作需求，为淘宝达人解决变现问题。卖家可以通过阿里 V 任务联系淘宝达人，目前淘宝卖家申请的要求是店铺等级必须在 3 钻及 3 钻以上。

卖家登录淘宝账号，进入阿里 V 任务首页，点击“我是商家”下的“申请开通”进行申请，确定入驻阿里 V 任务的协议后，完善商家信息即可。

图 6－129　阿里 V 任务首页

卖家申请成功后，点击“我要发任务”，进入任务设置页面，详细填写任务要求，如图 6－130 所示。

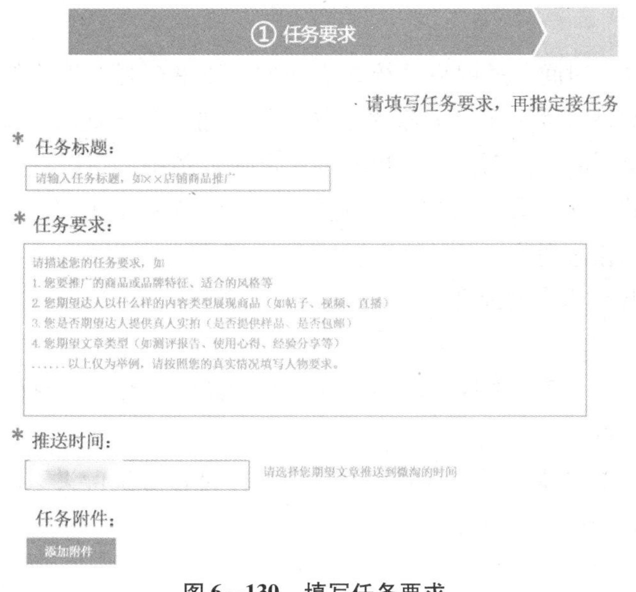

图 6－130　填写任务要求

卖家填写完成任务要求之后，选择合适的达人，只有被选择的达人，才能接到发布的任务。卖家选择达人时，需重点考虑达人领域、达人内容和数据、达人报价。卖家可以参考系统提供的达人数据，筛选一批达人，然后点击达人右侧的二维码，扫码进入个人主页，查看其以往发布的内容是否符合店铺的产品风格等，最后根据任务收费。卖家确认选择好的达人、任务酬劳等，提交订单并付款，如图 6－131 所示，需要注意的是，阿里 V 任务是一个任务一个报价，与淘宝客的结算佣金没有联系。如果商家开通淘宝客，仍需支付给达人报价以外的佣金。

图 6－131　确认任务信息

卖家发布完任务之后，系统会及时给达人派单，达人接单后，会在交稿时间内完成任务。卖家可以通过阿里 V 任务的后台查看达人提交的内容，内容上线后，可以查看具体的阅读数量。

2. **视频直播**

网络直播是同一时间透过网络系统在不同的交流平台观看视频的一种新兴的网络社交方式。目前网络直播的平台有很多，如美拍直播、花椒直播、淘宝直播等，由于站内淘宝直播受众精准，互动性高，更有利于品牌的传播，所以一般淘宝卖家选择淘宝直播进行新模式宣传。卖家可以寻找适合店铺商品的网红做推广，卖家提供产品，做好运营，双方互相盈利。

（1）淘宝直播对卖家的好处

①新流量渠道

淘宝直播平台作为新增的商品展现渠道，为店铺引入流量，挖掘更多的潜在顾客。

②立体展现宝贝

淘宝直播可以更立体、真实地展现商品，这样更容易获得买家的信任，有利于摆脱单一靠详情页打动买家的局限。

③缩短曝光时间

淘宝直播可以在短期内增加店铺的关注量以及推广商品的收藏和加购量。

④提高知名度

淘宝直播有利于后期商品的促销以及新品的基础销量，当买家关注店铺后，会收到店铺推送的微淘信息。

（2）卖家如何联系网红进行淘宝直播

①网红主页直接私信

卖家可以直接在淘宝手机端的淘宝直播模块选择合适的网红，进入个人主页，私信沟通直播的费用等合作事宜，如图 6－132 所示。

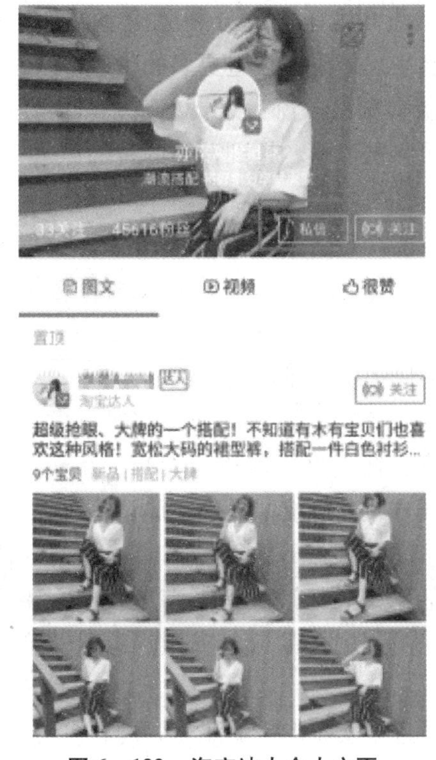

图 6－132　淘宝达人个人主页

②微博私信

一般做淘宝直播的网红都会有自己的微博，卖家可以通过微博私信与之进行联系。

③阿里 V 任务

阿里 V 任务是阿里官方任务交易平台，在平台上可以通过大数据获取达人更全面的信息。商家通过发布任务，参考达人的领域、内容、数据和报价选择合适的淘宝达人进行淘宝直播的合作。

淘宝卖家也可以自己进行直播，确定直播主题、推荐产品、活动内容等，策划好直播方案，提前在微淘和微博进行宣传，吸引更多的粉丝观看直播。卖家直播内容一般是产品相关的介绍、试穿、搭配等，其他类目根据自身情况策划直播主题，比如零食类，可以直播展示加工现场。卖家在直播时一定要注重与粉丝的互动，及时答复粉丝问题，利用优惠券、免单等刺激粉丝直接购买。

三、站外营销

淘宝站内流量竞争日趋激烈，流量成本也越来越高，卖家可以将推广营销的战场扩大到站外。微博、微信拥有海量用户群体，其营销推广价值一次次被证实。除此之外，在各大网站、平台我们经常会看到淘宝商品的广告，这些广告很多都来自淘宝客。

（一）微博营销

淘宝卖家在日益激烈的市场竞争中充分利用微博这一工具发布产品或服务信息，与消费者互动，不断提升客户忠诚度，创造更多的价值。

淘宝卖家以微博淘宝版、微博橱窗为主要渠道，以内容策划、活动策划吸引更多的粉丝，进而为店铺导入更多的流量，达到营销的目的。

1. 微博淘宝版

注册新浪微博需要强调的是微博名称和个性域名的选择。卖家在填写微博名称时，可以注明企业名称或需要推广的产品品牌。个性域名可选择为品牌名称的全拼，一方面从用户角度考虑，让来访者一目了然地看到品牌；另一方面从搜索引擎角度考虑，对于搜索引擎友好，搜索品牌关键词排名更靠前。

从营销的角度出发，不论是个人还是企业，需要将微博进行实名认证，这样能够提升微博的权威性和知名度，便于更好地和名人产生互动。新浪微博认证提供针对个人、自媒体、官方多种认证方式，可按照要求完成认证过程。

自新浪微博与淘宝在产品上合作开设微博淘宝版以来，越来越多的淘宝卖家开始注重这个新媒体互动协作的意义。新浪微博与淘宝合作主要体现在三方面：一是账号互通和店铺官微服务；二是更好的产品分享和用户沟通体验；三是更好的卖家营销和促销功能。

卖家开通微博淘宝版，进入卖家淘宝的账号管理，点击“账号绑定”，进入微博淘宝版申请界面，目前官方仅限一钻以上卖家申请，如图 6 – 133 所示。

图 6 – 133　微博绑定设置

按照提示输入淘宝账号和密码，绑定成功后在微博首页简介处显示一个“淘”便签，这样微博淘宝版就设置成功了，如图6－134所示。由于双方平台都已开通，淘宝卖家可以在微博用户端发布产品信息，上面可直观显示产品价格、销量以及受关注程度。用户点击后，将会进入淘宝页面完成最终的交易。

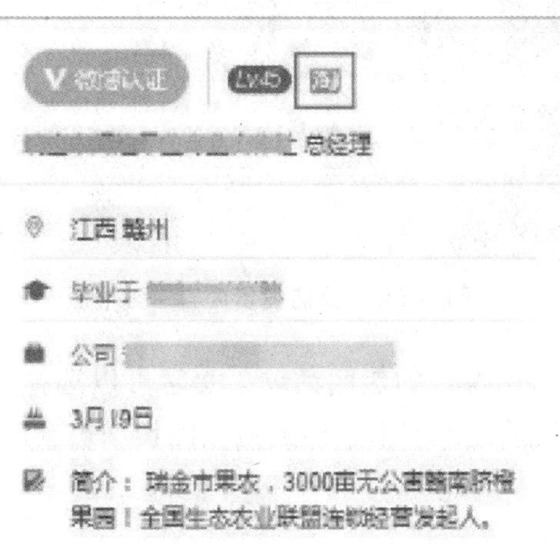

图6－134 绑定成功后的微博淘宝

卖家运用微博渠道为店铺导入更多的流量，必须要通过内容营销和粉丝互动两个方面吸引更多的潜在用户，对店铺的产品进行大量曝光，促使用户产生购买行为。

（1）内容类

无论卖家将微博定位为品牌传播或是连带销售，这些意图都是通过微博的内容传达的，所以“内容为王”是微博营销的根本所在。

卖家开展以产品为主的内容营销，通过多种方式向用户展示产品，比如通过定期更新上新商品、产品细节图曝光、原创视频、农产品特产生长/生产记录等，如图6－135、图6－136所示。

图6－135 农产品特产生长记录

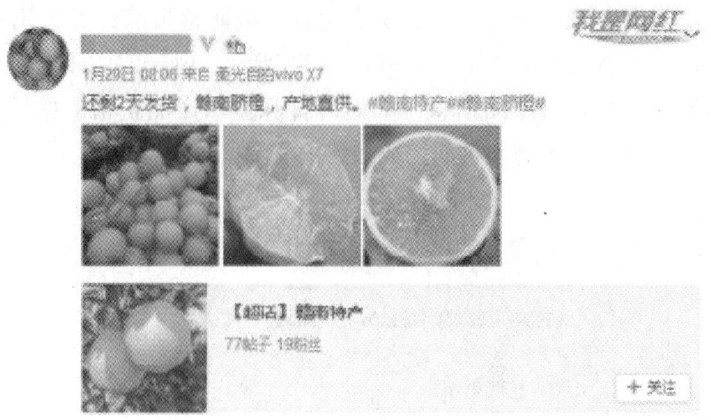

图 6-136　网店发货内容 + 细节图

微博每天都有大量网民参与的热门话题，卖家可以选择一些热门话题进行讨论，使微博内容具有一定的娱乐性，不至于导致粉丝因长期被动阅读商品推荐内容而产生厌烦的感觉。

（2）互动类

卖家以微博内容吸引粉丝，以多种形式的互动提高粉丝的活跃度与忠诚度，除了做好及时回复用户留言、私信的互动外，还可以发起多种形式的互动活动。比如买家秀互动，将更具吸引力的买家秀在微博进行转发或是原创，侧面宣传产品的质量、受欢迎度等。

定期在微博后台发起抽奖活动，比如评论转发该微博的粉丝可以免费获取抽取新品的机会，卖家也可以发起粉丝转发@规定数量好友的抽奖活动，这样可以拓展更多的潜在顾客。

除此之外，卖家还可以适当转发一些跟网店主营商品相关的大 V 账号内容，提高微博整体内容的丰富度，也可以经常和大 V 进行互动，如果他们转发感兴趣的卖家的原创微博，可以带来更多的曝光量并吸引大量的粉丝。

微博导流的方式并不限于以上几种，卖家可以根据微博后台提供的粉丝分析，定制一些有针对性的内容营销。通过日常的微博营销，总结适合自家粉丝的微博内容和互动方式。

2. 微博橱窗

除了微博淘宝版外，新浪微博联合阿里巴巴、微卖等第三方合作伙伴推出的微博橱窗也是卖家引流的一大利器。淘宝卖家可以选择微博橱窗工具引流，客户不用跳转到淘宝，就可以在微博看到更多商品的细节图和文案，将喜欢的商品分享到个人微博，更有利于粉丝间的传播，进而加强卖家社会化营销。

卖家开通微博橱窗必须是认证的橙 V 或是认证的淘宝卖家，认证完成之后，点击微博主页的“管理中心”，选择左侧导航栏“微博橱窗”下的“创建商品”，点击进入创建商品页面，如图 6-137 所示。

图 6－137　创建商品

添加完商品之后，返回微博首页，查看更新好的微博橱窗，如图 6－138 所示。

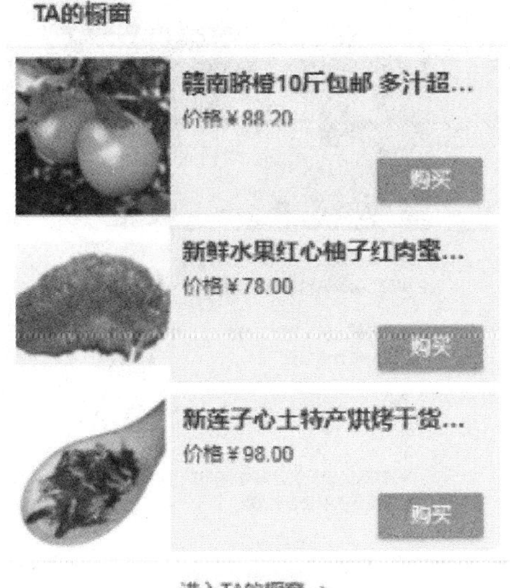

图 6－138　微博橱窗商品展示

除了在微博主页展示推荐的橱窗商品外，淘宝卖家也可以在日常的微博更新中，使用微博橱窗并搭配相关的产品细节图。

微博橱窗和微博淘宝版的引流方式基本相同，后期卖家应该以分析和维护用户为主，通过分析粉丝数据、管理用户订单、及时反馈订单状态和解决好用户的售后问题，更好地运营微博橱窗，为店铺导入更多的流量。

（二）微信营销

微信营销算是当下最热门的新媒体营销方式，微信作为移动端流量与用户最多的社交应用软件，具有强关系、点对点的营销特点，因此很多淘宝卖家利用微信营销为店铺导流。这里主要从微信公众号和个人朋友圈进行微信营销的讲解，总结一些常见的微信引流方式，提高店铺产品的曝光。

1. 微信公众号

通过微信公众号，卖家可在微信平台上实现和特定群体进行文字、图片、语音、视频的全方位沟通和互动。卖家开通微信公众号，可以推送与店铺、产品相关的信息或活动，实现为店铺导流的目的。

微信公众号有 3 种类型：服务号、订阅号、企业号。

服务号是为企业和组织提供更强大的业务服务与用户管理能力，主要偏向服务类交互，适用于媒体、企业、政府或其他组织，1 个月（按自然月）内可发送 4 条群发消息，如图 6 – 139 所示。

图 6 – 139　服务号发送群发消息

订阅号为媒体和个人提供了一种新的信息传播方式，主要功能是给用户传达资讯（功能类似报纸杂志，提供新闻信息或娱乐趣事），如图 6 – 140 所示。适用于个人、媒体、企业、政府或其他组织，1 天内可群发 1 条消息。

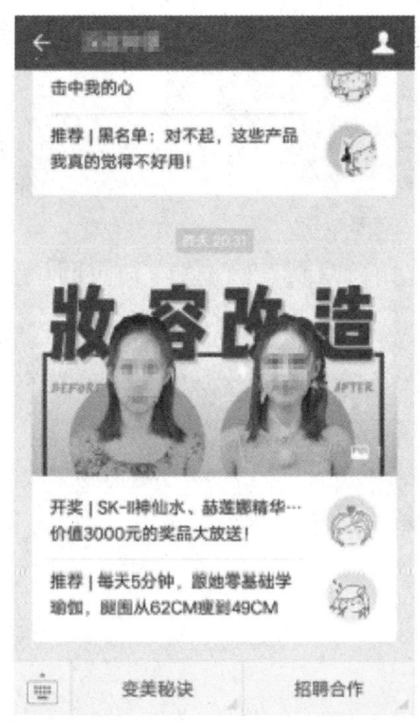

图 6－140　订阅号发送群发消息

企业号主要用于公司内部通信，需要有成员的通信信息验证才可以关注企业号，适用于企业、政府机关、学校、医院等事业单位和非政府组织。

淘宝卖家根据具体的营销目的、策略等选择不同类型的公众号。卖家注册完账号信息后，进入公众号平台界面，对公众号的信息进行设置，包括头像、公司名称、登录邮箱、功能介绍等。名称可以选择公司名也可以选择公司的某个产品，这样可以使消费者在搜索过程中对公众号属性一目了然，而且有助于搜索引擎的友好搜索。头像可以传送简洁明了的内容，减少了文字所带来的复杂因素，通常头像内容直接反映的是企业的产品或是名称，故而在口碑上也有一定的传播作用，因此微信公众号的头像尤为重要。

微信订阅号的认证需要订阅人数达到 500 及新浪微博或腾讯微博的认证来辅助完成，通过认证可以增加微信公众账号的公信力。以订阅号为例，具体讲解图片和自动回复的编辑、设置。

（1）图文消息编辑

微信订阅号允许运营者每天向用户发送一条群发消息，可以是直接的内容消息，也可以是图文消息，一般订阅号都会采取图文消息的形式进行发送，因为其在展现形式上更加直观。一般图文消息又被分为单图文消息和多图文消息，具体形式均以发送内容的需求而定。在发送图文消息时，首先进入订阅号后台，单击“群发功能”进入群发界面，“群发对象”是对发送的对象进行选择，可以选择一两个分组进行消息发送，也可以选择全部的用户进行发送。“群发对象”下面的编辑对话框可以直接向用户发送消息，如果要发送图文消息，需要单击新建群发消息按钮，如图 6－141 所示。

图 6－141　群发消息设置

进入图文消息编辑区后，对图文内容进行编辑，可以对每个图文内容的标题、作者、封面、正文内容进行编辑。2 则图文内容不够的情况下可以进行添加，最多再添加 6 则图文消息，总数不能超过 8 则。整体编辑完成以后，单击“预览”可以将图文信息发送给指定的微信账号进行手机端的预览，确定内容无误、排版无差错、是否美观等问题，如果不理想可以继续修改，直到满意为止，最后单击“保存”，或者直接点击“保存并群发”，如图 6－142 所示。

（2）自动回复设置

订阅号的自动回复功能可以通过添加自动回复的内容以及关键词，来达到自助服务用户的目的，一定程度上能够减少人工回复的工作量，提高服务的效率。目前，微信订阅号的自动回复功能包括三个内容：被添加自动回复、消息自动回复和关键词自动回复。

卖家进入订阅号公众平台，单击“自动回复”功能，如图 6－143 所示，可以看到自动回复的设置界面，自动回复分为以下三种。

①被添加自动回复。被添加自动回复是指用户首次关注订阅号后，系统自动发给用户的图文信息，一般是表示欢迎或是说明该账号的功能的文字内容。例如，首次关注某个订阅号后，系统自动发给用户的是“啦啦啦～撒花欢迎，朝思暮想终于等到天真灿烂活泼可爱机智美丽的你……”。

②消息自动回复。此功能是在用户发送非关键词的文字时，系统自动回复给用户

图 6－142　图文消息编辑界面

图 6－143　自动回复功能编辑界面

的消息，一般是提示用户翻阅历史消息进行查看或者遇到问题可以选择留言等待回复等。

③关键词自动回复。对于已经建立的关键词，用户只要回复关键词或者包含关键

词的相关内容，系统就会自动回复已经设置好的回复内容。回复的内容可以是单独的文字、图片、语音、视频，也可以是图文组合，具体以内容而定。

自动回复的设置可以让用户第一时间收到服务性的反馈，提升用户体验，此外还可以帮助运营者提高效率，减少运营中一些程式化的环节。

为更进一步地提升微信订阅号的运营效果，运营者要及时回复关注者的信息，因为微信公众平台最多只能为运营者保存最近 5 天的消息，如果未及时回复用户消息，可能会造成用户体验效果差，更甚至出现取消关注微信公众号的结果。

与此同时，对于微信公众号的运营，还可以针对用户群体进行分组管理，这样不仅可以提升运营的效果，而且便于后期营销活动的操作。

微信公众号的文章内容质量是关键，只有高质量的内容才能引起用户的阅读兴趣，进而有可能被广泛传播，吸引更多的粉丝关注，通过曝光网店名称、商品、策划用户活动等方式，进一步为店铺引流。

2. 个人朋友圈

淘宝卖家可以申请微信号进行朋友圈营销。首先卖家需要设置微信名称，一个好的名字更方便传播，提升知名度。微信名称建议是卖家从事的行业、店铺名或是产品加个人名称，不建议用英文名或是不便搜索的复杂符号。

（1）增加粉丝数量的方式

卖家一般可以利用以下几种方式增加粉丝数量

①包裹内外印上卖家微信二维码。

②结合产品特性，多加入一些相关的 QQ 群进行沟通交流。

③通过加入活跃 QQ 群中的用户，导入微信端，互加微信好友。

④利用 QQ 空间、QQ 签名、论坛等发布软文广告为微信引流。

⑤用户好评加店铺微信返红包。

⑥微信好友转发达到要求的数量进行抽奖活动。

（2）朋友圈营销方法

卖家进行个人朋友圈营销时，可以参考同行做得比较好的店铺。一般进行以下几个方面的活动。

①产品上新。比如新品细节图曝光，并发起老客户凭此图优惠活动，这样可以有效提升老客户的黏性，同时让新用户认识到该店铺不仅可以看到最新的商品，还有其他优惠可以享受。

②用户调查。卖家在选样前会对某一产品做用户调查，参考这一结果，更能提高用户的满意度。

③店铺活动。比如用户收藏、点赞等方式立减 5 元，通过这种优惠的方式，让店铺导入更多的精准流量。

④其他娱乐类。包括卖家个人的生活、产品相关、所见所闻、热点事件等，可以提升整个朋友圈内容的丰富度。

卖家发起的店铺活动通过朋友圈用户的不断转发支持，实现快速传播。卖家可以采用简单的随机抽取符合转发数量的用户赠送奖品的方法，也可以采用更为“高级”的技术方法。例如，在制作活动微网页时，添加助力一栏。用户参加活动时，在活动页面上输入姓名、手机号码等信息，点击报名参与，即进入具体活动页面。用户想赢得奖品，就要转发至朋友圈并邀请好友助力，获得的好友助力越多，获奖的概率也就越大。为提高助力者的积极性，卖家也可以让参加助力的好友抽奖。因为有大奖的吸引，卖家可以通过报名者与其众多好友的关注和转发，达到广泛传播和增加粉丝的目的。

相关链接

微信营销内容选择

在微信上做好内容是做好推广的前提，那么，推广时可以选择的内容类型都有哪些呢？

1. 促销活动型

促销活动型内容是对产品促销信息形成的内容，什么情况下适合发送促销活动型内容呢？促销活动型内容可以在某个节日前进行内容推送，当然，除日常节日外，平时也可以以周几特价的形式在朋友圈展开推广。

2. 信息播报型

这种方式是网店公众号和个人号较多采用的一种形式，网店将产品上新、预售、抢购、拍卖等信息通过微信矩阵展示给用户。

除产品上新、预售、抢购、拍卖等信息可以发送外，还有什么信息可以传递呢？现在越来越多的用户选择用手机了解实时事件、奇闻趣事等，发送这类信息能满足用户的求知欲。需要注意的是，发送此类信息时，要结合网店定位和产品情况，推送能切中用户需求要点的信息。

3. 专业知识型

专业知识型内容专业性强，并非日常生活知识，对用户具有一定价值，因此内容的可读性较高，用户接受度也高。专业知识型内容看似与网店和产品无关，实则能够加深品牌印象和品牌好感度。试想一下，一个每天给用户推送所需知识的公众号或个人号，用户又怎能不关注呢。

4. 幽默型

幽默型营销内容适合所有生活类的产品，用幽默的方式将话题展开或将产品进行推荐，这种模式让产品与用户的距离于无形中被拉近，在搏君一笑的同时实现推广目标。

微信内容选择并编辑好后，需要把握发文频率。不用太密集，太密集会增加营销成本，条件允许的情况下，一天一篇推文即可。

（三）淘宝客推广

淘宝客是按 CPS（Cost Per Sale）即成交计费的推广模式，淘宝客只要从后台推广专区获取商品代码，任何买家经过自己申请的推广链接进入淘宝卖家店铺完成购买并确认收货后，卖家就需要给淘宝客支付相应的佣金。

淘宝卖家不用按点击量或是提前付费，只需要在淘宝客推广成功之后，付给他们一定的佣金，这种推广模式更精准、更安全、风险更低。开通淘宝客的卖家只需要招募和管理淘宝客，通过合理设置佣金比率和主推款，在保障有效控制成本的同时，使产品获得较高的曝光，从而为店铺导入更多的流量，带来更高的收益。

开通淘宝客工具的店铺，需要各方面均已成熟，比如商品是否具备了良好的基础销量和历史评价、产品的利润是否足够支撑高佣金的支付等。开通淘宝客工具的条件和申请入口如下。

1. 开通淘宝客

入口一：卖家从“卖家中心”→“营销中心”→“我要推广”进入淘宝客申请的入口（如图 6－144 所示），签署一份《淘宝客推广软件产品使用许可》协议，勾选确认之后，填写支付宝代扣款协议，输入支付宝账号和支付密码，确认协议后即可参与推广。

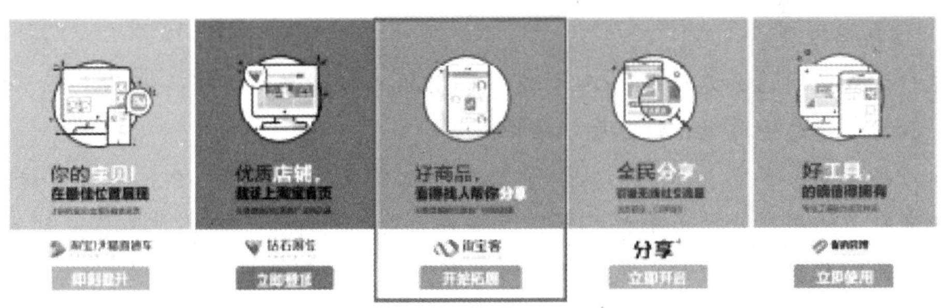

图 6－144　淘宝客入口一

入口二：卖家直接从阿里妈妈链接 http://ad.alimama.com/index.htm 进入淘宝客，如图 6－145 所示。卖家登录账号后点击“进入我的淘宝客”（进入如提示要补充邮箱、昵称及手机号请根据提示补充），页面左侧点击“账户”→“加入淘宝客”，同意相关参加推广的协议，确认支付宝代扣款协议，输入支付宝账户和支付密码，确认协议后即可参与推广。

2. 设置佣金比率

卖家首先需要将后台账户中店铺的联系方式等信息填写完整，方便淘宝客了解与咨询相关信息。

接下来需要设置各计划类目的佣金比率。比如设置通用计划，点击该计划右侧的“查看”，如图 6－146 所示。卖家进入类目佣金的设置页面，不同的类目有不同的佣金比率设置范围，比如女装类目，官方要求的佣金范围为5% ~50%，如图6－147所示。一般将通用计划的类目佣金比率设置成要求范围的最低标准，这样设置是由通用计划的特性决定的。

图6－145　淘宝客入口二

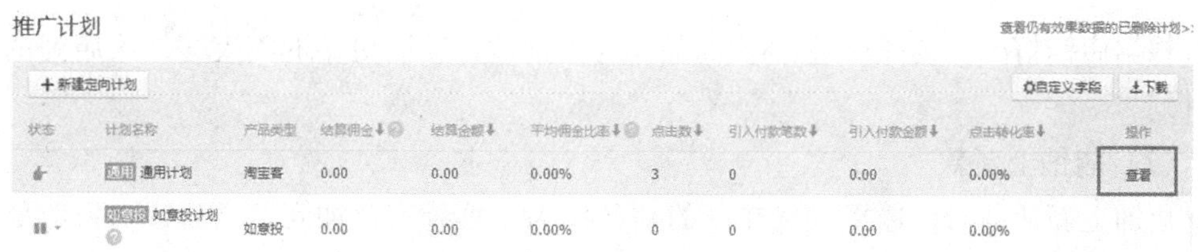

图6－146　通用计划

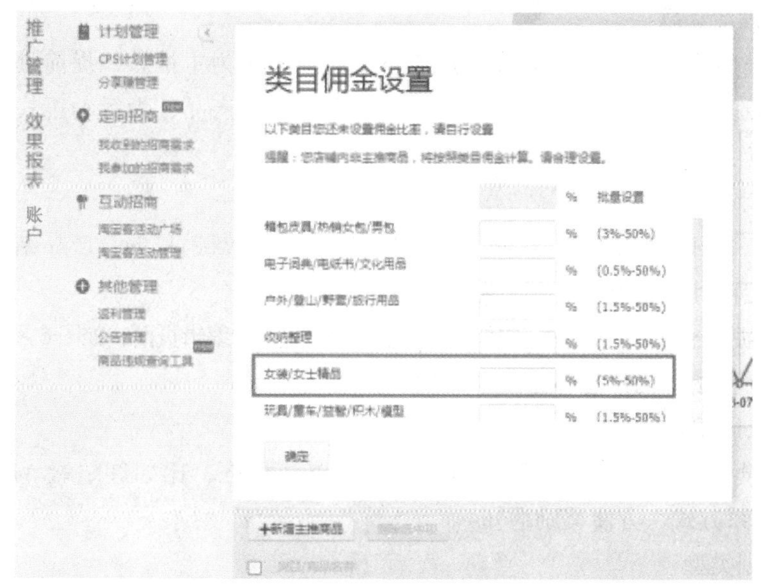

图6－147　类目佣金设置页面

卖家如果有重点推广的商品，可单独对该商品设置佣金比率（即主推商品），淘宝客成功推广该商品后按单独设置的佣金比率计算佣金，没有单独设置佣金比率的商品按照类目佣金计算。卖家选择要新增主推款的计划，点击该计划右侧的“查看”，进入计划设置页面，点击“新增主推商品”，选择需要主推的商品并设置好佣金比率，如图6－148所示。

图6－148　新增主推商品

为了吸引和刺激更多的淘宝客推广店铺商品，卖家可以从以下几个方面选择主推商品。

（1）店铺热卖款

根据店铺情况，选择60款热卖商品作为主推款，吸引更多的淘宝客加入店铺的推广计划。

（2）店铺上新款

店铺上新活动时，选择人气较高的新品作为主推款。比如女装类目，卖家前期可以设置15%～20%的高佣金比率，后期商品有了基础销量，进入稳定期后，可以适当降低佣金比率。

（3）店铺活动款

店铺促销类活动时，可以选取部分利润高的产品作为主推款，提前曝光产品的佣金比率，让更多的淘宝客推广，同时连带推广店铺其他产品，为活动正式期流量的爆发做准备工作。

3. 新建计划

除了官方制订的计划，卖家也可以结合店铺活动、营销目的、产品结构、推广资源位等新建定向计划，方便管理、监测和分析后续的数据。

卖家点击后台首页的“新建定向计划”，进入计划信息的编辑页面，如图6－149所示。

计划中需要填写的信息包括以下几项。

（1）计划名称

名称的设置要明确告诉淘宝客佣金比率与申请标准，比如红蜻蜓 VIP 10%计划（申请留下联系方式，方便奖励通知）。

（2）计划类型

一般选择公开类型，方便所有淘宝客申请。如果卖家和指定淘宝客合作，需要隐

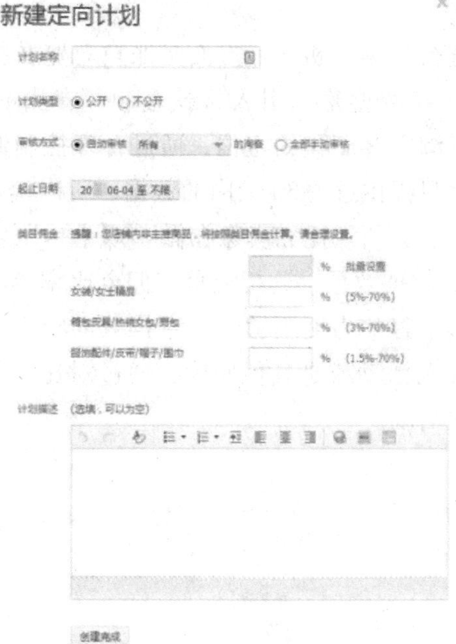

图 6－149　新建定向计划

藏该计划，可以选择非公开类型。

（3）审核方式

一般选择全部手动审核，方便筛选优质的淘宝客。

（4）起止日期

一般设置为该计划推广开始时间到永久或是到指定的结束时间。

（5）类目佣金

根据不同计划的目的设置。

（6）计划描述

计划描述包含店铺介绍、历史推广数据、奖励机制、卖家联系方式等。

卖家新建定向计划前可以通过淘宝客后台进入淘宝联盟，参考同行店铺的计划设置，淘宝客联盟的店铺推广，如图 6－150 所示。

图 6－150　淘宝客联盟的店铺推广

4. 数据分析与优化

卖家可以从两方面进行数据分析。一方面是账户总览数据分析，后台查看不同时间段账户整体的点击数、结算金额、引入付款金额、支出的佣金和佣金比率，如图6－151所示。根据公司对淘宝客工具的定位，通过合理控制佣金比率达到控制店铺整体利润的目的。由于后台只提供过去30天内的数据，所以卖家需要每天采集账户总览的数据，以便于后期对比、分析。比如卖家在做“双十一”活动总结时，需要对比去年同期“双十一”活动的数据效果，分析流量、佣金比率等上升或下降的原因，分析出流量下降是因为通知淘宝客的力度不够还是主推款的吸引力不够或是其他，流量上升是因为发起淘宝客的奖励活动或是其他原因，通过对比、分析，总结经验和找出不足，便于更好地开展下次活动。

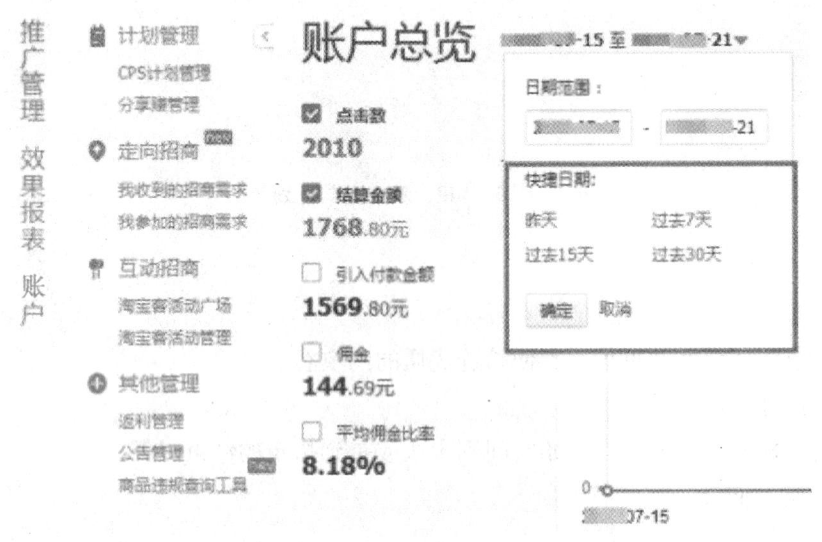

图6－151　淘宝客后台账户总览

另一方面是淘宝客数据分析，通过查看每个计划中的淘宝客推广数据，对于各项数据较好的淘宝客，卖家可以根据淘宝客之前申请理由中备注的联系方式，询问对方是否可以重点推自己店铺或是否有其他合作方式。对于各项数据较差的淘宝客，卖家也应及时联系、询问原因，具体分为以下两种情况。

①近30天无流量的淘宝客，应主动联系、询问原因，如果对方表示不再做该类目或是不做淘宝客，可标注不再询问。如果是其他原因，可以帮助其找到解决方法。

②近30天有流量但转化差的淘宝客，可以沟通其具体推广位，询问是否需要素材或是其他的要求。

其实对于淘宝客的数据分析和优化，就是卖家不断地维护已有的淘宝客资源和争取潜在的淘宝客，让他们重点推荐自己家的产品，给店铺更好的资源位，以获取更多的流量，只有双方互动、友好型的合作，才能满足共同的利益。

四、营销活动策划与实施

（一）网络营销活动策划的内涵

网络营销活动策划是指为了达成特定的网络营销目标而进行的策略思考和方案规划的过程。在理解网络营销活动策划概念的时候，一定要有“特定的网络营销目标”这一前提，以及策划的对象、实施的平台等。简单地说，网络营销活动就是以互联网为媒介，为达到一定营销目的而策划的线上活动。

（二）网络营销活动策划的重要性

网络的可视化与互动性，使得网络营销活动的优势及重要性进一步凸显。

①有利于企业营销目的的进一步明确。这样做可以从根本上降低企业在经营活动方面的盲目性，避免企业资源的浪费。

②有利于企业营销活动针对性的提高，确保了企业后续营销工作的有效开展。

③有利于企业营销活动计划性的增强，同时还能避免主观随意性的产生。

④有助于实现企业营销活动的个性和差异性。随着用户个性与需求不断的突出，要想在市场中脱颖而出，就必须要有自己独特的个性，展现与同类产品的差异性。

⑤提高企业自身的产品竞争力和营销效益。在同类产品差异不大的情况下，企业的竞争力就来源于自身产品的“卖点”，这个卖点是否足够新奇有内容，依附的就是企业品牌的知名度、美誉度以及企业销售推广的手法。而这一切都离不开营销活动策划的支撑，通过营销活动策划，可以提高营销活动的针对性、计划性、主动性和创造性，从而避免企业的无效劳动。

（三）网络营销活动策划的原则

1. 系统性原则

网络营销是以网络为工具的系统性的企业经营活动，它是在网络环境下对市场营销的信息流、商流、制造流、物流、资金流和服务流进行管理的，由此看来，网络营销活动的策划，是一项复杂的系统工程。网络营销策划人员必须对企业网络营销活动的各种要素进行整合和优化，使得各个要素相得益彰，争取营销效益的最大化。

2. 创新性原则

在个性化消费需求日益突出的网络营销环境中，通过创新、创造和用户的个性化需求相适应的产品特色和服务特色，是提高效用和价值的关键。在网络营销活动的策划过程中，必须在深入了解网络营销环境尤其是用户需求和竞争者动向的基础上，努力形成增加用户价值和效用、为用户所欢迎的产品特色和服务特色。

3. 操作性原则

网络营销方案必须具有可操作性才有价值，具体来说，网络营销策划方案是一系列具体的、明确的、直接的、相互联系的行动计划指令，一旦付诸实施，企业的每一个部门、每一个员工都能明确自己的目标、任务、责任以及完成任务的途径和方法，并懂得如何与其他部门员工相互协作。

4. 经济性原则

网络营销策划必须以经济效益为核心。网络营销策划的经济效益，是策划所带来的经济收益与策划和方案实施成本之间的比率。一个成功的网络营销策划，应当是在策划和方案实施成本既定的情况下取得最大的经济收益，或花费最小的策划和方案实施成本而取得目标经济收益。

5. 协同性原则

网络营销策划应该是各种各样营销手段的整合运用、相辅相成，而不是仅仅只选择单个方法的孤立使用。如微博、微信、论坛、QQ 等资源要一起协同应用，才能真正达到网络营销资源整合的最佳效果。

（四）网络营销活动策划的要点

一次成功的网络营销活动是依靠营销策划，产品设计与生产、人员调配、活动实施、活动推广、效果评估等一系列的环节相互协作而来的，要认清营销活动的策划重心在于系统的配合，而不是孤军奋战。

1. 吸引目标用户的关注

吸引目标用户的关注，是营销的根本目的，也是让用户产生消费欲望的主要因素之一。营销者只有让产品活起来、赋予产品魅力，才能使用户对营销的产品提起兴趣。

2. 对市场环境的正确了解

市场环境是营销活动的灵魂，是能直接决定一个营销活动存亡的基础要素。无论营销活动规模大小，只有对市场环境进行正确、深入地了解，才能获得成功。

3. 价值大于价格

让用户把关注点由价格转移到品牌的价值上，应从用户的角度考虑，提供优质的产品，良好的服务，只有让用户真正地体会到产品的服务与价值，才可以引发营销成果的有效转化。

4. 了解用户的需求与想法

用户心里的想法与需求是营销活动的价值把握准则，对营销者来说，正确了解用户的需求与想法，才能进行正确的营销决策与品牌管理。

5. 品牌个性的价值

品牌的个性是品牌的核心价值。独特的品牌个性不仅可以让自身品牌拥有适应市场规则的竞争力，还可以保持自身品牌的独立性。因此，挖掘品牌的核心价值是营销策略制订的第一步。

（五）网络营销活动策划与实施的具体步骤

步骤 1：明确活动目的

在开展网络营销活动策划前，需要明确开展活动的目的，是提升品牌影响力还是提升产品销量，根据不同的目的，在后期活动的具体策划过程中才能够制订更有针对性的方案。

步骤 2：目标人群定位及分析

任何活动的策划都需要围绕一定的目标人群，并结合目标人群的特点，在合适的平台开展具有针对性的网络营销活动，以扩大活动的传播范围，并进一步增强活动的影响力，实现营销目的。

在进行目标人群定位时，可围绕以下几个问题展开。

①什么样的用户需要我们的产品/服务？

②用户会通过怎样的渠道来了解想要获得的产品/服务？

③如何做才能掌握主动权，先一步争取到目标用户？

④怎样做才能将我们的产品/服务宣传范围覆盖全网络？

步骤 3：平台筛选

网络营销活动的实施必须考察平台的可利用率，目前微博、微信等都是比较不错的运营平台，选择运营平台的过程中需要进一步进行分析，通过网络市场调查，以数据进行阐述，对于平台的用户群体，用户浏览习惯的分布以及可控性都应该进行监测与分析。

步骤 4：活动内容策划

选定了平台之后，就需要将营销目的、目标人群特点、平台特色等因素综合考虑，策划具体的活动内容。

步骤 5：活动发布

各项活动内容策划完成后，接下来就要着手内容的发布了。

步骤 6：活动推广

活动发布后，还需要进行推广，使得活动为更多用户所知，激发用户参与热情。

五、网络营销效果评估

（一）数据获取工具

通过网站流量统计工具，站长可以清楚地了解访客是怎样找到并访问了自己的网站，在访问的过程中，访客进行了哪些具体操作，等等。只有掌握了这些关键数据，站长才能把用户体验做得更好和更准确，从而更好地提升网站的投资回报率。

1. 百度网站流量统计系统（以下简称百度统计）

百度统计是百度自身旗下产品，依托于百度强大的技术实力，百度统计为用户提供了丰富的数据指标、图形化报告、全程追踪访客的行为路径。

百度统计的系统非常稳定，功能强大且容易上手。百度统计集成了百度推广数据，可以帮助站长及时了解推广方案和效果，这是百度统计的一大亮点。普通用户经过简单的注册，登录后获取一段代码放在网站页脚处，百度统计便可马上收集数据，开始为站长服务。百度网站流量统计系统 Logo，如图 6－152 所示。

图 6－152　百度网站流量统计系统的 Logo

2. CNZZ **网站流量统计系统**（**以下简称** CNZZ）

CNZZ 是由国际著名风险投资商 IDG 资本投资的网络技术服务公司，如今已被阿里巴巴收购，属于阿里妈妈旗下公司，是国内较有影响力的网站流量统计系统之一，同时也是流量之巅重点推荐网站流量统计系统。

CNZZ 专注为互联网各类站点提供专业、权威、独立的第三方数据统计分析，专业从事互联网数据监测、统计分析的技术研究、产品开发和应用。

之所以推荐站长使用 CNZZ，主要是因为其中的“站长统计系统”，该系统是 CNZZ 的“老字号”产品，并且是一款免费、安全、可靠、公正的第三方网站流量统计分析系统，更是目前国内站长使用最多的网站流量统计工具。CNZZ 网站流量统计系统的 Logo，如图 6－153 所示。

图 6－153　CNZZ 网站流量统计系统的 Logo

3. **腾讯分析**（Tencent Analysis）

腾讯分析是由腾讯公司于 2011 年 5 月 5 日随着 Discuz！ X2.0RC 版本正式发布的，是全球第一款专用于社区的统计分析系统，该系统构建于腾讯强大的数据分析和计算能力基础之上。它除了具备标准流量统计的功能外，还能够细分访客类型（游客与会员），统计网站的实时数据、热门板块、热门主题、会员参与度等情况，为站长运营提供强有力的数据参考。腾讯分析的 Logo，如图 6－154 所示。

图 6－154　腾讯分析的 Logo

当然，网站数据统计时不一定只使用一个网站流量统计系统，完全可以同时使用两个或多个，方便日后数据对比与分析，更好地了解网站流量统计的各项数据指标。

网站的各项数据指标非常重要，这些数据是作为一名合格的站长需要了解的，也是在第一时间必须要分析的。

（二）营销效果统计与分析

网站统计分析通常按日、周、月、季度、年或围绕营销活动的周期为采集数据的周期。当然，单纯的网站访问统计分析是不够的，根据网站流量的基本统计和可采集的第三方数据，对网站运营状况、网络营销策略的有效性及其存在的问题等进行相关分析并提出有效可行的改善建议，才是网站访问统计分析报告的核心内容。网站营销统计与分析应该包括以下几方面的内容。

①网站访问量信息统计的基本分析。

②网站访问量趋势分析。

③在可以获得数据的情况下，与竞争者进行对比分析。

④用户访问行为分析。

⑤网站流量与网络营销策略关联分析。

⑥网站访问信息反映出的网站和网站营销策略的问题诊断。

⑦对网络营销策略的相关建议。

任务四　物流与支付

物流与支付作为网店运营过程中必不可少的一环，其重要性不容忽视。随着用户需求的不断升级，物流管理工作在提升客户满意度及降低企业运营成本中的重要性及支付方式的易操作性日益凸显。

一、物流渠道建立

卖家通过淘宝网向客户提供安全有效的网络交易，离不开物流的支持。淘宝网会向卖家提供“推荐物流”“网货物流推荐指数”作为选择物流公司的参考数据，目前淘宝网与申通快递、EMS（全球邮政特快专递）、宅急送、圆通速递、天天快递、韵达快递、中通快递等公司都有合作。

（一）选择物流公司

在选择快递之前，首先要注意地区的概念，假设网店的发货所在地在济南市某区，那么货物寄到上海市和寄到新疆维吾尔自治区的物流费用自然会有不同，如果不分地区统一定价，会给网店带来经济上的损失，所以网店物流配送应划分区域，并对每个区域的运费进行不同的定价，定价范围可以与物流公司进行协商后决定，以申通快递地区划分标准，如表 6 - 1 所示。

表 6－1　　申通快递地区划分图

中国地区名称	区域
上海市、山东省、北京市、河北省、安徽省、江苏省	一区
广东省、福建省、天津市、湖北省、湖南省、江西省、河南省、浙江省	二区
四川省、贵州省、海南省、陕西省、云南省、山西省、重庆市、黑龙江省、甘肃省、辽宁省、吉林省、广西壮族自治区、宁夏回族自治区	三区
内蒙古自治区、西藏自治区、青海省、新疆维吾尔自治区	四区

一般来说，考虑到成本的问题，除非客户要求发其他快递，否则网店一般会选择已经确定合作关系的快递公司。如表 6－2 所示，申通快递公司的运费在不同区域内是不相同的，所以网店可以根据不同区域制订不同的物流费用，也可以灵活选用不同的快递公司或者根据客户的需求选择快递公司。除去自身确定的快递外，还需主动询问客户，让客户自主选择。但客户自主选择不是没有限制的，最好让客户在备用的几个快递公司中选择，尊重客户的同时，也让客户对网店更加信任。如果发生买家没有收到货物的情况，卖家要主动在买家和物流公司间进行协调，特殊情况下在找物流公司索赔的同时，可以先给买家再发货一次，尽量做到让买家满意。

表 6－2　　申通快递公司不同区域内的运费

申通快递（http：//www. sto. cn/）				
区域	一区	二区	三区	四区
到货时间	1～2（天）	2～3（天）	3～4（天）	4～5（天）
首重费用	首重（公斤）×8（元/公斤）	首重（公斤）×10（元/公斤）	首重（公斤）×12（元/公斤）	首重（公斤）×15（元/公斤）
续重费用	重量（公斤）×8（元/公斤）	重量（公斤）×10（元/公斤）	重量（公斤）×12（元/公斤）	重量（公斤）×18（元/公斤）

相关链接

卖家选择快递公司应重点考虑的因素

1. 价格

卖家在快递公司官网，根据网点分布查询离发货地址较近的快递点的联系方式，直接跟该网点的工作人员谈合作价格。

2. 发货速度

卖家不能盲目追求价格实惠，应该结合发货速度和价格综合考虑。一般可以先考虑常见的快递公司如申通快递、圆通速递、韵达快递等，这些规模比较大的快递公司在全国分布的网点通常多于其他规模相对较小的快递公司。

3. 服务质量

通常卖家比较关心的服务质量有是否经常丢件、物流信息跟踪是否及时、包裹破损率等问题。

（二）淘宝物流管理

在确定快递公司后，接下来就是在淘宝网中设置物流的相关模板，通过登录账号进入淘宝网卖家中心，在左边菜单栏中选择“物流管理”→“物流工具”，如图6－155所示。在“物流工具”中可以看到有服务商设置（服务商指的是物流公司）、运费模板设置、物流跟踪信息、地址库、运单模板设置，如图6－156所示。

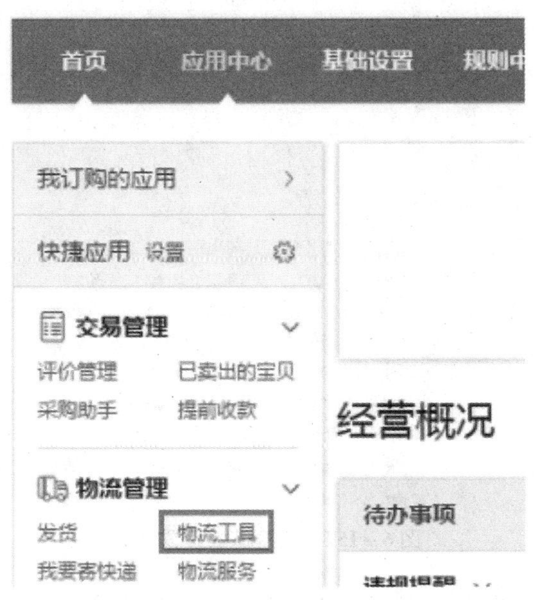

图6－155　淘宝网卖家中心界面

其中运费模板设置是卖家主要分析的部分，运费模板可以分为以下内容。

1. 默认模板设置

在运费模板设置中点击新增运费模板进入编辑界面，填写主要信息，包含模板名称设置、商品地址填写、发货时间填写、是否包邮、计价方式与运送方式选择几部分，如图6－157所示。

运送方式	运送到	首件(个)	运费(元)	续件(个)
快递	全国	1	10.00	1
快递	重庆,宁夏,黑龙江,陕西	1	13.00	1
快递	澳门,台湾,香港,海外	1	30.00	1
快递	江西,北京,上海,浙江	1	10.00	1
快递	西藏,内蒙古,青海,新疆	1	18.00	1

图 6－156　运费模板设置（1）

图 6－157　运费模板设置（2）

卖家在点击快递后有默认运费，这时可选取中间价位，不同地区适时改价，初始价格选择 10 元是较为保险的，然后根据不同地区和客户的需要，对价格进行微量的调整。一般设置为首重 10 元/公斤，每增加 1 公斤增加运费 5 元。

如图 6－158 所示，卖家设置的运费模板中选择了上海市、山东省、北京市、河北省、安徽省的首重为 8 元/公斤，续费为 8 元/公斤，内蒙古自治区、西藏自治区、青海省、新疆维吾尔自治区首重为 15 元/公斤，续重为 15 元/公斤，完成后点击保存，这样一个默认模板就设置成功了。

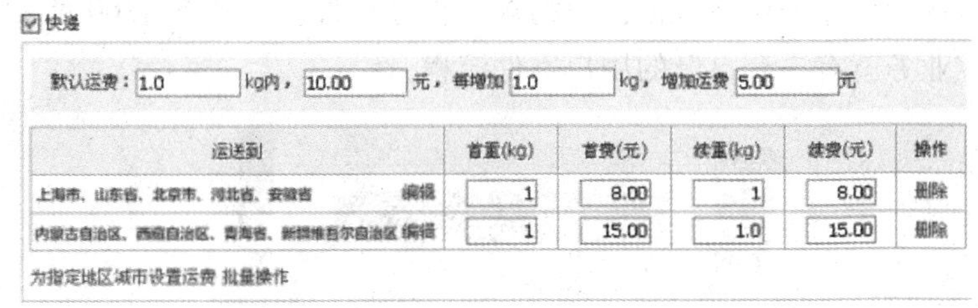

图 6－158　运费设置

2. **促销模板设置**

促销模板是基于网店的促销活动而设置的，在配合卖家促销活动进行的同时，运费模板可以采用一些付费软件来实现自动购物运费叠加，这样在很大程度上减少了促销中对于运费设置的错综复杂的问题，而且有利于消费者的自助购物。

3. **包邮模板设置**

包邮模板设置时商品地址、发货时间、寄件方式和默认模板是一样的，在是否包邮中选择“卖家承担包邮”，在运送方式中填写快递费用，这里的费用是网店工作人员和快递公司提前协商好的，应尽量减少运费。

（三）订单配送

在设置完运费模块后，接下来就是订单配送。首先卖家需要查看买家拍下并已经付款的订单，如果买家拍下并没有支付，将会在三天内自动取消交易。如图 6－159 所示，点击“我的淘宝”左侧的“已卖出的宝贝”，会看到所有已卖出的商品，所有交易状态为“买家已付款”、物流状态为“等待卖家发货”，可以点击“发货”按钮，进行发货。

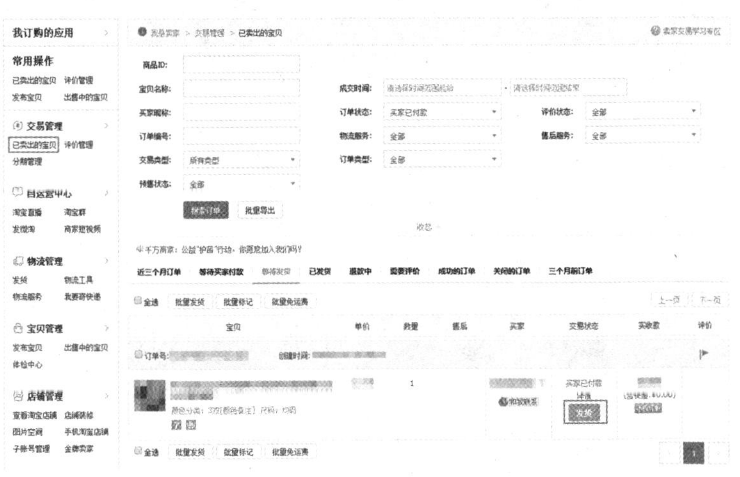

图 6－159　等待发货

货单进行配货并包装，送达网店打包人员手中，打包人员验货，并在系统登记商品出库，确认淘宝网为已发货状态，然后将商品放入待发货区，联系有合作的快递公司到发货区取件，快递公司会根据公司的规定检查快件。如图 6－160 所示，申通快递公司对于淘宝业务就有一套自己的用户寄件流程。

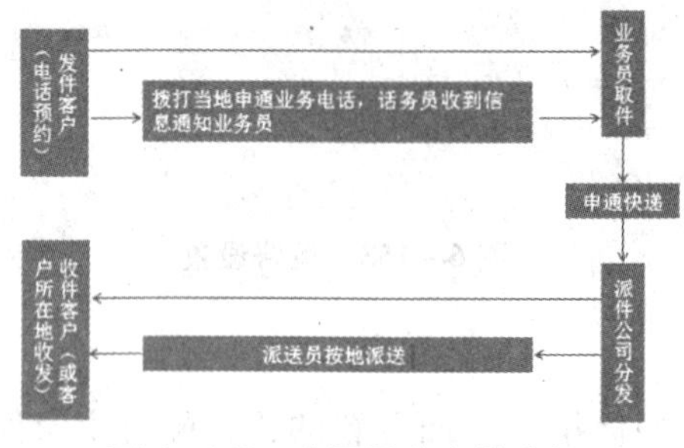

图 6－160　申通用户寄件流程

二、支付方式选择

淘宝支付方式有以下几种，分别是银行卡支付、支付宝支付，其中支付宝支付包括支付宝账户余额支付、余额宝支付、花呗支付，找人代付和货到付款。

（一）银行卡支付

当买家已经成功拍下商品还未付款时，可以进入“我的淘宝”→“已买到的宝贝”页面点击“付款”。进入付款页面，可以选择全部订单金额或剩余订单用“储蓄卡”支付（即网银付款），选择银行卡对应的银行名称，确认银行卡号后 4 位数字无误后，输入支付密码即可（如图 6－161 所示）。

图 6－161　银行卡支付页面

（二）支付宝支付

在网络购物的初始阶段支付宝便应运而生，作为第三方支付平台帮助人们解决付款途径的难题，同时保障人们在购物过程中的资金安全。支付宝的生态系统如图 6－162 所示。

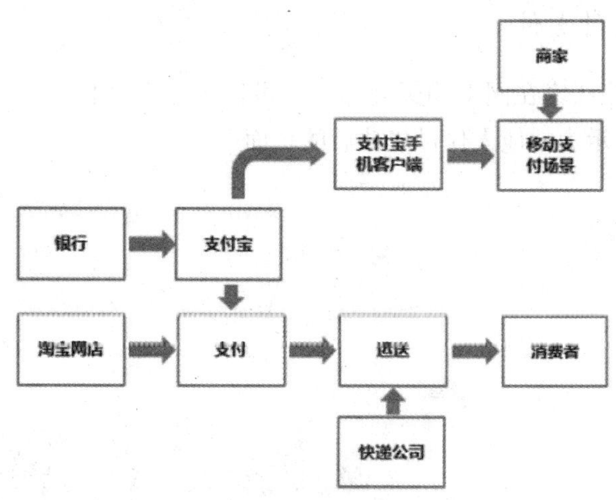

图 6－162 支付宝的生态系统

在淘宝网购物时，经常使用到的支付方式包括支付宝账户余额支付、余额宝支付和花呗支付。

1. 支付宝账户余额支付

支付宝账户的余额是指从银行卡或通过其他方式已经转入支付宝账户里的金额。支付宝账户是一个虚拟的电子钱包，可以进行充值、转账、消费等，账户内金额即为支付宝账户余额。

支付宝账户余额可以分为可用余额和不可用余额。可用余额是指支付宝账户中可随时用于消费、转账的金额；不可用余额是指暂时不可以用的余额。

2. 余额宝支付

余额宝是支付宝打造的余额增值服务。余额宝内的资金还能随时用于网购支付，灵活提取。如图 6－163 是余额宝支付的流程。

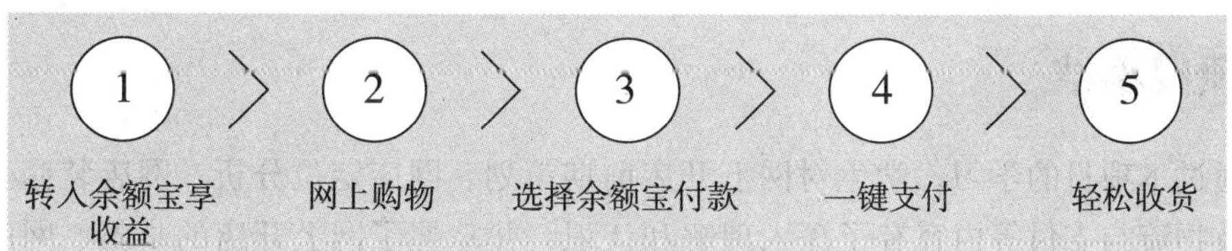

图 6－163 余额宝支付流程

3. 花呗支付

花呗是互联网时代依托于场景的信用消费工具，用户在消费时，可以使用花呗的支付额度，享受“先消费，后付款”的购物体验。花呗支付是让买家免费使用消费额度购物，若使用花呗分期购，买家需按商家设定的费率，承担指定费用。花呗还款方便，支持支付宝自动还款。

（三）找人代付支付

找人代付是指当买家在网上购买商品后，可以由他人（代付人）帮助完成网上付款。如图 6－164 所示为帮他人代付成功后的页面。

图 6－164　代付成功

（四）货到付款

买家可以不必先在网上付款，等收到货物时，把钱付给快递公司的快递人员，让快递公司代收货款。买家在线选择使用货到付款的方式购买，一定要选择有“货到付款”图标的商品。具体流程如图 6－165 所示。

图 6－165　货到付款流程

项目小结

通过本项目的学习，学生对网上开店前期策划、网店定位分析、网店装修、网络营销及物流与支付等内容有了深入理解和认识，并掌握了网上开店的步骤、网店装修管理的技巧、网络营销的方法、物流管理及支付方式的选择等，掌握了电子商务创业策划与实施的主要内容。

相关知识

一、精准的用户群定位对店铺运营的好处

1. 有利于了解目标用户群

精准的用户群定位能够让店铺更加了解目标用户群，并深入了解目标用户群的需求、偏好、收入等情况。在深入了解这些情况后，卖家能够对自身进行更加精准的店铺定位。

2. 有利于店铺的营销

精准的用户群定位可以让买家对店铺用户人群的喜好及特性更加了解。店铺在日常的运营营销过程中，能够针对用户的喜好与特性进行有针对性的营销。这样不但能够节省营销成本，更能吸引目标用户群。例如目标用户群年龄在25~35岁，在营销的过程中，就可以利用怀念青葱岁月等内容进行营销，这样比较符合这个年龄段人群的喜好。再例如目标用户群是收入比较高的白领，那么若是营销内容主题偏向于健康、时尚、个性就更能吸引客户的目光。

3. 有利于市场的把控

精准的用户群定位还有利于买家对市场的把控，买家可以根据目标用户群的喜好变化、阶段性特点等对店铺所卖产品进行及时的调整。尤其是在店铺上新品的时候，这种对于市场的把控力度就显得尤为重要了。

二、网店选品方法

要在网上开店，首先就要有适合通过网络销售的商品，但并非所有适合网上销售的商品都适合个人开店销售。适合网上开店销售的商品一般具备以下6个条件。

①体积较小：主要是方便运输，可以降低运输的成本。

②附加值较高：价值低过运费的单件商品是不适合网上销售的。

③具备独特性或时尚性：网店销量较高的商品往往都是独具特色或者十分时尚的。

④价格较合理：如果网下可以用相同的价格买到，就很少有人选择在网上购买了。

⑤通过网站了解就可以激起浏览者的购买欲：如果这件商品必须要亲自见到才可以实现购买所需要的信任，那么就不适合在网上开店销售。

⑥线下缺乏品：网上更方便买到，比如外贸订单产品或者直接从国外带回来的产品。

根据以上条件，目前适宜在网上开店销售的商品主要包括首饰、数码产品、电脑硬件、手机及配件、保健品、服饰、化妆品、工艺品、体育与旅游用品等。

三、海报设计3要素

1. 3段文字

在海报的文案中主要信息有主标题、副标题、附加内容，设计的时候可以分为3

段，段间距要大于行间距，上下左右也要有适当的空间。

2.3 种字体

不是说一定要用3种字体，而是最好不要超过3种字体，字体过多容易造成视觉的混乱。因此，主标题可以用粗大的字体，副标题小一些。字体不要有过多的描边，尽量不选择与主体风格不一致的字体。建议用方正兰亭系列的字体。

3.30%的留白

大方高格调是设计基本要求，整洁的画面加上恰当的留白可以让商品看起来更有格调，并让人从视觉上能更专注地接受海报上其他信息的引导。

四、淘宝网物流配送中的问题

1. 物流配送的基础设施不完善

目前，公路网络的建设与完善、物流配送中心的规划与管理、现代化物流配送工具与技术的使用、与电子商务物流配送相适应的管理模式和经营方式的优化等还无法适应我国电子商务物流配送的要求。特别是各地运输模式、运输设备等衔接方面的基础设施缺乏建设投入，也制约着物流配送的发展。

2. 物流配送服务质量差

与淘宝网合作的第三方物流公司，服务质量良莠不齐，因此淘宝网配送方面存在着很多问题。配送质量方面：配送公司业务量大，遗失物品、货物破损的现象时有发生，物流公司不允许卖家收货时现场验货。对于淘宝网承诺客户的“保质保量保真，不满意免费退换”，一旦货物出现问题，买家需要与卖家沟通并把货物寄送回卖家手中。在配送时间方面：网店评价中不难发现很多买家评价都包含对于货物到达时间太慢之类的抱怨。配送网点覆盖面方面：淘宝网的各大网点的配送指南中，都对配送地点进行了规定。但实际情况中存在市内只能配送到一定区域，其余由买家上门自提的情况，有些买家评价中可以看到买家提到快递不送到家花了很多时间去指定地点取货的现象。

3. 物流配送成本高

大多数消费者选择淘宝网的原因是网上购物比实体店购物价格低，且时常有一些优惠活动。消费者的购物费用包括上网费用、购买商品费用以及配送费用。如果配送成本过高，消费者很可能会放弃网上购物转而选择实体店购物，目前消费者对于包邮购物能产生较大兴趣，卖家想要获得利润，就提高了商品价格，压低了给物流公司的送货费用，物流公司的服务质量也随之下降。

4. 物流配送相关法规及配送中心体制不健全

目前，我国关于电子商务、物流配送方面的法律法规还不完善，对于市场体制没有明确规定，形成一种缺乏监管的现象。各区域之间缺乏协调统一的发展规划和协调有序的协同运作，归口管理不一致，制约着物流配送的效率。

各地区的配送机构独立发展，缺少统一的发展政策和规划，这不仅造成巨大的资源浪费，也形成物流设施不合理的布局状态，同时降低了物流系统运作的效率。因此无论是物流行业的外部环境、法律法规，还是物流行业内的行规、制度，都需要进一步完善，尤其是配合电子商务发展的部分。

同步实训

一、实训概述

本项目实训为电子商务创业策划与实施的实训。学生通过本项目的学习，能够了解网上开店的流程，完成网店店招、海报、分类栏及商品详情页的设计与制作，掌握店铺装修的操作步骤，并掌握基础的网络营销方法。

二、实训素材

1. 连接网络的电脑、智能手机等实训设备
2. 相关实训软件

三、实训内容

学生以小组为单位，进行电子商务创业策划与实施的实训操作。在本实训中，教师指导帮助学生完成实训内容。

四、实训任务

步骤 1：网上开店。

1. 学生进入淘宝平台，搜集本地网店，并进入店内查看主营商品，了解店铺的人流量和购买量，完成表 6－3 的填写。

表 6－3　　搜集本地网店

网店名称	店铺分析

2. 学生讨论以下常见电商平台及各自的优势，并将结果填入表 6－4 中。

表 6－4　　常见电商平台及各自的优势

常见电商平台	各类电商平台的优势
淘宝网	
天猫商城	
京东商城	
微店	

步骤2：网店装修管理。

学生在步骤1中任选一家店铺，分析其定位，收集店招素材，运用Photoshop软件进行店招设计与制作，并为店铺中的一个商品重新制作详情页，完成表6－5的填写。

表6－5　网店装修管理

网店定位	店招素材及新店招	原详情页与新详情页

步骤3：网络营销。

1. 在淘宝网上搜集一个自己感兴趣的店铺，并对该店铺进行免费推广，完成表6－6。

表6－6　网店免费推广

店铺名称	
店铺网站	
推广渠道	
活动内容	

2. 对店铺进行分析，完成表6－7。

表6－7　淘宝客推广

分析现状	分析网店各方面的条件是否成熟，能否满足开通淘宝客的条件
开通淘宝客	判断是否满足官方规定的准入条件，符合后开通工具
设置佣金比率	结合类目和计划类型，设置类目佣金比率和主推款
新建计划	结合网店活动、营销目的、产品结构等创建定向计划

3. 对店铺进行分析，完成关于“直通车推广”的表6－8。

表6－8　直通车推广

分析现状	分析网店各方面的条件是否成熟，能否满足开通直通车的条件
开通直通车	判断是否满足官方规定的准入条件，符合后开通工具
关键字筛选	通过不同方式选择关键字
投放	投放时间、地域、平台

步骤 4：物流与支付。

学生每两人为一组，任意选择三个物流公司进行分析，分析的主要内容包括各个物流公司的运费（同一个区域的首重费用和续重费用）、到货时间（同一区域）、品牌口碑、包裹追踪、派件服务等，从而总结出该物流公司的优劣势，并记录在表 6－9 中。

表 6－9　物流公司特点分析

分析	物流公司名称			
	运费（首重费用和续重费用）			
	到货时间（同一区域）			
	品牌口碑			
	包裹追踪			
	派件服务			
总结	优势			
	劣势			

五、实训总结

1. 总结本次实训的主要内容及掌握要求。
2. 教师指出并纠正学生普遍存在的问题。
3. 根据学生实训情况，补充遗漏或拓展部分的相关知识。

课后习题

一、单选题

1. 商品详情页是提高店铺（　　）的入口。

A. 流量　　B. 销量　　C. 转化率　　D. 访问量

2. 支付宝由（　　）创办，是现阶中国最大的第三方网络支付平台。

A. eBay　　B. 阿里巴巴

C. 腾讯　　D. Tom

3. 下列哪项不属于网上开店的优势？（　　）

A. 投资少　　B. 范围广

C. 限制少　　D. 选择多

4. 淘宝客是一种按（　　）计费的推广模式。

A. 点击　　B. 展现

C. 成交量　　D. 行为

5. 下列哪项不属于淘宝站外免费推广渠道？（　　）

A. 微博营销　　B. 微信营销
C. 淘宝客　　D. 抖音

二、多选题

1. 网上开店如何选择合适的产品？(　　)
A. 市场调研分析　　B. 产品分析
C. 竞争对手分析　　D. 目标人群定位
2. 卖家进行个人朋友圈营销时，一般需要进行哪几个方面的活动？(　　)
A. 产品上新　　B. 用户调查
C. 店铺活动　　D. 其他娱乐类
3. 淘宝后台发货订单管理包含哪三类订单？(　　)
A. 等待发货的订单　　B. 发货中的订单
C. 已发货的订单　　D. 已收货的订单

三、简答题

1. 什么是淘宝客推广？
2. 写出网上开店的基本流程。

项目七　电子商务创业成本与风险分析

国家一直倡导创业型人才的培养，并不断鼓励学生大胆创业，为了促进电子商务创业的成功率，创业者是否具备认清风险和防范风险的能力，将直接影响创业的成败。在电子商务创业过程中，需要学生及时地对财务进行预测及分析，总结电子商务创业面临的风险，对创业之前、创业之初、创业之中的风险进行规避。只有做好创业的前期准备、具备创业需要的条件，充分了解创业的风险类型和对策，才能开始创业，否则只会前功尽弃。

学习目标

知识目标

1. 了解创业财务预测的类型。
2. 了解财务分析的意义和主要内容。
3. 了解创业风险的含义。
4. 了解创业风险的主要类型。

能力目标

1. 掌握创业财务预测的方法。
2. 掌握财务分析的方法。
3. 掌握创业风险预测及评估的方法。
4. 掌握创业风险应对的一般策略。

案例导入

“最鲜到”是一家基于定位服务提供同城短距离极速配送服务的 O2O 平台，平台 Logo 如图 7－1 所示。“最鲜到”成立于 2014 年 10 月，隶属于湖南最鲜到网络科技有限公司。公司注册资本 1000 万元人民币，法人代表为最鲜到创始人兼 CEO 陆刚。2015 年 8 月该公司还曾将业务拓展到北京、深圳、杭州等十多个城市和地区，2016 年 1 月上线了电子商务平台最鲜到商城，提供“冷链存储”和“生鲜宅配”服务。

图 7－1　最鲜到 Logo

2016 年春节前“最鲜到”就已出现资金链断裂的问题，公司开始宣布项目终止，2016 年过年后“最鲜到”便已停止运营。关于倒闭原因，内部工作人员表示，主要是由于公司 A 轮资金部分没有到账，“最鲜到”转型“最鲜到商城”失败。

案例分析

通过“最鲜到”案例，我们可以看出：初创企业在运营过程中存在着各种潜在威胁与风险。在创业前和创业中，创业者需要对财务做好科学预测与实时分析，同时以客观的方法预测及评估创业风险，进而有效规避并正确应对各类风险。只有做好充分的创业前期准备，才能增加创业成功的筹码。

任务分解

任务一　电子商务创业财务分析

一、创业财务预测

（一）投资资金的预测

创办企业离不开必要的投资，投资资金一般可分为固定资产投资、无形资产投资、开办费投资及其他投资四类。

1. 固定资产投资

固定资产投资是企业购置价值较高、使用寿命较长的资产所投入的资金，如厂房、办公场所、办公家具、机器、设备等。固定资产投资额的预测取决于固定资产的取得方式，其方式主要有两种：一种是自建，另一种是外购。

（1）自建固定资产投资

如果企业对固定资产有特殊要求，最好采用自建的方式，如根据生产的特殊性自建厂房。自建固定资产的好处是能够更好地满足企业生产经营的需要，但是也有不足，即会占用大量的资金、时间。自建固定资产投资包括固定资产建造的材料费、人工费、水电费以及其他费用等。

比如创办一家企业，需要自行建造生产车间，预测建造过程中需购买工程物资支出 200000 元，增值税 34000 元；支付工程人员工资 50000 元；原材料采购支出 10000 元，增值税 1700 元；支付其他费用 10000 元。假设创业企业为小规模纳税人，则自建生产车间的固定资产投资为以上支出的合计数 305700 元，如表 7－1 所示。

表 7－1　　自建固定资产投资预测

投资资金种类	项目	金额（元）
自建固定资产	工程物资	200000
	工程物资增值税	34000
	工程人员工资	50000
	原材料采购	10000
	原材料采购增值税	1700
	其他费用	10000
总计		305700

（2）外购固定资产投资

如果企业直接外购固定资产，如购买合适的商铺或者购买可以直接用来开工生产的设备，则创办企业的效率会更高，也相对更为简单、快捷。外购固定资产投资包括买价、相关税费、安装费等费用。

比如创办一家企业，除了有厂房还需要设备。假如直接外购不需要安装的设备 1 台，预计设备价款为 30000 元，设备采购增值税额为 5100 元；支付运杂费 400 元；支付包装费 300 元。企业为小规模纳税人，则外购设备的固定资产投资为 35800 元，如表 7－2 所示。

表 7－2　　外购固定资产投资预测

投资资金种类	项目	金额（元）
外购固定资产	不需要安装的设备 1 台	30000
	设备采购增值税	5100
	运杂费	400
	包装费	300
总计		35800

除上述两种投资方式外，也可以选择在家创业或利用已有房产、设备等资源创业，这样可以减少固定资产投资，降低创业成本。如果创业资金不是很充足，很难购建固定资产，此时可以采用租赁的方式。租房比建房、买房所需的资金要少，也更容易更换经营地点。设备价值比较高的情况下也可以考虑租赁以减少投资，降低公司风险。

2. **无形资产投资**

无形资产投资是企业取得长期使用、不具有实际形态但能带来经济收益资产所付出的资金，如特许经营权、商标权、专利权、土地使用权、大型软件等。无形资产有一定的特殊性，因此在预测无形资产投资时，首先要保证所购无形资产的合法性；其次要确认无形资产的法定有效期；最后要找准评估和计价的法律依据。在创业的过程中，如果需要购买特许经营权等无形资产，可以向特许经营权等无形资产的拥有者咨询所需费用，也可以向经营同类业务的企业家或创业者寻求帮助来预测无形资产投资。在进行无形资产投资预测时还要注意不同的创业地点，费用可能会有不同，因此还需要向特许经营商或无形资产的出让者进一步验证预测的投资额。

3. **开办费投资**

开办费是企业在筹建期间发生的各项费用，包括培训费、差旅费、印刷费、注册登记费以及不计入固定资产和无形资产价值的借款费用等。

4. **其他投资**

其他投资是指除了固定资产、无形资产、开办费以外的各项投资。企业在对这部分投资进行估算时应尽可能涵盖可能涉及的各类支出，并且留有余地，以保证企业创立的资金需求。

为了使投资资金的预测更加准确，在创业时可以根据各类投资资金的预测结果编制投资预测表，写入创业计划书。比如，现在要创办一家会计服务公司，我们需要做投资预测。如表 7－3 所示，投资包括固定资产投资，如办公家具、电子设备；开办费投资，如培训费、市场调查费等；其他投入，如装修费。由于会计服务公司处于初创阶段，经营的不确定性较大，为降低经营风险，减少资金投入，办公场所采用租赁的方式取得并进行简单的装修。

表 7－3　投资预测表

项目		单价（元）	数量	金额（元）
办公家具	办公桌	500	6	3000
	办公椅	200	12	2400
电子设备	计算机	3000	6	18000
	打印机	2500	3	7500
开办费	市场调查费、咨询费	—	—	2000
	培训费	—	—	2100
其他投入	装修费	—	—	15000
总计				50000

说明：此投资资金预算表可根据创办企业的实际情况进行修改与设计，也可添加每个项目预算的辅助表格。

根据上表可知，该会计服务公司的投资总额为50000元，包括固定资产投资30900元、开办费4100元、其他投入15000元。

（二）流动资金的预测

一般情况下，企业在初创期以资金投入为主，现金流为辅，只有到了经营期才能有销售收入，才开始盈利。制造企业只有先把产品生产出来才能销售；服务企业只有先购买材料和办公用品才能提供服务；商贸企业只有先采购货品才能卖货；农、林、牧、渔企业则需要更长时间的投入才能有回报，因此，企业在获得收益之前，先要有维持生产经营的流动资金投入。结合初创企业生产经营实际进行分析，流动资金主要包括购买并储存原材料及商品的费用、人工费、日常工作支出、广告宣传费、租赁费、保险费以及其他费用七项。

企业创办初期所需投入的流动资金数额取决于企业获得销售收入之前所需要的时间。有的企业需要足够的流动资金来支付六个月的经营费用，有的企业则只需要足够的流动资金来支付四个月的经营费用，获得收入前需要的时间越长，所需投入的流动资金就越多。因此，在进行流动资金估算时，要本着“以销定产”的思想，根据销售数量或提供服务的数量估计可能产生的材料及商品购买费用。由于企业在初创期没有形成稳定的市场占有，销售并不乐观，因此，预测流动资金时应计划得更宽裕一些。

1. 购买并储存原材料及商品的费用

制造商生产产品需要预测原材料的需用量，服务企业提供服务需要预测顾客付款前原材料的用量，商贸企业进行销售需要预测营业前的商品采购量。企业预计的存货越多，采购需要的流动资金越多，资金投入也越多。因此，保持合理的存货量以降低资金成本，故而降低企业经营风险尤为重要。

工业企业要以市场调查和市场分析为前提，科学地估计销售数量，根据销售数量以及企业要求库存量计算生产数量，决定原材料的采购数量和金额。商贸企业要根据销售数量和库存来估计商品的采购数量和金额。服务企业直接根据盈利前提供服务的数量估计材料的消耗量，从而估计材料费用。农、林、牧、渔企业需要较长时间的投入才能有回报，需要根据动植物的生长期以及专业的种植、养殖技术来估计材料费用。因为服务业和农、林、牧、渔企业的业务比较灵活，涉及面比较广，很难形成相对统一的材料费用估算方法，所以，这里主要介绍工业企业以及商业企业的材料、商品的估算方法。

（1）工业企业

工业企业预测采购材料所需资金的步骤如下。

第一步：根据预计销售数量以及期初、期末库存量估计生产数量。

计算公式如下：

$$预计生产量=预计销售量+预计期末结存量-预计期初结存量$$

比如，我们创办一家食品加工厂，2月正式生产销售，预计2月的销售量是500

箱，3月的销售量是650箱，4月的销售量是700箱，为了保证销售顺利进行以及应对突发情况对产品的需求，要求每个月末保留下个月销售量的10%的存货。那么，2月、3月需要生产多少产品呢？因为是2月才开始第一个月的生产，所以期初库存量为0。2月生产量计算过程及结果如下：

预计2月生产量 = 500 + 650×10% − 0 = 565（箱）

预计3月生产量 = 650 + 700×10% − 650 × 10% = 655（箱）

第二步：根据生产产品数量以及材料的单位消耗量预测生产需要材料数量。

在当前工艺水平下，产品加工的原材料单位消耗是每箱3千克，那么满足2月产品生产需要多少材料呢？满足3月产品生产需要多少材料呢？

2月生产需用量 = 预计生产量×材料单耗 = 565×3 = 1695（千克）

3月生产需用量 = 预计生产量×材料单耗 = 655×3 = 1965（千克）

第三步：根据生产产品的材料需用量结合期初、期末的材料库存量要求，估计材料的采购数量，乘以预计材料单价，预测当月可能发生的材料费用。

因2月刚投入生产，所以期初材料库存为0，为保证产品生产的顺利进行要求期末材料库存为下一个月材料需用量的15%，则2月需要采购多少材料，计算过程如下：

2月材料采购量 = 生产需用量 + 期末材料存量 − 期初材料存量

= 1695 + 1965 × 15% − 0 = 1989.75（千克）

根据当前市场情况，从供应商处得知，每千克材料的单价为200元，则该食品加工厂2月的材料费用计算如下：

2月材料费用＝预计材料采购量×材料预计单价＝1989.75×200＝397950（元）

（2）商贸企业

商贸企业预测采购商品所需资金。商贸企业的主要业务就是采购与销售，没有生产过程，因此，创办商贸企业主要是估计商品采购数量以及所需的采购资金。计算公式如下：

预估人工费＝（月支付工资总额＋社会保险的金额）－预计期初结存量

商品采购费用＝预计商品采购量×预计单价

假如我们现在要创办一个商贸企业，只经销一种商品，该商品的市场估价为5元/件，不允许赊购。为保证销售的顺利进行，要求月底存货为次月销售量的10%加1000件。预计1月底的实际存货为4000件，2月预计销售40000件，3月预计销售25000件。现在我们预测一下2月的采购数量以及2月份采购所需流动资金。

商品采购量 = 销售量 + 该种商品期末结存量 − 该种商品期初结存量

= 40000＋（25000×10% + 1000） − 4000 = 39500（件）

采购所需流动资金 = 39500×5 = 197500（元）

需要说明的是，以上购买原材料及商品所需资金的测算没有考虑赊购，也就是应付账款对资金需求的影响。企业在初创期，赊购的可能性不是很大，应付账款不多；如果进入正常的经营期，赊购是很正常的现象，这时再预测购买材料或商品的资金需求则必须考虑应付账款对资金的影响，应付账款的增加会减少资金的占用，应付账款的偿还会增加资金的占用与投入。

如果创业企业的市场需求比较稳定，企业的业务量变化不大，也可以不按月预测材料费用，而是结合企业实际按季度或按年采用上述方法预测材料费用和商品采购费用。

2. 人工费

企业的生产经营离不开人的劳动。人工费就是用人单位依据国家有关规定或劳动关系双方的约定，以货币形式支付给员工的劳动报酬，如员工的工资、为员工缴纳的社会保险等费用。社会保险包括基本养老保险、基本医疗保险、失业保险、工伤保险、生育保险，其中前三项保险为企业与职工共同缴纳，后两项保险则只有企业为员工缴纳。预测人工费的计算公式如下：

预测人工费 =（月工资总额 + 月社会保险金额）× 未达到收支平衡的月数

3. 日常工作支出

日常工作支出是指企业为了维持正常的运营，除了场地费、原材料和库存商品费用以及人工费以外发生的各项办公支出，主要包括电话费、网络费、水电费、招待费等。这部分支出可以根据实际情况预测。

4. 广告宣传费

企业在初创阶段为了让外界了解企业以及产品，往往需要扩大宣传，树立企业形象，促销产品，因此要测算出企业的广告宣传支出。广告宣传支出可以根据广告项目和当地实际收费标准预测。

5. 租赁费

企业的经营场所和设备可以是购买的，也可以是租赁的。如果是购买取得的则不存在租赁费用，如果是租赁来的则需要测算租赁费。租赁费可以按月、按季或按年支付，测算时可以用月租金乘以还未到达收支平衡的月数。如果租金是按季度支付或者半年、一年一付的就直接按季、按年（半年）测算。这样初创企业的流动资金投入会更大一些，企业的资金压力也会更大。

6. 保险费

企业从创立开始就必须支付必要的保险费，主要是以商业保险的形式，包括财产保险，如机动车保险、企业财产保险、家庭财产保险、货物运输保险等；人寿险和健康险，如疾病保险、医疗保险等。保险费用可以根据投保的项目及投保的标准预算。

7. 其他费用

企业的日常经营除了上述列举的主要支出外，还可能发生许多其他支出，如设备维护费、车辆使用费等。因此，要求在资金预测时列出详细的费用项目。

在投资资金预测中我们可以借助投资资金预测表，在流动资金预测时，我们也可以编制流动资金预测表。在编制流动资金预测表时，我们需要详细地列出流动资金的项目以及未来 3 ~ 6 个月的预计流动资金金额。承接上述投资资金预测表编制案例，我们来编制流动资金预测表。

某会计服务公司成立之初，市场认可度不是很高，还没有形成稳定的客户，需要采用电话宣传、走访宣传等方式进行业务宣传以争取客户。企业共有员工5人，老板不拿工资，假设当地最低工资标准是每月3000元，为节约人工成本，将员工工资定为每人每月3000元。因会计服务公司属于服务业，提供的主要是技术服务，因此没有原材料的消耗。根据同行经验以及市场预测，会计服务公司要实现收支平衡需要3个月，因此，采用上述各项流动资金预测方法测算出创业前3个月的流动资金预测表，如表7－4所示。

表7－4　　　　流动资金预测表

项目	每月支出（元）	3个月支出合计（元）
人工费（5人，3000元/月/人）	15000	45000
广告宣传费	240	720
租赁费	2000	6000
保险费	500	1500
水电费	350	1050
交通费	1000	3000
网络费	50	150
其他费用	100	300
总计	19240	57720

说明：此流动资金预测表可根据创办企业的实际情况进行修改与设计，也可添加每一个项目预算的辅助表格。

通过投资资金预测以及流动资金预测，我们可以测算出创办一家会计服务公司所需启动资金为投资资金50000元加上流动资金57720元，共计107720元。从启动资金的构成分析，创办服务型企业最大的投资是人力资源投资，这也符合服务业的特点。

（三）销售收入预测

企业的经营目标是生存、发展、盈利，创业企业在广泛的市场调查和分析的基础上，合理地预测了启动资金，接下来则是要更好地运用启动资金实现盈利。这就要求企业做到心中有数，做好销售收入预测。销售收入是销售量与销售单价的乘积。企业已经根据市场分析以及行业饱和度等信息预测出销售量，因此，销售收入预测的核心是合理准确预测销售价格。企业产品或服务的定价离不开成本，只有定价高于成本企业才有利润，所以销售收入的预测可以分为三个步骤：首先，合理预测产品或服务成本；其次，测算并制订销售价格；最后，预测销售收入，完成销售收入预测表。

1. 预测企业产品或服务成本

企业间的竞争很大程度上是成本的竞争，同样的产品与服务，同样的质量与价格，哪个企业的成本更低，哪个企业就具有了竞争优势。企业成本一般包括变动成本和固定成本两部分。变动成本是指在一定范围内，成本总额随着业务量的变化而变化的成本费用，比材料费用。固定成本是指在一定的业务量范围内，成本总额固定不变的成本费用，如固定资产的折旧费。

如果要正确预测产品或服务成本，首先要分析企业有哪些成本，哪些是固定成本，哪些是变动成本。对于制造企业或服务企业，与生产产品或提供服务有直接关系的成本就属于变动成本，比如生产产品的材料费用、零售商的进货成本、食品店购进的饮料等。企业中比较典型的固定成本是企业中的折旧费与摊销费，该费用虽然不会产生现金流出，但是会影响产品成本和企业利润。

企业在计算生产产品或提供服务的成本时，可以先将全月发生的所有成本和期间费用相加计算出月总成本，然后用月总成本除以当月生产产品或提供服务的数量即可得出生产产品或提供服务的单位成本即完全成本。该成本既可以作为制定销售价格的依据，也可以作为预测利润的基础。下面我们以会计服务公司为例，计算完全成本，编制成本预测表。

首先，计算月总成本。月总成本包括当月流动资金投资以及当月的固定资产折旧。会计服务公司需要计提折旧的固定资产主要有办公家具和电子设备。办公家具价值5400元，企业预计5年后更换，折旧年限为5年；电子设备价值25500元，由于更新换代较快，按3年计提折旧。假设固定资产报废时无残值。折旧额的计算保留整数位。

办公家具的折旧费 = 5400 ÷ （5 × 12） = 90（元/月）

电子设备的折旧额 = 25500 ÷ （3 × 12） = 708（元/月）

月总成本 = 18000 + 252 + 850 + 2000 + 600 + 350 + 1000 + 50 + 100 + 90 + 708 = 24000（元）

其次，编制成本预测表，计算完全成本。假如会计服务公司实现收入的当月提供服务的代理记账企业一共有30家，编制成本预测表，如表7－5所示。

表7－5　成本预测表

项目	金额（元）
人工费	18000
电话费	252
广告宣传费	850
租赁费	2000
保险费	600
水电费	350
交通费	1000
网络费	50
其他费用	100
折旧费	798
月总成本	24000
单位成本	800

说明：此成本预测表可以根据创办企业的实际情况进行修改与设计，也可以添加每一个项目测算的辅助表格。

2. 制定销售价格

销售收入的预测离不开销售价格，销售价格的制订受价值因素、成本因素、市场供求因素、竞争因素、政策法规因素等多种因素的影的，需要全面考虑。此外，企业的性质不同、定价目标不同，制订的价格也会不同。

企业的定价目标也影响着价格的制订。如果创业企业所经营的领域或产品在市场上处于垄断地位或具有很强的竞争优势，就可能以实现利润最大化为目标，通过为产品制订一个较高的价格，从而提高产品单位利润率，最终实现企业利润最大化。如果创业企业就是为了打开产品市场，保持或提高市场占有率，则产品定价往往要低于同类产品价格，以较低的价格吸引客户，逐步扩大市场份额，但在短期内可能要牺牲一定的利润空间。如果创业者采用加盟方式创业，就要求价格稳定，在定价时是由领导企业制定一个价格，其他企业的价格则与之保持一定的比例关系，不会随便降价。如果创业企业以应付和避免竞争为目的，企业则需要参照对市场有决定性影响的竞争对手的产品价格变动情况，随时调整本企业产品价格。

创业企业产品或服务的定价方法可以分为两大类：一类是以成本为基础的定价方法，一类是以市场需求为基础的定价方法。以成本为基础的定价方法可以选择的成本包括变动成本、制造成本、完全成本。因此，以成本为基础的定价方法又细分为完全成本加成定价法、保本点定价法、目标利润定价法、变动成本定价法和市场需求定价法。

（1）完全成本加成定价法

完全成本加成定价法是在完全成本的基础上，加上合理的利润来定价。合理利润的确定，工业企业一般根据成本利润率、商业企业一般根据销售利润率确定定价。考虑税金的情况下，定价公式如下：

产品或服务的单位价格＝单位成本＋单位税金＋单位利润

＝单位成本×（1＋成本利润率）/（1－适用税率）

＝单位成本/（1－销售利润率－适用税率）

以会计服务公司为例，如果企业要求的成本利润率为10%，且无相关税金，则代理记账业务的定价可以确定为：

代理记账业务的定价 ＝ 800 ＋ 800 × 10% ＝ 880（元）

需要说明的是，产品或服务的定价可以在完全成本加成定价法确定的基础上，结合企业定价目标、定价策略以及竞争对手的价格策略进行相应调整。

（2）保本点定价法

保本点定价法是按照刚好能达到盈亏平衡的价格来确定产品的销售价格。这种方法确定的销售价格是创业企业可以接受的最低价格。定价公式为：

单位价格 ＝单位完全成本 ＋ 单位税金

＝单位完全成本 /（1－适用税率）

采用保本点定价法，会计服务公司的定价应该确定为 800 元，这也是公司可以接受的最低价格。

（3）目标利润定价法

目标利润定价法是根据目标利润、产品销售量、产品成本、适用税率等因素来确定销售价格的方法。其定价公式如下：

单位价格 = 单位成本 + 单位税金 + 单位目标利润

= （单位目标利润 + 单位完全成本）/（1 - 适用税率）

假设会计服务公司的单位目标利润为 100 元，则代理记账业务的定价为：

单位价格 = 800 + 100 = 900（元）

（4）变动成本定价法

变动成本定价法是在企业有剩余生产能力的情况下增加生产一定数量的产品，增加的这部分产品不负担固定成本，只负担变动成本时，以变动成本为基础确定销售价格。此处的变动成本既包括变动制造成本，又包括变动期间费用。这种方法主要在企业有追加订单的情况下采用。其定价公式如下：

单位价格 = 单位变动成本 ×（1 + 成本利润率）/（1 - 适用税率）

（5）市场需求定价法

以成本为基础的定价方法主要关注于企业成本情况而不考虑市场需求，因此还可以采用以市场需求为基础的定价方法，该方法又可以分为需求价格弹性系数定价法和边际分析定价法。鉴于这两种方法专业性比较强，使用起来比较复杂，这里不再详细介绍。

创业企业在制定价格时，竞争对手的反应是很难预测的。如果企业在进入市场初期时，竞争对手的反应比较激烈，如采用低价格策略，这样就会使初创企业难以立足从而面临经营风险。因此，销售价格的制订除了采用上述专业定价方法测算以外，还应考虑到市场的反应、竞争对手的策略以及其他外部因素对价格的影响，在价格测算的基础上根据定价适当进行相应调整以最终确定销售价格。企业可以采用的定价策略主要有折扣定价策略、心理定价策略、组合定价策略、生命周期定价策略等。不同定价策略的选择会在一定程度上影响销售价格，从而影响销售收入。

假设我们创办的会计服务公司采用的是以成本为基础的定价法以及折扣定价策略以保证在实现盈利的基础上进一步开拓市场，那么对初次代理记账的客户在原价格的基础上打九折，即代理记账业务的定价为 720 元/月。

3. 预测销售收入

首先根据市场调查与分析，采用专门的方法预测了销售量，其次制订了销售价格，销售量乘以销售价格即为销售收入，但是企业生产的产品或提供的服务往往不止一种，这就需要先区分产品与服务项目再来测算销售收入。因此，销售收入的预测可以分为以下四个步骤。

第一步：列出企业推出的所有产品、产品系列或服务项目。

第二步：通过市场调查与市场分析，预测每个月每种产品或服务的期望销售量，至少完成6个月的预测。

第三步：为企业生产销售的每种产品或提供的每项服务制定销售价格。

第四步：用销售价格乘以月销售量来预测每项产品或服务的月销售收入。

需要注意的是，在企业的初创期或市场环境变化较大的时期，经营的不确定性较大，因此，在销售数量和销售收入的预测上不要太过乐观，要切合实际。

比如，我们创办的会计服务公司计划在1月正式开始营业，正常情况下每月的代理记账企业在40家左右，但是出于谨慎性原则，计划业务量定在了30家，未来还有可能争取到新的客户，预计未来业务量还会有所增加，如表7-6所示。

表7-6　　销售收入预测表

月份	1月	2月	3月	4月	5月	6月	7月	8月	9月	10月	11月	12月	合计
业务数量	30	35	35	35	37	37	40	42	42	45	45	47	470
单价（元）	720	720	720	720	720	720	720	720	720	720	720	720	8640
收入含税（元）	21600	25200	25200	25200	26640	26640	28800	30240	30240	32400	32400	33840	338400

说明：此销售收入预测表可根据创办企业的实际情况进行修改与设计。

二、财务分析的方法

财务分析的主要内容包括：偿债能力分析、运营能力分析和盈利分析。偿债能力分析主要是分析企业的权益结构，对债务资金的利用程度，并制订相应的筹资策略。运营能力分析主要是分析企业的资产分布情况，预计企业未来的资金需要量。盈利分析主要是分析企业目标利润的完成情况和近年来盈利水平的变动情况，预测企业的盈利前景。

财务分析是根据企业财务报表等信息资料，采用专门方法，系统分析和评价企业财务状况、经营成果以及未来发展趋势的过程。财务分析方法包括财务分析的基本方法和财务分析的综合方法。财务分析的基本方法主要有比较分析法、比率分析法、因素分析法。财务分析的综合方法主要有杜邦分析法和沃尔评分法。企业通过财务分析来评价企业的经营状况以找到提高利润，加快企业发展的方法。

（一）比较分析法

比较分析法是指通过两个或两个以上的可比数据进行对比，找出企业财务状况或经营成果中的差异与问题。比较分析法具体可以分为三类，第一类是趋势分析法，即比较的对象是本企业的历史数据；第二类是横向比较法，即比较的对象是同类企业的同期数据；第三类是预算差异分析法，即比较的对象是预算数据。

比较分析法的应用比较普遍，也是创业企业常用的一种方法。比如，创业企业可以将企业连续几个月的利润进行比较以分析企业是否具备持续盈利的能力或者将本企业当期的营业额与同行业同规模企业当期营业额比较以分析企业在同行业的水平，是否具备竞争优势，也可以将企业实际经营数据与预算数据进行比较分析预算的执行情况。比较分析法的使用比较灵活，创业企业可以根据自己的分析目标，合理选择参照对象进行比较分析，并依据分析结果进行决策或者挖掘加强经营管理，增加企业盈利，促进企业发展的途径。

企业采用比较分析法进行财务分析时，还需要注意四个方面的问题。第一是比较数据的计算口径必须保持一致；第二是采用比较分析法时，应剔除偶发性项目的影响，使分析所利用的数据能反映正常的生产经营状况；第三是应用例外原则对某项有显著变动的指标做重点分析，如某个月的管理费用大幅增加，这时就需要具体分析增加的原因以及费用发生的是否合理；第四是比较分析法既可以单独使用也可以与其他分析方法结合使用。

（二）比率分析法

比率分析法是通过计算各种比率指标来确定财务活动变动程度的方法。在比率分析法中，比率指标主要有三种，即构成比率、效率比率、相关比率。

1. 构成比率

构成比率反映部分与整体的关系，可以考查总体中某部分的形成及安排的合理性，以协调各项财务活动，如流动资产占资产的比重，比重越大，流动资产越多，资金的盈利能力越差，可根据企业实际需要适当减少流动。构成比率的计算公式如下：

构成比率 = 某个组成部分数值/总体数值 × 总体数值 × 100%

2. 效率比率

效率比率反映企业经济活动中投入与产出、所得与所费的关系，主要用于经营成果分析，如成本利润率、销售利润率等。该比率越高，企业盈利能力越强。效率比率的计算公式如下：

效率比率 = 所得金额/所费金额 × 100%

3. 相关比率

相关比率是将两个不同但是又有一定关联的项目进行比较得出的比率，反映经济活动中的各种关系，如流动比率。相关比率的计算公式如下：

相关比率 = 某一指标/另一相关指标 × 100%

比率分析法是财务分析中比较常用的一种方法，在报表分析中更为常用，创业企业也可以借助比率分析法分析创业风险。创业企业的启动资金多来自风险投资、个人投资和银行贷款。比如，大学生小明自主创业成立了一家公司，注册资本为100万元人民币，其中外来风险投资20万元，大学生创业资金申请10万元，银行贷款55万元，自己家的积蓄15万元。企业创建时的资产负债率高达55%，产权比率81.8%，企业长期偿债能力较差，有资不抵债的可能性，企业财务风险较大。因此，企业最好较少借款，可考虑合伙人投资，增加权益资金比重，减少债务资金比重，从而降低公司风险。

企业在采用比率分析法进行财务分析时，需要注意三个问题。第一，使用比率指标计算时，对比项目必须具有相关性。只有对比项目相关，计算的比率才有分析的意义。第二，比率计算时，分子分母项目的对比口径要一致，即分子分母要么同是时期指标，要么同是时点指标。如果一个是时期指标，一个是时点指标，则需要进行调整。第三，进行财务分析时采用的衡量标准要具有科学性，即参照对象的选择要科学合理。

相关链接

常用的财务指标

财务指标是通过财务报表数据的相对关系来揭示企业经营管理的各方面问题，是最主要的财务分析方法。财务分析的主要内容包括偿债能力分析、运营能力分析、盈利能力分析、发展能力分析以及现金流量分析。常用的财务比率如表7－7所示。

表7－7 常见财务指标汇总

分析内容	财务指标
短期偿债能力分析	流动比率＝流动资产/流动负债
长期偿债能力分析	资产负债率＝负债总额/资产总额
运营能力分析	总资产周转率＝销售收入净额/平均资产总额
盈利能力分析	净资产收益率＝净利润/平均所有者权益
	销售净利率＝净利润/销售收入
发展能力分析	营业利润增长率＝本年营业利润增长额/上半年营业利润总额

（三）因素分析法

因素分析法是依据分析指标与影响因素的关系，从数量上确定各因素对分析指标影响方向和影响程度的一种方法，包括连环替代法和差额分析法。因差额分析法是连环替代法的简化方法，因此，此处主要介绍连环替代法。

连环替代法是在财务指标对比分析确定差异的基础上，利用各个因素的顺序替代，从数值上分析各个相关因素对有关财务指标差异影响程度的一种方法。采用此法的出发点是，当有若干因素对分析对象即某财务指标发生影响时，假定其他各个因素都无变化，顺序确定每一个因素单独变化所产生的影响。具体步骤如下。

第一步：选择分析对象，将其分解为各项构成因素。

第二步：确定各项因素的排列顺序。

第三步：按确定的顺序对各项因素的基数进行计算。

第四步：按顺序以各项因素的实际数替换基数，计算替换后的结果，并将结果与前一次替换后的计算结果进行比较，计算出影响程度，直到替换完毕。

第五步：计算各项因素影响程度之和，与该项综合性指标的差异总额进行对比，检查是否相符。

比如，某企业的某种原材料费用的实际数是4620元，而其计划数是4000元。实际比计划增加620元。由于原材料费用是由产品产量、单位产品材料消耗量和材料单价三个因素的乘积组成，因此就可以把材料费用这一总指标分解为三个因素，然后逐个来分析它们对材料费用总额的影响程度。假设这三个因素的数值如表7－8所示。

表7－8　　影响因素数值

项目	单位	计划数	实际数
产品产量	件	100	110
单位产品材料消耗量	千克	8	7
材料单价	元/千克	5	6
材料费用总额	元	4000	4620

根据上述资料，材料费用总额实际数较计划数增加620元。运用连环替代法，可以计算出各因素变动对材料费用总额的营销，具体步骤如下：

计划指标：$100\times8\times5=4000$（元）　①

第一次替代：$110\times8\times5=4400$（元）　②

第二次替代：$110\times7\times5=3850$（元）　③

第三次替代：$110\times7\times6=4620$（元）　④

实际指标：

②－①＝$4400-4000=400$（元）

产量增加的影响分析：产量增加10个单位，材料费用增加400元。

③－②＝$3850-4400=-550$（元）

材料单耗节约的影响分析：材料单耗节约1个单位，材料费用节约550元。

④－③＝$4620-3850=770$（元）

价格提高的影响分析：原材料单价提高1个单位，材料费用增加770元。

$400-550+770=620$（元）

得出结论：全部因素的影响之和正好等于分析对象，因此可见材料费用实际比计划超支620元，分析正确。通过因素分析，我们发现材料费用对材料单价这一因素的变化最为敏感，如果创业企业要降低材料费用进而降低成本提高利润，那么找到合适的供应商，控制材料的单价是较为有效的途径。

（四）财务分析的综合方法

财务分析的综合方法主要有杜邦分析法和沃尔评分法。

1. 杜邦分析法

杜邦分析法最早是由美国杜邦公司创立并成功运用，并因此得名。该方法是利用反映盈利能力、运营能力、偿债能力的几个主要财务指标之间的相互关系来综合分析企业的财务状况，是完全从财务角度评价企业绩效的一种经典方法。其基本思想是将企业净资产收益率逐级分解为多项财务比率乘积，再运用因素分析法分析每个因素对企业经营业绩的影响。

2. 沃尔评分法

沃尔评分法是由亚历山大·沃尔提出的，该方法选择了七个财务比率即流动比率、产权比率、固定资产比率、存货周转率、应收账款周转率、固定资产周转率和自有资金周转率，分别给定各指标的比重，然后确定标准比率（一般以行业平均数为基础），再将实际比率与标准比率相比得出相对比率，将此相对比率与各指标比重相乘，得出总评分，以综合评价企业的财务状况。

这两种方法虽然都是综合财务分析评价方法，但是侧重点各有不同。杜邦分析法侧重于分析企业盈利能力、运营能力、偿债能力等变化对于企业绩效的影响，适用于企业综合绩效变动时的影响因素分析；沃尔评分法则侧重于企业综合绩效的比较研究，适用于分析企业在同行业中的水平，便于不同企业综合绩效排名分析。由于这两种方法都要求企业具备完整的财务数据，所以不适合初创企业采用。如果创业企业进入成长期或成熟期时，可以考虑采用这两种方法对企业进行综合分析评价。

任务二　电子商务创业风险防范

一、创业风险预测

（一）创业风险的内涵

创业风险是指在创业过程中存在的风险，是指由于创业环境的不确定性、创业机会与创业企业的复杂性，创业者与其他创业相关人员的能力与可控资源的有限性等主客观因素而导致创业活动偏离预期目标的可能性及其后果。其主要有两方面含义，一是指风险因素，即创业过程中有可能遇到某些风险因素的干扰；二是指一旦某些风险因素真正发生，创业者即会阶段性遇到难以克服的困难，导致创业活动很难推进，甚至创业失败。

（二）创业风险的来源

创业环境的不确定性，创业机会与创业企业的复杂性，创业者、创业团队与创业投资者的能力与实力的有限性，是创业风险的根本来源。

1. 研究缺口

研究缺口主要存在于仅凭个人兴趣所做的研究判断和基于市场潜力的商业判断之间，是研究基金和投资基金之间存在的断层。

2. 融资缺口

融资缺口存在于学术支持和商业支持之间，是研究基金和投资基金之间存在的断层。

3. 资源缺口

在大多数情况下，创业者不一定也很难拥有所需的全部资源，这就形成了资源缺口。

4. 信息和信任缺口

由于技术专家和管理者（投资者）所接受的教育不同，对创业的预期、信息来源和表达方式不同，二者间可能存在信息和信任缺口。

5. 管理缺口

管理缺口是指创业者并不一定是出色的企业家，不一定具备出色的管理才能，从而形成管理缺口。

相关链接

“西少爷”的创业团队纷争

孟兵、宋鑫、罗高景三人在2012年年底的西安交通大学北京校友会上认识。宋鑫是学土木工程出身，已经在投资机构工作三年，有了创业的想法后，跟有IT技术的孟兵和罗高景商量，三人达成一致意见，合作创业。2013年6月，三人成立了名为“奇点兄弟”的科技公司。由于孟兵曾担任过百度、腾讯的高级工程师，承担主要的产品研发工作，因此孟兵、宋鑫、罗高景的股权分别为40%、30%、30%，孟兵出任CEO。2013年10月，由于业绩实在不佳，孟、宋、罗三人不再坚持之前的项目，开始转做肉夹馍，另一个合伙人袁泽陆这时候加入进来，形成“西少爷”四个创始人的最初状态。

2014年4月，“西少爷”第一家店铺在北京的五道口开业。当天中午“西少爷”就卖出了1200个肉夹馍。火爆的销售业绩加上“互联网思维”的外衣，10平方米的小店创下100天卖出20万个肉夹馍的记录。2014年年底，“西少爷”迅速成为互联网餐饮一大品牌，孟兵开始以创业明星的姿态登上各类媒体讲述创业故事。而在这期间，也就是2014年6月，“西少爷”刚开业不到两个月的时间，团队内部矛盾不断激化，其中一个创始人宋鑫也离开了创业团队。

【评析】对一个初创企业来说，创业团队成员既是最重要的无形资产，也是创业成功的关键因素之一。没有达成共识的创业愿景，缺少科学、合理的约束和激励制度是造成创业团队产生纠纷的主要因素。制度是对创业团队成员进行约束和激励的基础，科学、合理的股权分配制度为创业团队的持续稳定提供保障。

二、创业风险评估

（一）创业风险评估的分类

创业风险评估的分类可以依据不同的标准进行划分。

（1）按创业企业所处的不同阶段划分，创业风险可以分为初创期风险评估、成长期风险评估、成熟期风险评估和衰退期风险评估。

初创期风险评估主要指创业企业在项目准备阶段，对企业项目运营的环境条件，项目所必需的要素条件的满足程度，企业项目规划的合理性、科学性、投入产出预测等各个方面的风险因素所进行的评估工作。

成长期风险评估是指创业企业为确保项目运营过程的顺利展开而进行的问题研究，及时判断项目目标实现的可能性，以便采取积极有效措施降低风险出现或蔓延的可能性。

成熟期风险评估是指企业对创业项目的生产、市场开发潜力、行业内的竞争压力、人员素质以及管理水平等情况进行系统评估，以便对项目未来目标的调整做出科学判断。

衰退期风险评估是指对保持创业项目维持与发展策略调整的必要性评估。

（2）按企业所采用的风险评估方法的特征，创业风险评估可分为定性评估和定量评估。

定性评估，是指通过人的主观判断，对创业企业运营过程中所存在的风险进行评估的方法。定性评估通常应用于企业的新项目、新产品或新领域的风险评估。这主要是由于企业缺乏充足的数据，只能借助专业人员的经验对创业风险进行判断。

定量评估是指依靠充分的历史统计数据，运用数学方法构造数学模型来进行风险评估的方法。定量评估法主要包括：第一，概率评估法；第二，专家评分评估法，根据专家的经验和个人见解制订一系列的评分标准，然后按风险因素的分值进行风险评估；第三，数学模型评估法，主要运用风险评估软件来进行预测。

（3）按风险评估的内容不同，风险评估可分为政治风险评估、行业风险评估、市场风险评估、技术风险评估、财务风险评估、管理风险评估等。

（二）风险评估的指标

风险评估指标是风险对企业影响程度的衡量尺度。一般用风险率和经济损失指标来表示。

1. 风险率

按对企业的危害程度来分，风险率一般用严重程度和频率来共同衡量。严重程度是创业风险对企业所造成的经济损失的程度，一般用损失金额来表示。频率是指在企业运营一定的时间范围或生命周期内，创业风险发生的次数，其计算公式如下：

$$\begin{aligned}\text{风险率} &= \text{严重程度} \times \text{频率} \\ &= \text{损失金额} \div \text{单位时间}\end{aligned}$$

2. 经济损失指标

经济损失指标是用来衡量创业风险对企业所造成经济损失的影响程度的指标，通常采用直接损失和间接损失金额来表示。

$$\text{经济损失} = \text{直接损失金额} + \text{间接损失金额}$$

（三）创业风险评估的操作流程

创业企业进行风险评估的操作流程如下。

步骤一：制订风险评估战略。

制订风险评估战略，是指创业企业为确保企业风险评估工作的顺利开展而提前对风险评估目标、评估流程、评估方法及其途径进行制订的工作过程。风险评估所针对的对象不同，风险的影响因素及其运行特点会有很大的差异，企业所应采取的风险评估的时间、力度、幅度和深度都应进行相应的调整，从而针对不同的实际情况来选择与之相匹配的恰当的风险评估途径。

步骤二：选择风险评估方式进行风险评估。

风险评估通常所采用的途径包括基线风险评估、详细风险评估和组合风险评估三种方式。

1. 基线风险评估

基线风险评估是指企业从自身实际情况出发，提前为各种风险要素划定安全线，这些安全范围的设定是根据标准规范设定的，通过这些安全线与实际运营操作所收集到的信息进行比较，找出差距，根据基本的风险评估目标，可有目标地实施风险防范措施，以此来达到化解、降低和控制风险的目的。安全线是能够使企业运营系统达到一定的风险评估目标的基本水平。创业企业可以根据相关的国际标准、国家标准、行业标准或行业惯例进行设定。

2. 详细风险评估

详细风险评估是指企业通过对资产进行详细识别和评价，及时对诱发风险的威胁和弱点进行深入评估，来识别和选择风险防范措施的过程。详细风险评估以资产风险评估为核心，通过有效识别企业资产风险的概率及企业对风险的承受能力，从而及时、有效地应对风险的影响。详细风险评估适用于评估对象范围具体而清晰的项目的评估。

3. 组合风险评估

组合风险评估是将以上两种评估途径相结合评估企业风险的方式。企业首先通过整体初评，粗略确定各种风险的级别及发生的概率，接着，对风险级较高的因素进一步开展详细评估，从而达到成本低、效果优的目标。

步骤三：对风险进行测定和排序。

在风险评估过程中，常采用以下操作方法：定性分析法、定量分析法、评分法。在进行风险评估方法的选择时，需要综合考虑风险的性质、运行特征、时间、环境等多方面因素。

1. 定性分析法

定性分析法是指凭借专业人员的经验和直觉、行业的标准和惯例，对风险要素（风险的威胁程度、弱点、对风险的控制效力等）按照影响程度的大小或高低定性分级的方法。所确定的风险级次通常可分为“高”“中”“低”三个等级。定性分析的具体操作方法有：德尔斐法、问卷调查法、电话访谈法、专家会议法、小组讨论法等多种形式。定性分析法操作起来相对简单，但与定量分析法相比，准确性和精确性有些不足。

2. 定量分析法

定量分析法就是以大量的相关数据为基础，通过运用一定的模型进行计算，获得风险因素对企业影响程度的量化结果的风险评估方法。使用定量分析法时，需要确定两个重要指标：风险发生的概率和风险发生所带来的损失。定量分析法的使用必须建立在大量统计数据的基础上，通过建立模型进行风险实施评估。因此，定量分析的结果较为直观和精确。

3. 评分法

评分法是指企业针对项目存在的不同风险，根据其特性进行风险程度及权重值的分配，风险程度权重值的乘积作为该风险的得分，再将领域内各种风险特性的得分相加，即得到该领域风险的总分，依照分数高低可将不同领域所存在的风险进行排序。

步骤四：准备风险防范预案。

企业在进行科学的风险评估工作之后，按照对企业所造成的危害或负面影响，对企业风险进行排序，随后针对不同的风险性质，制订多套科学、系统的风险防范预案，明确责任人，从而达到化解或者降低风险影响的目的。

（四）创业者承担风险能力的评估

创业者承担风险能力是指创业者所能承受的最大风险，它与创业者的个人能力、家庭情况、工作情况、收入情况等息息相关。对承担风险能力的评估可以从以下四个方面进行。

1. 计算特定时间段所要承担的风险

从创业到商业构思，再到创业企业的建立，不同阶段的创业风险大小会有所不同。一般来说，随着时间的推移和企业活动的深入，创业者面临的风险会逐渐增大。创业者首先要能够根据风险的来源及其对创业活动的影响程度，采用前述的评估方法估计出不同时间段可能要承受的风险。

2. 计算可能用于承受风险的资金

一般来说，创业者的年龄和家庭状况对创业者用于承担风险的资金会有影响。刚毕业的学生因为很少有创业资金的积累，其用于承担风险的资金也较少；同样，家庭比较困难的创业者会更多考虑到家庭基本生活对资金的需求，以及较少的家庭支持等，其用于承担风险的资金一般也会较少。正常情况下，用于承担风险的资金数量和创业者的风险承担能力呈正比。

3. 从其他渠道取得收入的能力

从其他渠道取得收入的能力越强，创业失败对创业者的情绪和生活水平的影响就越小，创业者能够用来偿还创业失败所引发的债务的能力也就越强，其风险承担能力也就越强。因此，从其他渠道取得收入的能力和创业者的风险承担能力呈正比。

4. 危机管理的经验

创业者的危机管理经验越丰富，其承担风险能力就越强。创业者危机管理能力越强，风险因素导致风险事件发生进而形成风险损失时，创业者越能及时采取有效的风险防范措施对损失状况进行抑制，避免损失的进一步扩大，减少损失所产生的危害。

三、创业风险应对

（一）创业风险的处理方式

一般来说，对于风险需求采取一些常用的风险处理方式，可以用最小的成本实现最大的安全保障。风险处理的方式很多，常用的有以下几种方式。

1. 风险规避

风险规避即选择放弃、停止或拒绝等方式处理面临的风险。比如，采取中止交易、减少交易量、放弃交易或离开市场等方式避免风险的发生。这是各种风险处理技术中最简单也是最消极的一种方法。适合采用风险规避策略的情况有以下两种：第一，某种特定风险所致的损失概率和损失程度相当大；第二，采用其他风险处理方法的成本超过其产生的效益。

2. 风险保留

风险保留又称风险接受，是指企业自己承担风险损失。当某种风险不能避免，或因冒风险可获厚利时，由企业自己保留承担的风险。按照处理的顺序和情况可分为主动保留和被动保留两种。

风险保留的处理方式有：第一，将损失计入经营成本，即将发生的损失计入当期损益。第二，建立意外损失基金。第三，建立专项基金。第四，从外部借入资金。除了筹集资金提高企业自身的抗风险能力以外，企业还可以通过套期保值、设置专业自保公司等方法自留风险。

3. 风险转移

风险转移是企业通过契约、合同、经济、金融工具等形式将损失的财务和法律责任转嫁给他人，达到降低风险发生频率、缩小损失幅度的目的。风险转移的形式有三种：控制型非保险转移、财务型非保险转移和保险转移。

第一，控制型非保险转移是通过契约、合同将损失的财务和法律责任转嫁给他人，从而解除自身的风险威胁，主要有外包、租赁、出售、回租等方式。例如，一家公司在与某建筑承包商签订新建厂房的合同中规定，建筑承包商对完工前厂房的任何损失负赔偿责任。再如，计算机租赁合同中规定租赁公司对计算机的维修、保养及损坏负责。

第二，财务型非保险转移就是利用经济处理手段，转移经营风险，主要有保证、再保证、中和、证券化、股份化等方式。

第三，保险转移是转移风险的一种方法，它把风险转移给保险人。保险也是一种分摊风险和意外损失的方法，一旦发生意外损失，保险人就要补偿被保险人的损失，这实际上是把少数人遭受的损失分给同险种的所有投保人。对创业企业来说，投保是其对企业各类纯粹风险进行管理的最为有效的手段。

4. 风险利用

风险利用是把风险当作机遇，利用运营中的困难，通过风险战略开拓市场，实现更大的战略目的。风险利用是最为积极的风险管理战略，它对于培养经理人风险偏好、建立企业文化有重要的意义。风险利用的方式有配置、多样化、扩张、创造、重新设计、重新组织、价格抬杠、仲裁、重新谈判、影响等。

5. 损失抑制

损失抑制是指在损失发生时或在损失发生后为缩小损失幅度而采取的各项措施。损失抑制的一种特殊形态是割离，它是指将风险单位割离成很多小的独立单位而达到缩小损失幅度的一种方法。损失抑制常常是在损失幅度高且风险又无法避免或转嫁的情况下采用的，如损失发生后的各种自救和损失处理等。

（二）创业风险的应对策略

创业者评估风险后，若认为某种风险会给企业带来较大的损失，就会针对该风险采取相应的防范措施。

1. 财务风险防范的应对措施

（1）创业者要对创业所需资金进行合理估计，避免筹资不足影响营销企业的健康成长和后续发展。

（2）创业者要学会建立创业企业的信用，提高获得资金的概率。

（3）创业者或团队要学会在企业的长远发展和目前利益之间进行权衡，设置合理的财务结构，从恰当的渠道获得资金。

（4）管理创业企业的现金流，避免出现现金断流带来的财务拮据甚至破产清算的局面。

2. 竞争风险防范的应对措施

（1）回归到产品本身，产品或服务才是创业者的“护城河”。

（2）关注竞争对手和用户需求，找到竞争对手的弱点，为用户提供独一无二的产品价值。

3. 技术风险防范的应对措施

（1）加强对技术创新方案的可行性论证，减少技术开发与技术选择的盲目性，并通过建立灵敏的信息预警系统，及时预防技术风险。

（2）通过组建技术联合开发体或建立创新联盟等方式减少技术风险发生的可能性。

（3）提高创业企业技术系统的活力。

（4）高度重视创新专利申请、技术标准申请等，通过法律手段减少损失出现的可能性。

4. 市场风险防范的应对措施

（1）时刻关注市场变化，善于抓住机会。

（2）以市场及消费者的需求为生产的出发点。

（3）摸清竞争对手底细，找到其创业思路与弱点。

（4）广泛收集市场信息，并加以分析比较，制订有效的市场营销策略。

（5）对各种成本精打细算，尽量减少不必要的费用。

（6）健全符合自身产品特点的销售渠道网络。

（7）以良好诚信的售后服务赢得顾客青睐。

5. 团队风险防范的主要应对措施

（1）谨慎选择创业团队成员。

（2）制订团队规范和团队纪律。在创业过程中需用良好的规范和纪律来对他们进行约束。

（3）形成团队的共同价值观和愿景。让所有团队成员对于“创业使命”“共同目标”等关键命题达成一个共识，并用这些共识去指导整个团队和每个成员的行为。

项目小结

通过本项目的学习，使学生充分认识电子商务创业财务分析的意义和内容，并能够掌握财务分析的方法，熟悉财务分析的基本指标。另外，与创业息息相关的风险类型的介绍，能够让学生在创业之前及时了解未知的风险，及时预防创业风险，提高创业成功率。

相关知识

成功的创业者需要一定的规避风险、转移风险、补偿风险、抑制风险、评价风险、预测风险和管理风险的能力。

（一）创业之前

1. 创业素质自我评价

创业的成败取决于创业者的素质和行为。小吴在决定创业之前，认真评价了自己的心理素质、身体素质、知识素质、能力素质是否能够满足创业的条件，并理性判断创业成功的可能性，进行自我评估的内容如表7－9所示。

表7－9　创业素质自我评估内容

评估项目	评估内容
创业者成功的素质与能力要素评估	心理素质（意识、性格、情感）；身体素质（身体健康、体力充沛）；知识素质（创造性思维、行业知识）；能力素质（决策能力、经营技能、管理能力）
创业者个人财务状况评估	包括启动资金的来源、筹资的渠道、负债情况等方面

2. 积累经验

面对创业的各种风险，除了努力提高自己的创业能力和积累自己的创业经验外，还需要完成图7－2中的步骤。

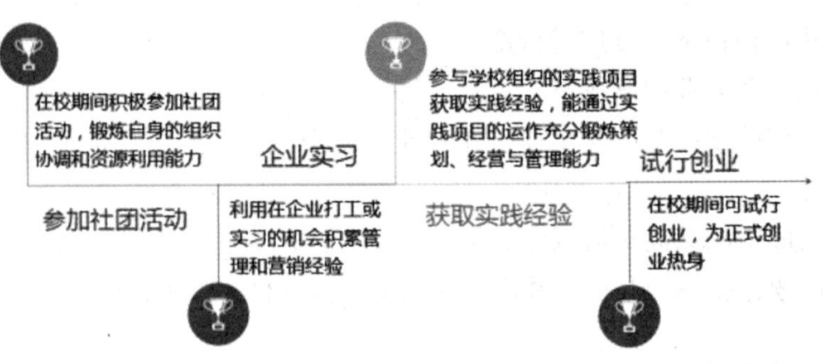

图7－2　创业积累经验

3. 系统学习

创业不仅仅是实战过程，企业的经营更离不开扎实的理论基础。因此，小吴在创业之前需要系统地学习与创业相关的知识。一方面应积极参加创业培训，积累创业知识，接受专业指导，提高创业成功率；另一方面需要认真学习与创业相关的法律知识，以保证做到合法经营。具体包括：《企业法人登记管理条例》《公司登记管理条例》《劳动法》《合同法》《担保法》《票据法》等。

（二）创业之初

1. 做好市场调研

首先，需要充分了解各地创业的优惠政策，涉及融资、开业、税收、创业培训、创业指导等诸多方面。合理利用这些优惠政策，能够有效降低创业成本。其次，做好对市场需求的调查和研究。市场调研是选择目标、创办企业的前提。通过市场调研可以获得全面、准确、及时的市场信息，为创业者提供决策依据。

2. 选定项目

项目的选择涉及两个核心问题：项目方向和项目的可行性。在选择创业项目时，可以从以下两方面着手。

一方面，要有正确、前沿的项目理念。创业时应首先选择自己最熟悉、最擅长、资源最丰富的项目，并依据自身的条件以及项目的市场可行性进行选择，冷静分析创业环境，立足于自己所学专业对口的项目，扬长避短，发挥优势。

另一方面，拓宽选择项目的渠道。可以从经销商和批发商、政府有关部门、互联网、研究机构、专利部门、出版物、朋友和熟人、投资贸易洽谈会、展览会、博览会、工商协会等处获得项目信息。另外也可以从旅游考察和创业讲座中甚至竞争对手身上获取项目信息，扩大选择对象，找到既适合自己又有市场需求的创业项目，提高创业的成功率。

3. 确定企业的法律形态

不同的企业法律形态决定着创业者承担的风险和责任的不同。如果选择的是个体工商户、个人独资企业等无限责任形式，应尽量控制该组织的资产负债率；如果选择的是个人合伙、普通合伙企业等组织形式，应通过合伙协议、规章制度、参加保险等法律措施对组织的债务规模进行约束，对相关的风险进行控制和规避；如果选择的是有限合伙企业、有限责任公司等形式，创业者对组织债务承担的责任和风险是有限的。

（三）创业之中

想要创业成功，创业者就必须考虑以下五方面的问题：管理制度建设、市场营销控制、财务控制、生产运营控制、团队建设，如图 7－3 所示，并在创业过程中根据自身情况确定相应的对策。

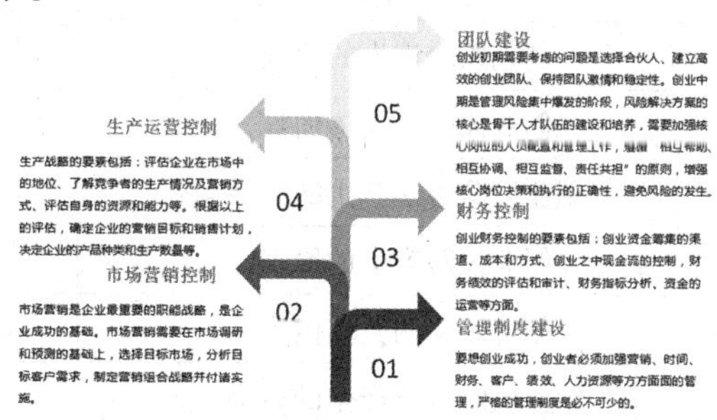

图 7－3　创业者需考虑的五方面问题

同步实训

一、实训概述

本项目实训为电子商务创业风险评估与应对，学生通过本项目的学习，能够掌握电商创业风险评估的方法以及创业风险的应对策略。

二、实训素材

1. 相关实训软件。
2. 智能手机实训设备。

三、实训内容

学生分组，并选出各组组长，以小组为单位针对实训背景进行实训操作。在本实训中，教师指导帮助学生完成实训内容。

四、实训任务

步骤 1：创业风险评估。

阅读案例，请学生根据上述学习对该项目进行初步的创业风险评估，并完成表 7－10 的内容填写。

加盟户外运动品牌的风险探索

随着户外运动的兴起，新兴户外运动品牌如雨后春笋层出不穷，许多传统运动服装企业也“嗅”到了商机，纷纷开发户外系列服装。选择一个你喜欢的户外运动品牌。如果通过加盟该品牌的方式进行创业，需要注意哪些风险？应采取哪些防范措施？

表 7－10 创业风险评估

创业阶段	分类标准	创业风险具体类型
创业初期	创业风险产生的原因	
	创业风险的具体内容	
	创业风险可能产生的后果	
创业之中	创业风险产生的原因	
	创业风险的具体内容	
	创业风险可能产生的后果	

步骤2：创业风险应对。

学生思考：假设你和你的合伙人一起创建了某户外品牌的线上加盟店，在经营过程中，你们两人在管理和营销决策方面经常出现分歧，各自都无法说服对方且互不妥协。请根据上述情况，找出解决方案，并对每个方案进行合理分析，完成表7－11的内容填写。

表7－11　创业风险解决方案分析

解决方案	优势	劣势	是否可行

五、实训总结

1. 总结本次课实训的主要内容及掌握要求。
2. 教师指出并纠正学生普遍存在的问题。
3. 根据学生实训情况，补充遗漏或拓展部分的相关知识。

课后习题

一、单选题

1. （　　）是企业财务目标实现的稳健保证。

A. 运营能力　　B. 盈利能力

C. 偿债能力　　D. 以上都不是

2. （　　）是通过财务相对数指标的比较，对企业的经济活动变动程度进行分析和考察，借以评价企业的财务状况和经营成果的一种方法。

A. 比率分析法　　B. 定基动态比率法

C. 绝对额比较法　　D. 相对额比较法

3. 趋势分析法又称（　　），是指将企业两期或连续数期的财务会计报表中的相同指标或比率相比较，以确定其增减变动的方向、数额和幅度，揭示企业财务状况和经营成果增减变化的性质和变动趋势的一种分析方法。

A. 因素分析法　　B. 连环替代法

C. 垂直分析法　　D. 水平分析法

4. 定基动态比率是以某一时期的数值为固定的基期数值而计算出来的动态比率，相应的计算公式为（　　）。

A. 定基动态比率＝分析期数值÷前期数值×100%

B. 定基动态比率 = 分析期数值 ÷ 固定基期数值 × 100%

C. 定基动态比率 = 对比期数值 ÷ 固定基期数值 × 100%

D. 定基动态比率 = 对比期数值 ÷ 后期数值 × 100%

5. 创业企业进行风险评估的操作流程中，正确的是（　　）。

A. 制订风险评估战略→对风险进行测定和排序→进行风险评估→准备风险防范预案

B. 制订风险评估战略→进行风险评估→对风险进行测定和排序→准备风险防范预案

C. 进行风险评估→制订风险评估战略→对风险进行测定和排序→准备风险防范预案

D. 进行风险评估→对风险进行测定和排序→制订风险评估战略→准备风险防范预案

二、多选题

1. 财务分析的主要内容包括（　　）。

A. 偿债能力分析　　B. 运营能力分析

C. 风险能力分析　　D. 盈利分析

2. 财务比较分析法的基本表达方式一般有（　　）。

A. 相对额比较　　B. 绝对额比较

C. 百分数比较　　D. 比率比较

3. 创业管理风险是指在创业过程中因管理不善而导致创业失败所带来的风险，同时也取决于（　　）方面。

A. 市场风险　　B. 组织风险

C. 决策风险　　D. 创业者的素质

三、简答题

1. 在电子商务创业时为什么要做好财务分析，财务分析的意义是什么？

2. 因素分析法又称连环替代法，是用来确定几个相互联系的因素对某个财务指标的影响程度，请简述其操作步骤。

项目八　创新创业经典案例分析

本项目将通过两个不同类型的微网店创业成功案例，介绍创业过程中网店的运营模式及营销策略，让学生对微网店营销有系统的认识，帮助学生深入了解微网店创业。通过本项目的学习，使学生了解不同的创业项目在实际操作过程中的思路、策略和方法，从而为学生提供电商创业过程中的宝贵经验。

案例一　菓盒的创建之路

菓盒是一个专注中高端水果采购、销售、配送服务的微网店，致力于通过网络渠道让客户以更低的价格购买到和高档商场同样高品质的水果。在2016年年初，菓盒通过分销模式进行水果销售，15天创造近50万元的销售额。

接下来，我们将从首批客户获取、营销活动策划与实施、团队建设、产品及平台选择、分销建立与客户维护五个方面对菓盒商城进行分析，了解这家水果微网店为什么能够在半个月内创造近50万元的销售额。

一、团队建设

菓盒创业之初，困扰创始人任蒙哲最大的问题是团队的组建，因为团队是项目能否成功的根本。

任蒙哲毕业后在上海一个农产品批发市场，从事水果安全管理工作七年之久。2014年任蒙哲的孩子出生，为了能让孩子吃上真正放心的水果，他创建了“菓盒”。为了这个创业项目。任蒙哲找来了自己的三个朋友成为菓盒的合伙人，多年从事水果品控工作，有着丰富的水果品控经验的小唐；有着丰富的渠道经验，善于与各类果商接触沟通的“90后”阿信；合伙人中唯一一位拥有丰富互联网运营经验的人才，善于通过网络营销和宣传的阿三。

任蒙哲之所以找到这三位一起创业，是因为这个团队成员的能力可以互补，而且每一个人都可以独当一面。创立水果微网店首先要有货源渠道，合伙人阿信善于与各类果商接触沟通，并且有着丰富的渠道经验，为微网店的创立奠定了产品基础。菓盒专注中高端水果，因此对产品的质量有着较高的要求，创始人任蒙哲和合伙人小唐都有着丰富的水果品控经验，两人共同为产品的质量把关，保障销售的水果符合消费者的高要求。

高质量的产品如果没有宣传到位，最后也不会得到良好的收益，这就需要合伙人阿三利用自身丰富的网络运营经验，通过网络宣传销售产品使微网店获得利润。此外，三个合伙人对于创始人所提出的要做一个“新鲜、营养、安全的高品质水果”的水果品牌愿望都高度认同。一致的愿望和合理的分工奠定了菓盒后期爆发式成长的基础。

二、产品及平台选择

菓盒商城最初的目标用户为具有高品质生活要求的城市白领及对食品安全关注度较高的年轻妈妈群体，所以最初将店铺定位为高端水果销售微网店，主要以进口生鲜为主，如美国加州血橙、泰国杧果、马来西亚榴梿等。菓盒除了每样水果单独销售外，还推出了各类水果搭配组合，一方面解决了用户在水果餐搭配方面的困扰，另一方面也有利于提升店铺的客单价。

在微网店平台选择上，任蒙哲选择人人店作为创业平台，结合微信订阅号进行营销推广，如图 8－1 所示。

图 8－1　菓盒营销推广

营销工具对普通的微网店运营来说会起到事半功倍的作用，用户对于新的营销工具总是充满兴趣，菓盒在选择微网店平台的时候深谙此道，对市面其他的平台进行了综合比对，人人店虽说不是市场占有份额最大的平台，也不是性价比最高的，但是有几个特点刚好契合菓盒的需求。

人人店微网店平台有良好规范的分销系统，对于没有多少粉丝的菓盒来说这个功能可以快速扩大菓盒的销售网络。菓盒利用平台提供的分销系统快速建立起自己的分销团队，利用分销团队的宣传提升和扩大了菓盒的品牌曝光度。

另外，人人店微网店平台的程序更新速度较行业内其他平台较快。2015 年拼好货模式风靡全国，而人人店紧跟市场趋势在第一时间推出了拼团营销工具。菓盒在营销过程每个周期都会推出一至多款商品进行拼团活动，不仅吸引了越来越多的粉丝，销售额也有了显著的提升。

图 8－2　人人店首页

相关链接

人人店的特点

人人店基于微信展示、营销推广和互动成交的产品体系，由微信第三方平台——杭州微巴信息技术有限公司自主研发。

通过人人店，传统企业可将线下分销渠道一键上线，自动生成分店二维码，实现线上线下互通、双店经营、流量聚合、客户粉丝沉淀，不受限于时间和空间。

通过人人店 App，分销用户可以查看所有分销的店铺，查看佣金和分销团队，方便用户管理分销店铺，给用户提供更优质的服务。

三、首批客户获取

创业初期为了让目标用户对菓盒微网店的理念快速认可，创始人任蒙哲借助自身的工作经历和奶爸的身份撰写了“奶爸和他们兄弟连的水果故事”。将创始人的真实经历和合伙人的故事融合到一起，使得整个故事具备更强的可读性和感染力，同时也非常贴切地传达了菓盒“新鲜、营养、安全的高品质水果”的品牌理念，让菓盒品牌更具亲和力、可信赖度以及品牌传播力。然后迅速通过微信公众号、QQ 公众平台等众多自媒体平台进行传播，如图 8－3 所示。

奶爸和他们兄弟连的水果故事

2007年7月，夏天爸爸任蒙哲（壮爷）浙大毕业后来沪工作，在上海最大的农产品批发市场担任食品安全管理工作，在工作期间配合多部门查处多起水果打蜡、瘦肉精、果蔬农残等安全事件。

2013年8月，夏天妈妈怀孕了。

2014年3月，为了让夏天妈妈和宝宝能享用到更安全、更营养的水果，同时抱着让更多妈咪宝贝能放心品尝到新鲜营养安全的水果理念，壮爷毅然决然地离开了工作7年的单位，"菓盒"由此诞生。

金牌品控小唐：最好的水果全能品控，特别对椰皇的挑选可谓信手拈来，必杀技——秒开椰皇，滴水不撒！

榴莲小王子阿信：挑榴莲熟手中最年轻的，90后里最会挑榴莲的，必杀技——徒手劈榴莲！

设计狂人阿三：PS、AI、CorelDRAW、手绘、摄影样样精通，必杀技——自拍要你命！

图 8－3　品牌故事

提到互联网的创业项目，很多人最先想到的那些推广方式都与网络营销的方式有关。而菓盒团队在前期推广上跳出了这种思维限制，首先想到的是地推。通过地推的方式进行推广，可以让客户真实地看到水果的新鲜、感受到水果的高品质。在推广初期为了让产品针对性更强，菓盒针对婴幼儿的家长重点推广"母婴水果"，品牌影响力得到进一步扩大，公众号粉丝数量也得到积累。

菓盒团队之所以选择地推这个较为传统的推广方式，原因有以下几点：

①菓盒针对地推活动推出了单价适中的体验装，可以让产品理念、品质更好地渗入用户认知。

②相较于网络广告投放，地推的用户精准度更高。菓盒团队对于服务范围内的人群进行了系统的调研，孩子家长相对集中在什么地方，他们就选择在什么地方组织地推活动。

③在地推的过程中更便于引导用户关注公众号、关注店铺。

④通过地推活动产品可以与客户直接面对面，用户体验感也会更好，用户对产品摸得着看得见，更易于建立信任感。

通过前期地推活动，菓盒快速获得了第一批客户，保证了整个团队的正常运转。获得第一批种子用户后，菓盒团队继续努力提升自己的品牌形象并逐步扩大受众群体。这次菓盒选择了走进企业，以"员工福利""体验式购买"等形式做活动，不但扩大了品牌知名度，也吸引了一部分高质量客户，为线上重购打下了一定基础。菓盒地推活动，如图 8－4、图 8－5 所示。

图 8－4　菓盒地推活动

图 8－5　走进企业

四、营销活动策划与实施

在微网店运营环节中，总体可以概括为三个环节——拉新（吸引新的用户）、留存（新增用户中经过一段时间后留下来的用户）、促活（促进用户活跃）。

菓盒在积累了前期种子用户后，将运营的重点放在客户的促活上，通过老客户口碑宣传达到拉新的目的。为了实现这样的营销计划，菓盒策划了多次互动活动，让用户活跃起来。

活动一：水果试吃员招募，文案如图 8－6 所示。

免费试吃员招募活动主要是调动存留客户活跃性，通过老客户参与活动、传播活动来吸引新客户关注。为了控制活动的成本和提升老客户的参与度，该活动设置了一定的门槛——单品购买至少三次以上的客户才能参与，一方面控制了活动的参与人数，让老客户有身份认同感，另一方面也促进活跃度不高的客户在平台购物的积极性。

除免费为参加活动的试吃员提供试吃特权外（以很低的价格或免费品尝菓盒新品水果），还提供了展示特权（优先展示试吃员的评价、晒单等）、众筹特权（深入水果原产地深度体验并分享众筹利润）、分享特权（试吃后分享产品可获得推广礼品）等多种权利和优惠，充分调动老客户参与活动并分享活动的积极性，扩大活动的影响力，吸引新客户的关注和参与。

亲爱的菓粉：为了让菓盒的品质得到更持久的保障，我们真心的希望得到您的严格监督！

如果您是一名菓盒忠实菓粉，且体验菓盒水果单品至少3次以上，欢迎联系我们，您将有机会成为菓盒特聘水果试吃员！

如果您成为菓盒水果试吃员，将可以拥有：

1、【试吃特权】将有机会花很少很少的“银子”OR免费，品鉴新上市的菓盒水果

2、【展示特权】将有机会将您的评价、晒单OR高颜值展示在出售商品的图片中

3、【众筹特权】将有机会优先获得菓盒众筹Vip资格，菓盒将带领您第一时间深入国内外优质水果原产地，全程体验菓盒团队的寻果过程，获得贩果体验及众筹利润分享

4、【分享特权】如果您觉得试吃的水果还不错，并将它分享给身边的小伙伴们，菓盒会给到您一定的推广礼品，或全程扶持帮您打造一家属于自己的菓盒小店

您需要做的仅仅是，告诉菓盒：

1、水果好不好吃

2、物流时效准不准，包装是否合理

3、您认为的合理定价

4、是否有除了鲜食和榨汁外的个性化吃法

5、试吃水果常温或冷藏的保鲜耐久度

图 8－6　试吃员招募活动

活动二：家庭晒幸福投票活动，文案如图 8－7 所示。

亲爱的菓粉：

大家好，感谢您对菓盒长久以来的支持和信任，在此菓盒向您致以最真挚的感谢和祝福！2016年正在向我们召唤，在这个辞旧迎新的时刻，菓盒将举办一系列新年感恩回馈活动。

为庆祝菓盒旗下寻果记的首款众筹单品——玫瑰金富士苹果上线销量突破2000单，同时也为了感谢广大菓粉对这款苹果的支持和认可，我们特举办"小时候的自己"家庭晒幸福活动。

当孩子手捧苹果津津有味地品尝时，您是否也会触景生情，回忆起自己小时候吃苹果的样子呢？

为了留住这幸福的时刻，爸爸妈妈们赶紧行动起来，报名参加我们的活动吧！活动详情如下：

"小时候的自己"家庭晒幸福

1、【报名时间】即日起－2015年12月30日22:00或参与名额到达上限自动报名截止。

2、【参与人数】仅限30位（前30位提交材料的参与者）

3、【参与人群】所有菓粉家庭（宝宝或家庭皆可参与，家庭参与人数不限，年龄不限）

4、【参与方式】

Ⅰ、关注果盒微信公众服务号（ifruitbox），在对话框内回复关键词：小时候，我们会有专属的菓盒活动专员第一时间联系您，一对一进行服务（操作非常简单，如下图）

Ⅱ、参与作品仅限一张照片即可（宝宝或家庭皆可），但需有"宝宝和玫瑰金富士"的露出，展示形式随意^_^（可参考下图）

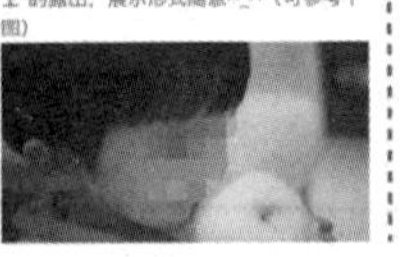

"小时候的自己"家庭晒幸福活动奖品区

1、最具人气奖3名：人气得票数前3位的宝宝（家庭）；奖品为价值1500元的1年免费宝宝水果辅食供应（每月配送1次，包含但不限于苹果、牛油果、奇异果等）

2、最具创意奖3名：创意得票数前3位的宝宝（家庭）；奖品为价值1000元的半年免费宝宝水果辅食供应（每月配送1次，包含但不限于苹果、牛油果、奇异果等）

3、踊跃报名奖10名：提交参赛材料前10位的宝宝（家庭），且总得票数（人气+创意）超过所有参与者总得票数的平均值；奖品为价值66元的玫瑰金富士苹果1盒

4、阳光普照奖：所有报名参与的宝宝（家庭）；奖品为菓盒购物商城满百减10抵用券3张

备注：每位获奖者将按优先级原则获奖（人气＞创意＞踊跃＞阳光普照），将不

图 8－7　家庭晒幸福活动

在新品玫瑰金富士苹果上架后，菓盒又策划了另外一场线上互动活动——家庭晒幸福投票活动，通过上传宝宝或全家和菓盒特定产品照片即可参加活动。

之所以使用线上投票的这种活动形式，是因为菓盒的客户主要是年轻的妈妈，而年轻妈妈对于晒自己的萌宝照片往往乐此不疲，而且为了让自己的萌宝得票领先会调动一切可能的途径为自己的萌宝拉票。基于这种最质朴的情感和最广泛的参与度，菓盒决定采用投票的形式组织活动，而特定的照片要求又让产品品牌得到了又一次的宣传。

在家庭晒幸福投票活动的策划过程中，特别限制只有三十位参与活动的客户，参与资格先到先得，促进公众号关注用户平时对平台信息的关注度。

活动结束后，菓盒又通过微信公众平台及参与客户的再次宣传，起到让品牌二次传播的作用。

相关链接

互动性活动营销关键点

1. 目标客户的精准定位。
2. 完备的客户信息数据。
3. 促进客户的重复购买。
4. 有效的支撑关联销售。
5. 建立长期的客户忠诚。
6. 能实现顾客利益的最大化。

五、分销建立与客户维护

（一）建立分销

菓盒在店铺运营过程中发现，虽然菓盒提供的产品品质和服务客户都很满意，各类互动营销活动客户的参与积极性也很高，但是客户的拉新依旧很难呈现爆发式增长。因此菓盒又引入了分销模式，希望通过这种模式打破困局，让菓盒用户呈现爆发式增长。

为了吸纳有效的分销成员，菓盒团队深入资深“吃货”群体，这些人包括全职妈妈、公司白领、在校学生，等等，他们不仅仅是“吃货”，同时还是在朋友圈、在“吃货”团体当中拥有一定话语权和影响力的人。菓盒让他们进行产品体验，并在对菓盒品牌理念和产品品质认可的基础上，邀请了100多人加入“菓盒家族”组成菓盒的第一批种子分销商。

有了第一批种子分销商之后，他们基于对菓盒的认可和信任，通过自己的人脉关系和宣传平台积极宣传菓盒品牌和产品。菓盒除了为分销商提供佣金和一定的优惠政策之外，也通过微信公众号、官网等途径对分销商进行宣传，吸引新老客户加入以区域划分分销商维护管理的用户微信社群。

有了分销商，紧接着就是尽可能充分地利用分销商的传播资源，做产品推广和销售。菓盒团队以产品出发，以优质的产品获得分销商的认可，并促使分销商的积极转发和分享。具体从以下几个方面实施。

1. 将产品可视化——找到客户最关心的点

菓盒在微信朋友圈、公众号、微信群等渠道宣传过程中，通过使用图片和文案的配合，以海运和空运的对比、水果甜度/脆度/粒径大小的实测，显示了菓盒团队对产品的认真和专业性，这样的配图比美图后的水果更具说服力。产品品质可视化展现如图 8－8 所示。

图 8－8　产品品质可视化展现

2. 让用户参与到选品过程——将风险降到最低

除了已有的产品，菓盒团队不断寻找全国，甚至全球的特色美味水果，将每一次的探索过程以朋友圈图文的形式记录下来，作为“寻果记”系列。每一次发布“寻果记”后统计用户的阅读互动情况，根据用户的互动反馈决定产品是否上线，再根据客户的购买意向预估订单采购量。通过这种形式菓盒将产品的选品风险几乎降为零，同时产品的压货也降到了最少。

3. 让分销商积极参与营销活动——将活动影响力发挥到最大

对分销商和客户来说，上新活动和店铺促销是最具购买吸引力的。在分销商的积极推荐和建议下，菓盒陆续推出了“限时秒杀”“拼团”活动。通过分销商社群与分销商沟通，在活动前期进行了大范围的活动预热，活动开始后分销商配合积极，在微信社群及朋友圈均进行了宣传，活动当天销售额突破 11 万元人民币。分销商配合微网店进行拼团和秒杀活动宣传，如图 8－9 所示。

图 8－9　分销商配合微网店进行拼团和秒杀活动宣传

（二）分享商客户维护

1. 积极解决售后问题，给分销商有力支持

生鲜水果由于其产品本身特性造成的售后问题在所难免，为此菓盒制定了产品赔付标准和快速解决问题的售后处理机制，为分销商解决后顾之忧，也让菓盒客户体验高品质服务。

菓盒对于水果本身或者在配送途中造成的损坏，只要客户拍照证实，客服人员便根据坏果的情况直接通过微信现金红包的形式给客户赔付，并向客户致歉，整个赔付过程不超过 10 分钟。

2. 与用户深入互动，利用优惠券加现金红包形式加强客户认同

对于店铺运营来说，老客户维系十分重要。因此菓盒除了采取快速赔付机制外，还对于给菓盒建言献策的用户以发放优惠券、现金红包的形式对客户的行为表示认可。

案例二　“寻找田野”微网店营销案例

“寻找田野”是一个基于内容营销的精选原产地的生鲜食品电商平台，创业伊始，其微信公众号粉丝仅有 3500 人左右。而就是这样的一个微信公众号所依附的微网店却在端午节前期卖出了 5 万多个粽子，销售额超过百万元。

我们将从“寻找田野”微网店的项目前期策划与准备、营销推广、危机处理等方面对其进行分析，解读其销售额超过百万元的运营策略。

一、项目前期策划及准备工作

全国各地不乏一些特别优秀的地方特产，但很多好特产都没有把自己优秀的一面直观地展现给消费者。“寻找田野”对平台内的每一款产品都进行了深入的研究，不仅使用文字、图片、视频等多元化的内容立体地展现产品，还通过展现用料、工艺及流程等，直观地表现出产品的要素。

在移动互联网的新媒体时代，内容传播的实质没有变，最终能够沉淀下来、能够打动消费者的终究还是内容。“寻找田野”在产品上线前，把产品的宣传重点梳理为几个不同的层面，包括产品的地理特性、吃法习俗、人文故事、制作流程等，针对每个层面创作出不一样的宣传内容。

在“寻找田野”的四喜良粽上线之前，“寻找田野”创作了近万字文稿、88 张产品图片、3 条不同角度的短视频，用多元化的内容呈现四喜良粽的特点，让用户感受“寻找田野”不凡的品牌定位和产品理念。

首先，制作产品食材介绍视频及图片（如图 8－10、图 8－11 所示），介绍粽子产地的地理习俗特性，分别从肉的选用、蛋黄、粽叶等方面介绍四喜良粽作为“湖州粽”本身的特点。

图 8－10　产品食材介绍视频

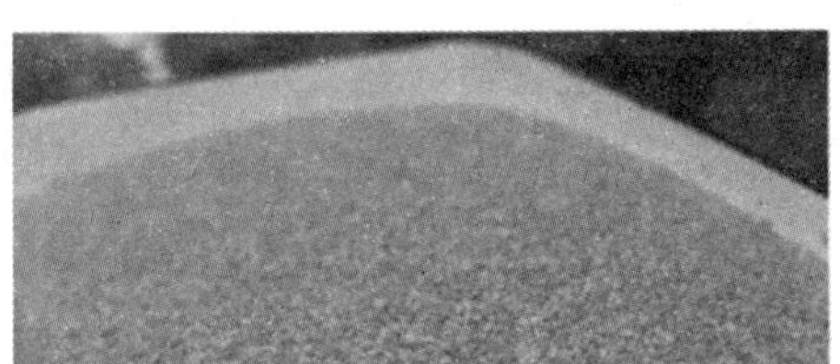

图 8－11　产品食材介绍图片

其次，用明星大厨为四喜良粽本身品质做背书；通过名厨为产品做品质保证，让消费者对产品的品质更加信赖，如图 8－12 所示。

图 8－12　“湖州市十大青年名厨”阿乐介绍产品设计理念

接着借与粽子有关且富有人文情怀的故事，传播四喜良粽的文化底蕴，如“金庸念念不忘的粽子”等。

然后通过全方位展现粽子整个制作流程的视频（如图 8－13 所示），将四喜良粽与普通粽子不同的制作工艺进行对比。

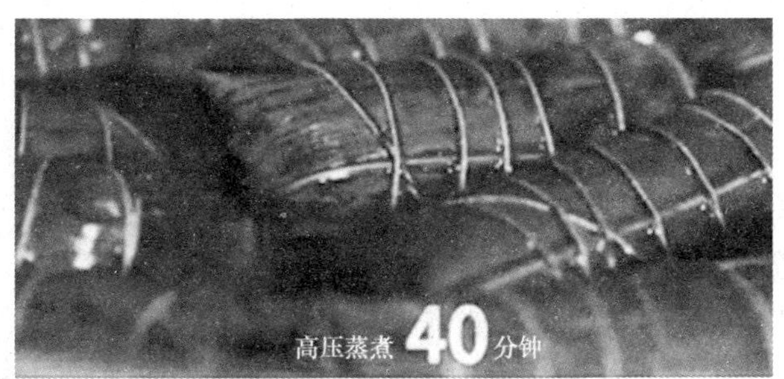

图 8－13　产品制作工艺

最后，通过照片实拍并制作成动图的形式，直观展现产品的食用过程，使消费者对产品的了解更加直观，更加生动，如图 8－14 所示。

图 8－14　吃的讲究

二、利用推广渠道与资源进行整合营销

产品的前期策划及准备工作做好之后，接下来“寻找田野”开始整合各类信息推广宣传资源，将品牌和产品传播出去。

“寻找田野”的四喜良粽产品依托于“湖州粽”这一地方美食特产，因此在产品宣传过程中最先想到的是利用美食 KOL（Key Opinion Leader，关键意见领袖）类的资源。他们选择与美食达人界公信力较强的微信公众号进行“盲测”活动，通过美食达人的“盲测”反馈，进一步了解产品的不足和消费者对于产品的认可程度，通过在盲测过程发现的问题继续优化产品，产品正式推向市场的时候才能得到更高的认可和接受。

相关链接

盲测

盲测是指通过技术处理有关产品的品牌标志，用户在不知具体品牌的情况下，通过实际使用几个同类产品，来比较各个产品的性能。盲测可以使得用户抛开偏见，抛开品牌因素，了解自己最中意的是哪一个产品。

在盲测的同时，“寻找田野”开始了产品其他渠道的推广。

1. 通过自有微信公众号进行产品预售，奠定销量基础

虽然“寻找田野”的微信公众号仅有3500名左右的用户，但这些用户对“寻找田野”的产品理念、产品品质均非常认可。在产品预售期间准备的几千份产品被快速抢空，其中也不乏一些团购客户。在自有公众号的预售活动为“寻找田野”奠定了销量基础。

2. 和众筹平台合作，做线上众筹和预售

在前期盲测的基础上，与众筹平台建立合作，依托众筹平台对产品进行推广，如图8－15所示。将产品在众筹平台进行众筹活动，由于前期产品宣传筹划比较完善，内容生动、立体，在众筹过程中仅仅三天时间就完成了预期销售目标的555%。

图8－15　产品众筹平台对产品进行推广

3. 锁定消费人群聚集平台进行联合推广

“寻找田野”的粽子定位高端，如果针对大众消费人群进行推广，效果势必大打折扣。经过分析和寻找，“寻找田野”最终与空想生活（原创设计电商）、yami（中国米其林高端餐饮交易平台）、Dr. Wine（葡萄酒社交应用）等自媒体平台建立合作，如图8－16所示。与这些平台采用了CPS（按销售成功订单付费）模式合作，“寻找田野”不仅省去了前期推广成本，另外高额的销售回报也最大限度地激发了渠道的推广积极性。

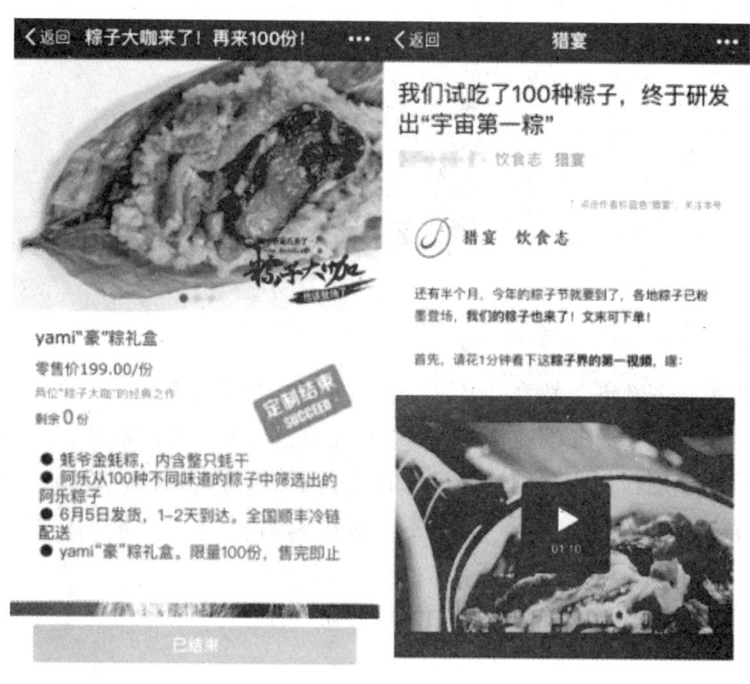

图 8－16　与自媒体联合推广

三、销量暴增之后的生产优化与处理

由于各个渠道的综合推广，短短 10 多天的时间，“寻找田野”的四喜良粽共售出 8000 多单，因为手工制作，大量的订单接入导致产能严重不足。此时，为了保证产品的品质不受影响，“寻找田野”团队决定介入产品生产，优化流程。

通过对产品生产流程的分析，区分出了核心流程和非核心流程，核心流程由湖州名厨、粽娘团等专业技术人员负责，而不影响产品品质和体验的非核心流程，通过增加雇员进行专业培训后上岗操作，确保产品品质和用户体验不变。

项目小结

通过本项目的学习，使学生对水果微网店和特产微网店的运营和营销有了一个基础的认识。与此同时，通过本项目的学习，学生还可以掌握如何获取微网店的首批客户、如何活跃老客户、如何让客户留存下来、资源应该如何利用、遇到危机情况应该如何应对等，培养学生在创业过程中的综合思维能力和基础的应对能力。

参考文献

[1] 王光炎. 创新创业教育 [M]. 长春：吉林大学出版社，2017.

[2] 王红蕾. 电子商务创业实务 [M]. 北京：机械工业出版社，2018.

[3] 马广水. 创新创业基础 [M]. 北京：高等教育出版社，2016.

[4] 王官成，黄文胜. 大学生创新创业教育 [M]. 北京：高等教育出版社，2016.

[5] 刘辉，李强，王秀艳. 大学生创新创业教程 [M]. 上海：上海交通大学出版社，2016.